世界哲學家叢書

海 耶 克

陳 奎 德 著

1999

東大圖書公司印行

國家圖書館出版品預行編目資料

海耶克／陳奎德著.---初版.---臺北市：
東大，民88
　　面；　　公分.--(世界哲學家叢書)
參考書目：面
ISBN 957-19-2283-8 (精裝)
ISBN 957-19-2284-6 (平裝)

1.海耶克 (Hayek, Friedrich A.
　von (Friedrich August), 1899-
　　)-學術思想-經濟　2.海耶克 (
Hayek, Friedrich A. von (
Friedrich August), 1899-)-
學術思想-政治

550.1872　　　　　　　　88002833

網際網路位址　http://www.sanmin.com.tw

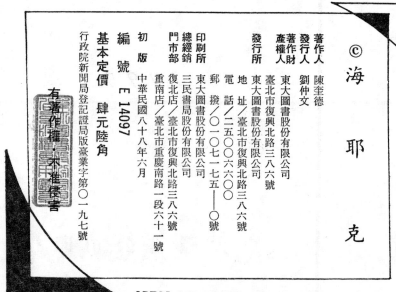

ⓒ 海耶克

著作人　陳奎德
發行人　劉仲文
產著作財權人　東大圖書股份有限公司
發行所　東大圖書股份有限公司
　　　　地址／臺北市復興北路三八六號
　　　　電話／二五○○六六○○
　　　　郵撥／○一○七一七五──○號
印刷所　東大圖書股份有限公司
總經銷　三民書局股份有限公司
門市部　復北店／臺北市復興北路三八六號
　　　　重南店／臺北市重慶南路一段六十一號
初版　中華民國八十八年六月
編號　E 14097
基本定價　肆元陸角
行政院新聞局登記證局版臺業字第○一九七號

有著作權‧不准侵害

「世界哲學家叢書」總序

　　本叢書的出版計畫原先出於三民書局董事長劉振強先生多年來的構想，曾先向政通提出，並希望我們兩人共同負責主編工作。一九八四年二月底，偉勳應邀訪問香港中文大學哲學系，三月中旬順道來臺，即與政通拜訪劉先生，在三民書局二樓辦公室商談有關叢書出版的初步計畫。我們十分贊同劉先生的構想，認為此套叢書（預計百冊以上）如能順利完成，當是學術文化出版事業的一大創舉與突破，也就當場答應劉先生的誠懇邀請，共同擔任叢書主編。兩人私下也為叢書的計畫討論多次，擬定了「撰稿細則」，以求各書可循的統一規格，尤其在內容上特別要求各書必須包括（1）原哲學思想家的生平；（2）時代背景與社會環境；（3）思想傳承與改造；（4）思想特徵及其獨創性；（5）歷史地位；（6）對後世的影響（包括歷代對他的評價），以及（7）思想的現代意義。

　　作為叢書主編，我們都了解到，以目前極有限的財源、人力與時間，要去完成多達三、四百冊的大規模而齊全的叢書，根本是不可能的事。光就人力一點來說，少數教授學者由於個人的某些困難（如筆債太多之類），不克參加；因此我們曾對較有餘力的簽約作者，暗示過繼續邀請他們多撰一兩本書的可能性。遺憾的是，此刻在政治上整個中國仍然處於「一分為二」的艱苦狀態，加上馬列教

條的種種限制，我們不可能邀請大陸學者參與撰寫工作。不過到目前為止，我們已經獲得八十位以上海內外的學者精英全力支持，包括臺灣、香港、新加坡、澳洲、美國、西德與加拿大七個地區；難得的是，更包括了日本與大韓民國好多位名流學者加入叢書作者的陣容，增加不少叢書的國際光彩。韓國的國際退溪學會也在定期月刊《退溪學界消息》鄭重推薦叢書兩次，我們藉此機會表示謝意。

原則上，本叢書應該包括古今中外所有著名的哲學思想家，但是除了財源問題之外也有人才不足的實際困難。就西方哲學來說，一大半作者的專長與興趣都集中在現代哲學部門，反映著我們在近代哲學的專門人才不太充足。再就東方哲學而言，印度哲學部門很難找到適當的專家與作者；至於貫穿整個亞洲思想文化的佛教部門，在中、韓兩國的佛教思想家方面雖有十位左右的作者參加，日本佛教與印度佛教方面卻仍近乎空白。人才與作者最多的是在儒家思想家這個部門，包括中、韓、日三國的儒學發展在內，最能令人滿意。總之，我們尋找叢書作者所遭遇到的這些困難，對於我們有一學術研究的重要啟示（或不如說是警號）：我們在印度思想、日本佛教以及西方哲學方面至今仍無高度的研究成果，我們必須早日設法彌補這些方面的人才缺失，以便提高我們的學術水平。相比之下，鄰邦日本一百多年來已造就了東西方哲學幾乎每一部門的專家學者，足資借鏡，有待我們迎頭趕上。

以儒、道、佛三家為主的中國哲學，可以說是傳統中國思想與文化的本有根基，有待我們經過一番批判的繼承與創造的發展，重新提高它在世界哲學應有的地位。為了解決此一時代課題，我們實有必要重新比較中國哲學與（包括西方與日、韓、印等東方國家在內的）外國哲學的優劣長短，從中設法開闢一條合乎未來中國所需

求的哲學理路。我們衷心盼望，本叢書將有助於讀者對此時代課題的深切關注與反思，且有助於中外哲學之間更進一步的交流與會通。

　　最後，我們應該強調，中國目前雖仍處於「一分為二」的政治局面，但是海峽兩岸的每一知識分子都應具有「文化中國」的共識共認，為了祖國傳統思想與文化的繼往開來承擔一分責任，這也是我們主編「世界哲學家叢書」的一大旨趣。

傅偉勳　韋政通

一九八六年五月四日

自 序

在二十世紀的思想家中，海耶克堪稱焦點。其理論命運的起伏派落，奪人眼目；其色彩傾向的鮮明徹底，不假辭色。若要徵選本世紀最牽動評論家情感的思想者，海耶克勢將雀屏中選。贊者推之為睥睨世紀之雄，抑者視之為抱殘守缺之輩。褒貶兩極，毀譽紛呈，莫衷一是。

然而，無論何家何派，都無法否認海耶克的重要性。即使是其論敵，也承認他在當代的巨大影響。作為經濟學家，他以其專精的創獲奪得諾貝爾獎；作為政治哲學家，他於本世紀左右兩翼烏雲蔽日之時重啟自由主義之光，力挽狂瀾。而世紀末石破天驚的歷史劇變，更是無可爭辯地把他推到了經濟學界和政治哲學界的聚光燈下。他畢生的學術事業同本世紀歷史潮流的曲折走向相糾纏，成為本世紀歷史演變的預言家與見證人。

有鑒於此，在某種意義上，與海耶克對話，就是與二十世紀的歷史對話；探索海耶克的學術與思想歷程，也就是窺探二十世紀人類起伏跌宕命運的底蘊。這是筆者撰寫本書的基本初衷。

本書並不想標榜「純客觀中立」而刻意隱藏作者的傾向。事實上，那也是徒勞的，並有污辱讀者智力之嫌。筆者竭力嘗試的是：以同情的理解，「入乎其內」；用不同的視角，「出乎其外」；在此基

礎上，坦誠地給出自己的判斷。是耶非耶，交付讀者裁判。

如前所述，一旦踏入海耶克所涉的學術思想領域，由於各家評論毀譽交加，不可避免會遭遇情緒洶洶的意識形態陷阱，勢必濺得滿身泥漿，無法潔身自好，難於以不偏不倚的面目示人。不過，好在筆者既無潔癖，對平衡術也興味索然。「求仁得仁，何所怨哉」。

本書之緣起，有賴傅偉勳教授的多次催促。而今傅先生已溘然辭世，謹以此書告慰他在天之靈。筆者在寫作過程中，承蒙余英時教授及林毓生教授激勵與支持，在此謹致由衷的謝忱。當然，毋庸贅言的是，本書錯訛之處，概由筆者負責，深望方家指正。是為序。

陳奎德

1998年10月於普林斯頓

海耶克

目　次

第一章 導言：二十世紀的先知

第一節 「世界錯了，海耶克是對的！」

公元1989～1991年，全球狂潮排擊，矗立了半個多世紀的世界性紅色帝國轟然崩頹。其時其刻，人們念念有詞，其中，有一個名字不時飄蕩於那片紅色廢墟之上。

那個名字就是：弗里德利希·奧古斯特·馮·海耶克(Friedrich August von Hayek)。

正是他，堪稱這一歷史性時刻的最主要的先知，二十世紀最重要的思想家之一。

海耶克的幸運在於，在他生命的垂暮之年，親眼目睹了他一生中主要理念的戲劇性實現。在經歷七十多年痛苦的煎熬之後，他在二十世紀所主要抗拒的邪惡——共產主義，終於潰敗；共產統治的主要象徵符號——柏林牆，轉眼之間灰飛煙滅。歷史之神居然如此眷顧，這對任何思想家而言，都是可遇不可求的。因此，我們可以想像，儘管學術界對他的理論仍然聚訟紛紜，但是，當他兩年多之後去會見其自由主義先驅時，已經足資欣慰，可以死而瞑目了。

1994年，為紀念海耶克的經典著作《通向奴役的道路》發表五

十週年，芝加哥大學出版社再版了該書，在其封面上，赫然印著：
「近半個世紀前，當海耶克發表《通向奴役的道路》之時，大多數
聰明人嗤之以鼻。」羅納爾德・貝里(Ronald Bailey)如此總結道，「然
而，世界錯了，海耶克是對的。」

匈牙利著名經濟學家科奈爾 (Janos Kornai) 在八十年代末期也
寫道：「回顧過去的五十年，可以得出如下結論，海耶克在（同計
劃經濟）辯論的每一論點上都是正確的。」 ❶

美國總統喬治・布希在授予海耶克自由勳章時，讚揚他是「我
們時代的偉大思想家之一，他勘探了自由的範圍和輪廓。……他革
命性地改變了世界之智識的和政治的生活。」 ❷

「世界錯了，海耶克是對的。」 一位特立獨行對抗舉世狂潮的
思想家獲得如此盛譽，可謂不虛此生了。

從他發表第一篇論文的時間算起，在海耶克學術生涯的六十多
年中，其思想和學術涵括面涉及經濟學、政治學、哲學、人類學、
法學、心理學、知識論和倫理學諸方面，其研究領域可以被概括地
稱為「人類行為學」(praxeology)的統一的理論體系。他在每一方面
均非淺嘗輒止，而是深刻犀利，入骨三分，真正當得上「博大精深」
這一套語。特別是在經濟學和政治哲學方面，其卓越建樹在本世紀
的影響既深且遠，並於1974年榮獲諾貝爾經濟學獎。他的自成一派
振聾發聵的學術創獲已改變了歷史，刻在了二十世紀人類精神成就
豐碑上。

---

❶ From Robert Skidelsky's "After Serfdom" in The *Times Literary Supplement* Magazine, September 20, 1996.

❷ From F. A. Hayek, *Hayek on Hayek* (Reverse Cover), The University of Chicago Press, 1994.

第二節　思想淵源與傳承

　　當然，海耶克的成就並非橫空出世，並非空無依傍。他有其深厚的思想傳承與學術傳承。

　　他曾從師於維舍和米塞斯，研究經濟學。同時又於1921年在維也納大學獲法學博士學位 (J.U.D.)，1923 年獲政治學博士學位 (Dr. rer. pol.)。1943 年，海耶克獲倫敦政治經濟學院科學博士學位 (Dr. Sci.)（經濟學），同年，當選為英國學院院士(Fellow of the British Academy)。

（一）經濟學淵源

　　海耶克學術思想的淵源，在經濟學脈絡方面，主要是奧地利學派，由創立者孟格(Carl Menger) 以及維舍(Friedrich von Wieser)、龐−巴衛克(Eugen von Bohm-Bawerk)並稱三傑。後繼並集大成者則為米塞斯(Ludwig von Mises)與海耶克本人。

　　在經濟學上，海耶克通過維舍與米塞斯，從奧地利學派方法論上的個體主義和主觀主義入手，研究貨幣理論與產業波動，由此從一個廣泛的觀點探討自由市場秩序的運作及其理論假設，也即適當的運作功能所需要的法律與道德條件。於是，越出經濟學的邊界，從自由社會之哲學的發展途徑上，進入政治理論與科學哲學之領域，然後進一步考察這些預設的政治哲學依據，並在其中精心地提出若干在經濟與政治秩序的明智抉擇上非常重要的概念，從而進入更廣大的學術領域，建立了貫通性的複雜精深的二十世紀自由主義理論體系。

（二）政治思想淵源

在政治哲學脈絡方面，很大程度上是由於海耶克的影響，思想史上劃分出了所謂兩種自由主義傳統（或兩種啟蒙運動傳統）的對比，這一劃分，在二十世紀下半葉風雲流傳，成為對於自由主義的主要分析模式之一。這兩種傳統，一個是英國傳統 (English Tradition)，又稱蘇格蘭啟蒙運動傳統，另一個則是法國傳統 (French Tradition)，又稱法國啟蒙運動傳統。在海耶克看來，雖然二者以地理命名，但顯然，對自由主義這兩大傳統的劃分，主要依據的並不是地理的脈絡，而是思想內涵脈絡。

在這一劃分的脈絡裡，海耶克是蘇格蘭啟蒙運動的傳人。他繼承了英國老輝格黨人的自由主義(Whiggism)傳統，成為古典自由主義在二十世紀的主要代言人。同時，針對二十世紀出現的對於自由主義的兩種主要挑戰——共產主義和法西斯主義，他作出了賦有原創性的深刻回應，並且幸運地獲得了歷史的輝煌而及時的回響。

所謂英國傳統，在思想上的主要代表人物是：

英國人——洛克(John Locke)、休謨(David Hume)、亞當·斯密 (Adam Smith)、孟德維爾 (Bernard Mandeville)、弗格森 (Adam Ferguson)、杜克爾 (Josiah Tucker)、柏克 (Edmund Burke)、佩利 (William Paley)、阿克頓(Lord Acton)、巴柏(Karl Popper)。

法國人——孟德斯鳩 (Baron de Montesquieu)、康斯坦 (Banjamin Constant)、托克維爾 (Aleis de Tocqueville) 以及圖爾果 (Turgot)、康非拉克(E. B. de Confillac)。

德國人——康德(Immanuel Kant)、洪堡特(Wilhelm von Humboldt)、席勒(Friedrich Schiller)、盧卜克(Wilhelm Ropke)、薩維尼

(F. C. von Savigny)。

意大利人——維柯(G. B. Vico)。

美國人——麥迪遜(Madison)等。

這一英國傳統還可以追溯到英國輝格黨人直至古羅馬的西塞羅(Cicero)和古希臘雅典人。

所謂法國傳統，在思想上的主要代表人物則是：

法國人——笛卡爾（唯理主義 (Cartesian Rationalism)），百科全書派 (Encyclopedists)、重農學派 (the Physiocrats)、盧梭 (Jean Jacques Rousseau)、孔多塞(Marquis de Condocet)。

英國人——霍布斯(Thomas Hobbes)、高德溫(William Godwin)、普利斯列(Joseph Priestley)、潘恩(Thomas Paine)。

美國人——傑佛遜(Thomas Jefferson)（旅法之後）。

這一法國傳統還可追溯到羅伯斯庇爾 (Roberspiere) 和聖鞠斯(Saint Just)直至古希臘軍事城邦國家斯巴達(Sparta)。

英國傳統的自由主義，其核心是從經驗主義出發的批判的唯理主義，主張文明生長論和社會演化論，強調一種歷史的、自然的、有機的、演化的和漸進的社會成長，尊重個人自由，尊重法治，反對無限地誇大理性的作用，反對人為的、全盤性的社會設計。

這一傳統是從蘇格蘭啟蒙運動的哲學家發端的（英國傳統之名由此而來）。 事實上，達爾文最初也是從蘇格蘭哲學家的著作中知道社會演化的概念的，並受其啟發，創立了生物演化論。另外，英國的自由觀念，還出自英國歷史上法學家和法官們，如柯克(Edward Coke)和首席平衡法官霍爾(Chief Justice Hale)的經驗和直覺：法律是長期的經驗積累的產物，是人類發展出的最明智的典範之一。英國習慣法的實踐告訴人們，長期的經驗能夠獲得很多創見，由此所

導致的法律上的裁決，往往是當事人的理性不能立刻看出其合理性之所在的，但從久遠的效果而言，卻是經受得住考驗的。

法國傳統的自由主義，其核心是認為理性具有無限裁判能力，是一種理性萬能論。它強調人類理性的一種超歷史的對社會進行設計的能力，崇拜組織，崇拜人為建立的新社會、新秩序。

法國傳統大部分本來源於解釋英國制度的企圖。故開初二者區別不顯，而法國作家的詮釋尤其眾多。到後來，連在英國居領導地位的自由黨人，其思想亦受到大量法國傳統的影響。以致到了邊沁哲學的激進派 (Benthamite Philosophical Radical) 戰勝了輝格黨人後，愈加遮蓋了這兩種傳統的差別。

然而，英法傳統的差異是顯而易見的，區分二者也是極其重要的。舉其犖犖大者，人們不難發現：法國唯理主義者假定人有天賦的良善 (natural goodness)，即道德秉賦，以及智能秉賦，故而能鑄造文明。而英國演化論者則認為文明是通過試錯的過程 (trial and error) 累積而成，其中包含兩個主要成分：一是世代相傳的明確知識，二是更大的部分，已融會為工具和制度的未經明確道出的知識，它是我們文明進展的基礎。

法國的唯理主義者極其推崇「天賦」「與生俱有」等東西的全能性，對人的理性有極高的信賴。英國演化論者則深信文明的構造非常微妙而脆弱，必須依賴制度的力量來約束並導正人類的原始本能。這種制度並非人所設計，也非個人所能控制。制度正是適應協調社會上各種利益衝突而出現和成長的。「保障生命、自由和財產」的，並非天賦自由，而是制度。

受法國傳統影響的邊沁 (Jeremy Bentham) 說：「任何法律都有害，因為每項法律都侵犯自由。」 這一觀點的邏輯後果是無政府主

義。而英國傳統則只相信法治下才可能有自由，它主張有限國家。

　　關於人性。英國傳統比較接近基督教的觀點，人必有誤且有罪惡。人性中最普遍的動力是「愛己」(self love)，人生而具有惰性、放縱、愚昧和浪費等天性，只是由於環境和制度的驅迫，他才去選擇取捨，謹慎地運用各種方式去達到目標。而法國的唯理派則對人性持天真的樂觀態度，認定人有天賦的智能和善良，是一個運用理性的「經濟人」(Economic Man)。

　　關於傳統。凡是相信一切有用的制度出自於精巧的設計者，以及相信凡非出於人們有意識設計的一切事物，都無助於人類的任何目標者，必定是自由之敵。唯理論者如傑弗遜則認為：「前人先輩賦有超越的智慧，……他們的所作所為是不可增刪不可修正的。」這就杜絕了演化之路。英國演化論者相信制度中凝聚了眾多人「試錯」的歷史經驗，不是某一人所創發的。

　　風俗習慣和道德規範，是一個文化中最重要的因素。它們已構成了歷史悠久的傳統，人們遵守此類習俗，並不是出於命令或壓力，很多自己甚至還未意識到，但它已經是此類習俗和道德的結果了。我們生活世界的秩序所以能維持，與上述習俗和道德能獲得普遍的遵守有很大的關係。自動地無意識地遵守習俗、道德和有意識地服從法律，為一個自由社會運作的基本條件。

　　對於上述不具壓力的習俗規範的遵守，還預留了其他變遷的空間。大多數人的遵守，固然是常態，但也有少數人，不顧社會習俗的普遍非議而我行我素，他亦享有法律下的自由。因為風俗習慣和道德規範有其彈性，因此漸進的演變和自發的生長才有可能。由於此可能性的存在，往後的經驗才可能走向變化或改進。法律，由於具有強制性，因此是相對穩定的，帶有普遍性和抽象性的特徵。它

若變動，必須具備間斷性和齊一性，一旦變動，則對所有人同時有效。

文化的發展，是介於本能和理性之間的演化過程的結果。如果說本能比習慣和傳統來得古老，習慣和傳統就比理性來得古老；無論就邏輯、心理或時間先後順序的觀點來看，習慣和傳統都是介於本能和理性之間的。它們的來源不是所謂的無意識 (the unconscious)，也不是直覺 (intuition)，更不是理性的理解 (rational understanding)，它們是在文化發展過程中形成的，就此意義而言，它們是人類經驗的積累。儘管如此，它們並不是我們運用理性所歸結出來的❸。

而唯理主義者的想法則較為單純而直接，只是簡單地把習俗等看做社會進步的障礙，希圖一舉徹底掃蕩之。這從他們對待「迷信」(superstition) 的看法上，表現的最為清楚。十八、十九世紀的法國啟蒙運動者，猛烈地抨擊了已被證明為錯誤的觀念，當然有其歷史功績。但如果將「迷信」一詞用於稱所有未證明為真的信念，則缺乏根據，並且遺害甚多。不相信已被證明為錯誤的觀念，並不等於應當只相信已經證明為真的觀念。如前所述，如果我們生活於社會中且希望有所成就時，必須接受某些共同信念。這與該信念是否真理關係不大。這些信念產生於過去積累的經驗，但那些經驗並不是某人能提出證據而確認的「真理」。事實上，有些過去的信念就曾被人們淘汰過。然而，我們不可能證實或否證一切目前還缺乏科學證據的信念。如果我們把一切尚未獲得科學證據的經驗通通束之高閣甚至決然拋棄，那將從根本上斷送行動的可能和成功的可能。我

❸ See *The Fatal Conceit —— The Errors of Socialism*, Chapter 1, London, 1988.

們採取行動，並不必然以我們已經懂得其中的道理為前提。洞察理路當然是採取適當行動的一種方式，但並非唯一途徑。「水至清則無魚」。倘若我們將社會上存在的一切還未理解闡明的因素，一律鏟除，則世界將變成一個單調、死氣沉沉的不毛之地，極其恐怖。

以道德律為例。雖然道德律支配了我們的生活，但我們並不知道它們何以是這樣而不是那樣。它們從何處來，將變成怎樣，對我們有什麼確定的影響。

唯理主義者認為自己已經洞悉了人性，所以很容易發現適合人性的道德。但是，他們所謂的「人性」，基本上是來源於人們從口頭或書面交往以及思考中所習得的道德觀念或行為觀念。

任何創造和進化都是社會生長和文化生長的一部分，不可能無所憑藉地產生，它們有自己成長的土壤。所以，除了遵循共同規範外，我們別無選擇。就此意義而言，道德律具有工具性，它協助我們獲取其他的價值。我們不必就每一件特殊的事項，都去追問窮究其背後的存在之理。

當然，並不是來自任何社會的所有道德觀，都會永遠有利於人類的生存。一個部落的興盛，可以追溯到其成員所遵循的道德律被全民族所接受，因而取得領導地位。但是也有固守其道德觀而日益衰落的例證。指導社群的價值觀孰優孰劣，全靠事實印證。自由社會的優越之處在於，由於人們能自由選擇生活方式，則某一價值觀導致全社會衰落或滅亡的悲劇的可能性極小。因為衰落的趨勢將自行得到修正，或僅限於自甘衰敗的不切實際的人群。而那些能適應的人們，則調整方向，起而代之。而在無選擇自由的社會，則同歸於盡，玉石俱焚。

進一步的問題是，大多數同意的道德律，是否應強行於持不同

意見的少數？即：有無更一般的原則在前面所說的各種道德律之上？答案是：有。這就是個人自由。「個人自由」是人類經過長期「試錯」調整後發展出來的最一般的原則中的最重要者。可以視之為政治行動中的最高道德原則。這是一項「獨立的價值」，必須無條件接受，不容許追問它在具體時間中是否產生有利的後果。在每一特殊情況下，人們都容易找出藉口說削減自由可以得一些具體有形的實惠，但所犧牲掉的永遠是未知的長遠的根本利益。

發現並確定理性的限度，為最重要而困難的任務。我們必須保留不被控制的、理性鞭長莫及的領地，以便既運用理性，又不濫用理性。

反對唯理主義，並非主張非唯理主義(irrationalism)或神秘主義(mysticism)。實際上我們仍然需要運用高度的理性，去裁定理性能夠適當發揮功用的範圍，即，明智地使用理性。實質上，指出傳統的文化、器物、典章制度、風俗道德及一切廣義的工具，都是出自歷代人們的經驗、智慧和理性凝聚成長而成，我們這一代人的理性是無法使之完全還原、重現的，是無法徹底推論出其所以然的。獲得這一見識，本身就是高度運用理性的範例。

海耶克並不反對以理性去從事嶄新的實驗，所謂理性的濫用，典型的事例是指：政府擁有無所不至的、高度壟斷的、壓制性的權力，排斥其他一切獨立的權力，排斥一切未經政府認可的新實驗，並宣稱自己具有超越性的智慧，不容許任何替代的方式存在，從而在根本上取消了通過競爭而出現較優方法的可能性。

簡言之，一派從自發生長、壓迫不存的條件下尋求自由的本質，另一派則堅信自由必須依賴一個絕對的集體目標實現後才可能實現；一派主張有機的漸進的半意識的生長，另一派則主張獨斷式的

教條；一派推薦試錯式的程序，另一派則追求強制有效的統治模型。

上述差別只是經過各自的歷史後果出現，即演變成兩種截然不同的制度形態後才昭然於天下的：英國傳統演變成了現代主流的自由民主制度，而法國傳統經過未曾預料到的複雜演變，促成了社會主義或全權主義的制度的出現。

第三節　力挽狂瀾，重建古典自由

（一）經濟學成就

海耶克的學術活動經歷了奧地利（維也納）─美國（紐約）─奧地利（維也納）─英國（倫敦、劍橋）─美國（芝加哥）─德國（弗賴堡）─奧地利（薩爾茲堡）─德國（弗賴堡）這樣一個地理遷移過程，其中在奧地利和英國居住時間最長。他出生成長於奧地利，在英國居住了二十年，並最後歸化為英國公民。因此，他的基本心態、智慧和學術淵源主要與這兩國的關係深遠，仔細尋覓他的思想學術線索，也可以看出這兩國文化的痕跡。

海耶克 1924 年由維也納赴美在紐約研究貨幣理論與商業循環後，不久即返回維也納，並於1927年就任奧地利商業循環研究所所長。該研究所聚集了一大批優秀的經濟學家，形成了有影響力的學術集團。兩年後，海耶克兼任維也納大學經濟學與統計學講師，發表其第一部專著《貨幣理論與商業循環》，從此其學術生涯一發不可收拾。他在倫敦政治經濟學院的講演及其出版物《價格與生產》引起廣泛注目。1931年他出任倫敦政治經濟學院經濟學與統計學講座教授，1938年歸化英國國籍。此後，他發表了《貨幣的國家主義與

國際穩定》(1937)、《利潤、利息與投資》(1939)、《純資本論》(1941)等專著，建立起一套有關資本與產業波動的完備理論。而他自己非常看重在1937年發表的論文〈經濟學與知識〉，認為是自己在經濟學上的原創性貢獻。

在經濟學上，海耶克於三十年代早期同凱恩斯(Keynes)有一場著名的辯論。其分歧的要點在於：凱恩斯認為政府的干預能夠在市場中扮演重要角色，可以減少不穩定性，克服經濟危機，並改善預期；而海耶克卻認為政府干預從長遠看必將束縛經濟發展並使經濟形勢越來越壞。

從當時看起來，這場辯論表面上以凱恩斯的獲勝而結束。這當然不是由於凱恩斯證明了自己的論點，而是在於當時世界經濟的大蕭條大衰退。其時沒有人會去仔細考察導致危機的原因，也無人有興趣去研究經濟是否會在幾年或幾十年內重新振興了。大家都把希望寄託於國家從外部的干預，例如：嚴厲的金融管制，超常的貿易保護，大規模的國家福利政策等，翼圖使經濟起死回生。沒有人再有興趣聽「市場的自發的調節功能」和「自發的秩序」之類被認為是陳舊的告誡了。於是，在這一段時期內，以（民族）國家主義為重要特徵的希特勒主義崛起，它與共產主義一起，成為國家干預乃至統制經濟的極端派別。甚至在自由主義立國的國家，也興起了以凱恩斯主義為特徵的「新政」，例如在美國就有著名的「羅斯福新政」。

上述趨勢，只是到了本世紀七十年代末期才徹底扭轉過來。這是後話，下面我們將詳細論及。

總之，分析海耶克與凱恩斯的分歧，也許可以追溯到雙方的氣質和民族背景上。凱恩斯是一個設計政策解決問題的人，而海耶克

則更有興趣於分析和推薦可以預防問題發生的法則與制度。海耶克曾經用一句格言來對比凱恩斯和他自己：「狐狸知道很多事情，但刺蝟只知道一件大事。」無庸置疑，人類社會的成功管理既需要「狐狸」，也需要「刺蝟」。而海耶克，正是這樣一隻巨大的「刺蝟」。

（二）政治哲學上的貢獻

在海耶克作為思想家的生涯中，他對鋪天蓋地洶湧澎湃的社會主義思潮投入了極大的關注，更重要的是，他是促成這一全球性潮流的衰落與終結的核心人物。

自1848到1948年，在這一百年裡，社會主義吸引了大部分知識界領袖人物，二次世界大戰後臻於頂峰。將來的歷史學家或將把這一百年命名為歐洲社會主義時代。

這一時期的社會主義有相當確定的內涵和綱領。社會主義運動的目標，是使生產、分配和交換手段交付國家控制，使一切經濟活動，都納入國家的統一計劃，並走向某種社會正義的理想。社會主義者並宣稱其生產的目的，是用途，而不是利潤。

雖然社會主義有各不同派別的區分，例如有主張暴力革命的馬克思派和主張漸進道路的費邊派(Fabianism)，但其間只是方法道路上輕重緩急的差別，二者的最終目標，並無不同。

由於所處時代的基本思潮背景，在英國倫敦執教期間，海耶克逐步轉向了更為廣闊的領域，並開始了挽狂瀾於既倒的歷史勳業。他全面而深入地批判業已廣為泛濫的集體主義思潮：國家社會主義和共產主義。他主編了《集體主義的經濟計劃》(1935)，出版了《自由與經濟系統》(1939)，指出了納粹主義與共產主義的共性，闡述了計劃經濟對個人自由的危害。為了追根溯源，他特別發表專著《科

學反革命》，指出，以聖西門和孔德代表的實證主義的歷史後果，他們對西方知識分子的影響助長了社會主義思潮的出現和發展。而上述實證主義主要導因於對自然科學巨大成就的誤解。於是，1942、1943和1944年連續三年海耶克在《經濟學》上發表〈科學主義和社會研究〉，從方法論的角度，釐清自然科學與社會科學的基本區別，批評了科學主義的還原主義的信條。

1944年，海耶克發表劃時代名著《通向奴役的道路》。這是一部捍衛自由，系統抨擊社會主義的經典。在舉世滔滔的社會主義浪潮前，它力拒狂潮，發出警告，指出了社會主義導致奴役的基本特徵；它以其深刻的洞見，昭告天下；從而永垂青史，聲震寰宇。它被翻譯成十一國文字，暢銷於英美兩國，風行於全世界，毀譽紛紜，引發軒然大波。但同時也引起全球性的對於社會主義和共產主義社會及其意識形態的深入考察與思考，成為世界性討論的熱點。

1947年4月，在瑞士的日內瓦湖畔的培勒林山，海耶克發起組織培勒林山學會 (Mont Pelerin Society)，共有三十九位經濟學家、哲學家、法官、歷史學家、政治學家、文學評論家及政評家出席，海耶克任首屆會長。該學會會員有：原聯邦德國總理艾哈德、米塞斯、蕭特(Frank H. Knight)、巴柏和斯悌格勒(G. Stigler)等。學會是一個與海耶克有相近學術觀點的強調自由的學者的集合，在海耶克的學術生涯中占有重要地位。

1950年，海耶克應邀赴美，擔任芝加哥大學「社會思想委員會」社會與道德科學教授。在此期間，他致力於建構自由哲學的完整體系。作為準備性的工作，1951年發表有關思想史的《密爾與泰勒》，1952年發表有關理論心理學的《感覺秩序》，1955年發表有關法理學的《法治的政治理想》。在此基礎上，於1960年，海耶克終於完

成了他的煌煌大著《自由憲章》，建構起了他的自由哲學的基本體系。以後，在七十年代，又寫成三卷本的《法律、立法與自由》，補充並完善了他的理論體系。

海耶克的體系性著作《自由憲章》，作為密爾(S. J. Mill)上世紀經典著作《論自由》在二十世紀的姊妹篇，使他成了自己時代自由主義的最強有力的捍衛者，也是最具原創性的自由價值的守護者。雖然，二十世紀曾湧起過六十年代全球性的左翼和社會主義運動浪潮洶湧，但隨後的歷史發展表明，那已經不過是其徹底衰退前夕的泡沫政治的回光返照而已。

1962年，海耶克結束在美國芝加哥大學的工作，應聘前往德國講學，並成為弗賴堡大學(University of Freiburg)終身教授。1967年，他從弗賴堡大學退休。1974年，他又接受了薩爾茲堡大學名譽教授的位置並前往講學。

第四節　自由主義的輝煌復興

（一）自由狂飆再起

從本世紀七十年代開始，人類思想界的情勢發生了重大變化，經典的自由主義開始了其歷史性的偉大復興。首先，最根本的觸目驚心的事實是，在所有的共產黨統治的社會主義國家，無一例外，都遭遇到嚴重的經濟困境、甚至經濟災難，並且這些國家內部都毫無例外地實施殘酷的政治高壓，其次，則是由於西方世界經濟出現「滯脹」現象，這是與凱恩斯理論完全矛盾的，它使信奉國家干預的凱恩斯主義遭遇到嚴重困難，此外，在那些民主福利國家（主要

在北歐），也出現了嚴重的經濟停滯。

於是，歷史翻開了嶄新的一頁：其時以降，環望全球，從東到西，自由的復興此起彼伏，席捲整個世界。先是，在遠東的中國，在瘋狂的毛主義的「文革」旋風停息後，以安徽省一個村莊的農民冒著巨大的政治危險，秘密立下生死文書，分田到戶自主經營開始，以「四大自由」「三自一包」為出發點的中國經濟自由化浪潮洶湧而起，隨後，波蘭的團結工會、捷克的「七七憲章」、匈牙利的經濟改革、前蘇聯的持不同政見者運動以及戈巴契夫的「新思維」「公開性」和「尊重個人權利」，西班牙、菲律賓、南韓、臺灣和印度尼西亞的民主化風雲；……而在西方工業國家，最典型地象徵潮流轉換的就是美國雷根(Ronald Reagan)政府和英國佘契爾(Thacherl)政府的出現，及其引人注目的成功。這就是史稱「新保守主義」(實即古典自由主義）潮流的興起，也即社會主義衰落、凱恩斯主義退潮和海耶克風靡全球的時代降臨天下。

至此，海耶克的論點已獲得輝煌勝利。社會主義已在全球知識分子中喪失號召力，同時也被民眾所拋棄。其中的主要失敗原因不外如下三點：

1.以社會主義的方法組織生產，生產效率遠低於私有企業。

2.社會主義並不比過去的制度有更高的社會正義，反而產生了獨斷的、無可逃遁的等級身分秩序。

3.社會主義不僅未能實現它許諾的更大自由，而且產生了新的極權主義，其控制和壓迫社會的程度，遠遠超過歷史上的暴君。

知識分子的失望主要是社會主義全面剝奪了個人自由。

勞工階級的失望主要是社會主義的普遍貧窮以及他們與國家交涉的能力遠低於過去與資本家交涉的能力。因為國家雇主的地位

是唯一的、壟斷的，勞工無從選擇；同時，工會也已成了官方的一個附庸機構。因此，勞工的政治經濟地位甚至還遠不如前。

社會主義以許諾經濟平等和經濟安全為旗幟，它們看來確乎觸摸到了一點人性的脆弱面。誠然，所有的人都希望獲得經濟上的安全保障。但是深入追究，社會主義者的問題是，他們未能區分兩類不同的安全概念：一類是有限的相對的安全，是所有人都能獲得的，對人民提供的最低限度的營養保障，因此不至於發生特權。而另一類則是絕對的安全，是無法對一切人提供的「一定的生活標準」，它要求把社會的全體生活水準拉成同等整齊。要達成後者，必須依賴國家強制性地對另一些人的合法收入進行剝奪，造成法律面前的不平等。最後造成經濟的衰退、普遍的貧窮以及高度的國家控制。

這是海耶克用清晰的理論語言早就預言了的。而歷史的進展一步步攤開了驚人的證據。

（二）遲到的桂冠

為表彰海耶克在經濟學上的卓越成就及其高瞻遠矚，1974 年，海耶克與孟德爾一起榮獲諾貝爾經濟學獎。

1978年，海耶克已近八十高齡，與社會主義思潮搏鬥一生的他，希望對社會主義來個總的清算。因此，他試圖發起一場大規模的正式辯論，辯論的一方是社會主義理論家，另一方是主張市場秩序的理論家。辯題則為：「社會主義是否是錯誤？」但由於某些技術性理由，譬如應當如何遴選社會主義的理論代表難以解決等等原因，因而未能實現這場大辯論。然而，這一設想卻促使海耶克寫出並發表了其最後一部重要著作：《致命的自負——社會主義的謬誤》(*The Fatal Conceit——The Errors of Socialism*)，精闢而扼要地總結了他

的基本思想，並作出了重要的發展和創獲。被列於《海耶克作品全集》之首，再次引起全世界的廣泛注意。

在《致命的自負》一書中，海耶克對其一生的學術思想作了重要的發展。主要之點在於仔細綿密地分析了延續的秩序 (The Extended Order)是人類群體生長出的奇蹟般的極複雜結構，它介乎本能和理性之間，對人類文明的保存和發展具有關鍵性的地位。這種延續的秩序是由一些中心價值和制度成規支撐的。其中最重要的是道德規範。

海耶克在書中對唯理主義作了空前堅決的拒絕。他集中批判了近代西方的四個基本的哲學概念：唯理主義、經驗主義、實證主義和功利主義。過去幾百年間，這四種信條一直是科學的時代精神的代詞。而海耶克在其晚年這部著作中，對上述信條批判之徹底與堅決令人大為驚訝。這同他過去對於英國經驗主義傳統的褒揚，對巴柏的「批判理性主義」的同情都形成了令人印象深刻的對照。他的逐漸疏離經驗主義同他更深地傾心於不可知論構成了某種同步演化的思想歷程。同時，海耶克也對在左翼思想陣營裡極其時髦流行的「異化理論」進行了辛辣的嘲諷與批判，特別仔細地分析了異化說是如何反對現代文明而又無法逃離現代文明的。該書還包含有海耶克的語言批判，這是他過去的著作裡所罕見的。作者分析了在社會主義者影響下，我們的語言如何被變形被毒化。我們應如何應付，以免受這種語言的牽引而進入社會主義思考的陷阱。

要言之，海耶克在本書中，圍繞「延續秩序」這個中心概念，總結並發展了他一生的基本思想，深化和修正了他過去的一些論點，特別是剔除了原存在於其思想中的經驗主義成分，從而完成了他的獨特體系。他強調指出共產主義正在迅速走向衰落，而這一現象特

別發生在已經實施共產主義的地區，只有在那些地方才有機會確確實實地感受到這種不切實際的希望幻滅，並使那些在西方一度時髦新穎的左翼理論成為笑柄，並被徹底掃蕩之。

1984年，在英國首相佘契爾夫人的提議和推動下，海耶克成為英國的榮譽院士。

（三）歷史的報償

自1989年開始，僅僅在海耶克的《致命的自負》於1988年出版一年之後，全球的政治經濟生態突然發生了翻天覆地的變化。前述全球性自由主義復興迅速臻於頂點，海耶克的預言戲劇性地兌現了。這就是1989年至1991年的社會主義──共產主義大潰滅。

這一大崩潰幾乎是出乎所有研究社會主義與共產主義專家學者的預料之外的。人們一直被一個巨大的問號所困惑：何以至此？

西方知識界之所以跌破眼鏡的原因，與長期流行的兩個神話有關：一個來自歷史的類比，一個來自現實的觀察。

第一個神話認為，現代人類世界，正在驚人相似地重複古希臘時代的伯羅奔尼撒戰爭以及古羅馬帝國衰亡的兩道覆轍。即，正像當年有較高文化的民主繁榮的雅典被軍國主義的斯巴達所戰勝一樣，也正如繁華奢侈文明的古羅馬被軍事化的東日爾曼蠻族的入侵而消亡一樣，現代自由民主繁榮而奢侈的西方世界也將被高度組織化和軍事化的共產主義陣營所擊敗。

而第二個神話則斷言，根據來自現實的觀察所獲得的結論，鑒於共產黨控制國家的嚴厲程度在世界史上是史無前例的，它消滅了民間社會，消除了任何反對力量存在的可能性，因而共產黨存在的唯一性就保證了它存在的永恆性。因此共產社會一旦建立，它就將

不可逆轉永世長存。而過去的經驗，似乎也暗示了這一點：第二次世界大戰後共產陣營的擴張，文明古老的中國被內戰染成紅色，韓戰的僵局，1956年匈牙利起義的失敗，1968年捷克「布拉格之春」被坦克碾碎，特別是越南戰爭的失敗，加強了這個神話蠱惑人心的力量。

於是，這兩大神話猶如兩朵濃重的陰雲，籠罩在文明人類精神世界的上空。

然而，海耶克卻是一個異數。雖然在其早年他曾為社會主義思潮的泛濫而憂心忡忡，然而越到晚年，他反而越來越擺脫了焦慮和悲涼之霧的籠罩了。他以其獨特的洞察力指出，正是在實驗共產主義國家的內部，存在著巨大的變革力量。因為那裡的實驗，是人類歷史上最為狂妄和壓迫性的烏托邦，是一個完全行不通的制度。而且那場實驗的失敗已經日益明顯，無可掩蓋了。

果如其言，1989年，人類歷史上最為宏大的一次解除魔咒的潮流呼嘯而起，掃蕩全球。它證實了海耶克作為本世紀的先知的獨特魅力，證實了其觀察力之犀利與深遠。

1991年11月，海耶克獲得美國自由勳章。這是對他畢生的工作對自由事業的偉大貢獻和影響的確認與表彰。

1992年，在目睹了人類歷史上千年難遇的冷戰結束後，海耶克那顆與自由事業息息相關的心臟，那顆一直隨這場人類命運之戰起伏跳動的心臟，也隨之結束了跳動。他的生命與他全心關注的基本事業是同時劃上階段性句號的。

雖然他的學說還會引起綿延不盡的爭論和批評，雖然各種時髦的「後現代主義」理論仍然視他為老古董而對之不屑一顧。但是，歷經苦難和滄桑的原共產主義國家的千千萬萬民眾，卻對他投以極

高的敬意；歷史，無可爭辯地眩人眼目地赫然站在他一邊。海耶克已經獲得了最輝煌的回報。在任何意義上，他都可以平靜地闔上雙眼了。

因為，人們可以在「先知」這個字眼最精確的意義上說：他是二十世紀的先知。

第二章　風華時代：維也納─紐約─倫敦

第一節　動蕩的維也納年代

（一）家世與教育

1899年5月8日，奧匈帝國時代，海耶克(Friedrich August von Hayek, 1899～1992)誕生於奧地利首都維也納市。三兄弟中，以他居長。

海耶克家族的先輩在1789年獲得貴族封號。當時他的曾曾祖父約瑟夫・海耶克(Josef Hayek, 1750～1830)曾創立了兩家紡織廠並因此而形成了兩個新村，這在當時奧地利是了不起的成就，因此在其三十九歲時獲頒貴族頭銜，從此，他們家族的姓氏「海耶克」前面多了一個「馮」(von)字。

海耶克出身的家庭屬於對於維持奧匈帝國負有責任的中等偏上階級（然而這個帝國不久就在第一次世界大戰中分崩離析了）。這樣的家庭既非高等的貴族，也非商人階級，而是國家公務員或專業人士，他們並未擁有其歐洲同行那樣高的地位，然而卻被期待保有

歐洲同行的行為和道德準則。

海耶克的父親當時在維也納大學任植物學教授，他有望獲得大學的植物學終身講座教席，但他對此並不看重。由於父親以及家庭的氣氛的影響，最初，海耶克學術興趣的主要方面是自然科學。

他從父親身上學到了對於學科名稱的斯多葛式的淡漠。不同於他的表兄——後來大家所熟知的大哲學家路德維希·維根斯坦，維根斯坦的父親是奧地利最大的鋼鐵公司的負責人，家財萬貫，因此使得他可以隨心所欲天馬行空地從事自己想做的事。而海耶克卻沒有如此雄厚的家庭財富可倚靠，因此最初他的就讀科目還有相當現實的考慮，除對自然科學的興趣外，也研究法律和語言，家裡覺得學習法律和語言對於從事外交生涯有好處，也能滿足他的氣質和才情。也許以後還可以轉向學術和政治生涯。

然而，一場戰爭改變了他的興趣和學術途徑。

第一次世界大戰爆發，奧匈帝國解體，哈布斯堡王朝消失了，外交學院更是無影無蹤，海耶克的外交雄心和自然科學興趣也就隨之飄散。

1914年，正值十五歲的海耶克，遭遇了一戰的突然爆發。這場由費爾迪南皇太子夫婦被刺事件引發的戰爭，人們原以為幾個月後就會結束。不料，卻愈演愈烈，不僅粉碎了一代人的期待，而且使西方文明的根基傷筋動骨，它強化了民族主義和社會主義，催生了二者的極端化怪胎：法西斯主義和列寧主義。然而，這件事在某種意義上，也似乎於冥冥之中賦予了海耶克一生的精神使命：抗拒這兩個人類本世紀最大的魔魘。在海耶克高中畢業前夕，1917年3月，他曾進入奧國野戰炮兵部隊服役。雖然他服役還不滿一年戰爭就結束了，然而這場大戰卻使他的興趣由自然科學轉向了社會科學。他

曾回憶自己轉向的原因說：

> 我想，第一次世界大戰，特別是我服役於多民族的奧匈帝國
> 軍隊的經歷，確實對我有決定性的影響。或多或少，我曾目
> 睹一個大帝國由於民族主義問題而解體。在我服役的部隊裡，
> 人們講著十一種不同的語言。它迫使你去關注政治組織的問
> 題。 ❶

　　本世紀初，海耶克所面對的世界，是一幅斑斕壯闊的革新圖景。
各個領域都發生了反叛傳統的潮流，不僅是政治範疇，同時也在精
神領域。相對論、量子力學、弗洛伊德、布魯斯特❷、後印象派……
一時間改變了物理存在以及我們如何感知它們的一些基本概念。在
這樣的精神氛圍下，海耶克對心理學發生了興趣。他說：

> 我放下實驗杯，去檢查我自己的心靈，目的只是要發現真相。
> 然而，如何著手呢？心靈是何等不確定的深淵啊！無論何時，
> 當心靈去感覺它的一部分時，那部分就已經迷失到它自己的
> 界限背後去了。尋找者當時自己就在黑暗之中，而必須穿越
> 這一黑暗才能向前尋找，心靈的所有欲去探索的部分都無計
> 可施。因此，光尋找還不夠，需要創造。這就是面對面地同

---

❶　F. A. Hayek, *Hayek on Hayek*, University of Chicago Press, 1994, p. 48.

❷　布魯斯特：即馬塞爾・布魯斯特(Marcel Proust, 1871～1922)，法國著名小說家，代表作為七卷本的《追蹤消逝的時光》， 以「潛意識」描寫見長。

那種迄今尚未存在過的東西打交道，它能單獨地創造出真實與實體，並能把這些真實與實體引入白晝般的光明中。**❸**

這就正如馬塞爾·布魯斯特提醒過去的事情而導致敘事者開始漫長的回憶一樣。

多年以後海耶克在《知覺的秩序》一書中完成了上述的探究。他指出：

> 我們稱之為「心靈」的東西，不過是發生在某機體內的一系列事件的特殊秩序而已，這種秩序以某種方式與環境裡的事件的物理秩序相聯繫，但相互並不等同。**❹**
>
> 我們有關這個世界所知道的一切都是各種理論的自然，而所有的「經驗」能做的無非是改變這些理論而已。**❺**

戰後，感染了嚴重的瘧疾的海耶克進入維也納大學。他不顧疾病，選修了幾樣學科，並積極投入了維也納當時的社會與文化生活。在 1919 年與 1920 年之交的冬天，維也納大學因缺乏燃料而暫時關閉，於是海耶克來到瑞士北部蘇黎克省，進入腦解剖學家馮·摩鈉科夫(von Monakow)的實驗室，在這裡，他首先遇到的布滿神經纖維束的人的大腦，從而首次獲得有關「正常的」社會可能會像什麼樣子的直覺。其時，維也納正處於通貨膨脹和半饑餓的陣痛之中。1920年夏季，他來到挪威，並終於擺脫了瘧疾。同時，他還掌握了

---

❸ F. A. Hayek, *Hayek on Hayek*, University of Chicago Press, 1994, p. 2.

❹ F. A. Hayek, *The Sensory Order*, p. 16.

❺ 同上，p. 143。

斯堪底那維亞語言並因而翻譯了古斯塔夫・喀塞爾(Gustav Cassel)
論通貨膨脹的著作。

　　這些早年的學習與研究，奠定了海耶克一生知識探究的基本模
式。他自己曾指出：「在大學裡，決定性的關鍵點其實很簡單，你
自己不要期待永遠局限於自己的專業之中。」❻

　　同時，在活動範圍上，海耶克也超出了大學校園的學術象牙塔。
當時的維也納，堪稱世界文化活動和智力激盪的中心之一。許多富
於挑戰性的迷人而刺激的知識分子的討論在咖啡店裡舉行。在大學，
課堂講授使用高地德語，而在街頭巷尾，辯論則多採用變化多端的
本地語言。他常常走出校園，在這些地方流連忘返。

　　在大學期間，海耶克一直在心理學和經濟學二者之間搖擺。在
經濟學上，他從師於維舍 (Friedrich von Wieser) 和米塞斯 (Ludwig
von Mises)，特別受到奧地利學派核心人物卡爾・孟格 (Carl
Menger)著作的決定性影響。然而在心理學方面，則沒有如此幸運。
一戰之後，維也納大學裡已無人留下來教授心理學，該課程也不能
頒發學位。迫於無奈，海耶克又回到原先的選擇去修了法律課程。
他只用了三年就（平常一般要用四年）於1921年在維也納大學獲法
學博士學位(J.U.D.)，1923年初又再接再厲獲得政治學博士學位(Dr.
rer. pol.)。

（二）維也納小組・維根斯坦

　　海耶克所以如此急於趕完博士課程拿到學位，有一個重要的原
因是，他想在找工作之前去德國的慕尼黑大學進修一年。因為在他
服役期間，馬克斯・韋伯(Max Weber)曾來維也納大學任教。第二

年海耶克返回大學後，雖然韋伯已回德國，但維也納大學校園裡仍然到處都在談論這位偉大的學者，迴盪著這位大學者留下的聲浪。海耶克對韋伯的學術及思想極為響往，因此希望到德國求教於其門下。可惜的是，韋伯於海耶克所計劃的赴德啟程日之前去世了，再加上當時嚴重的通貨膨脹，使海耶克無心也無力前往德國，進修計劃泡湯了。

當時，恩斯特·馬赫(Ernst Mach)在奧地利知識圈中享有極大的聲望和影響。他的科學哲學被認為具有犀利的批判力量和使思維經濟化的功能，以致他自己也稱之為「思維經濟原則」。影響最大的，則是他對傳統哲學形上學的批判。他認為我們只有砍去了那些無用的形而上枝蔓，科學才能健康發展。

馬赫是維也納大學的第一位歸納科學教授，這個為他而首次創立的教席，以後依次繼位的是：路德維希·波耳茲曼 (Ludwig Boltzmann)、阿道爾夫·斯多爾 (Adolf Stohr)、莫里斯·石里克 (Moritz Schlick)，均為一時之選。

莫里斯·石里克是1922年任此教職的。他接著創立了恩斯特·馬赫學會 (Ernst Mach Verein)，實際上就是歷史上赫赫有名的維也納小組(the Vienna Circle)的前身。於是，現代哲學史上的一場重要運動——「邏輯實證主義」就此發端。石里克曾經告訴海耶克說，哲學也可以弄成有意思的學問，他所指的當然就是邏輯實證主義。這一運動最重要的精神先驅是路德維希·維根斯坦——海耶克的表兄。怪異之處是，維根斯坦的後期哲學完全拒絕自己的早期結論，而邏輯實證主義卻是維根斯坦早期思想的衍生物之一。此外，其中的複雜關係還在於，海耶克的思想同道卡爾·巴柏(Karl Popper)，正是維根斯坦哲學的主要解毒者，邏輯實證主義的重要埋葬者。

　　海耶克雖然與維根斯坦是表兄弟，其實早年交往並不太多。海耶克能回憶的最初會面是在第一次世界大戰期間，二人都正在從軍服役。有一次，他們從前線獲准休假，在奧地利的一個火車站上，兩個身著制服佩戴炮兵徽章的年輕人，互相注視對方一陣後說：「你的面孔看起來很熟。」然後互相詢問，「你是維根斯坦?」「你是海耶克?」　驗明正身之後，這才交談起來。當時，維根斯坦是在返回前線的途中，他的行囊裡正裝著那本後來一鳴驚人的《邏輯哲學論》手稿，即他早期哲學的結晶。當然，海耶克當時並不知道。維根斯坦的基本精神特質在一路的言談舉止中已經暴露無遺了。火車上，當海耶克正在測算這一趟夜晚的旅程時，維根斯坦卻正在輕蔑地注視著那些半醉半醒擁擠吵鬧的歸隊年輕軍官們，眼光裡流露出的是一種對現實世界的蔑視。

　　這倆表兄弟雖然天賦都很高，然而其智力的傾向卻明顯不同。維根斯坦飄然物外，不食人間煙火，其工作帶有純粹智力遊戲的性質。而海耶克卻悲天憫人，眼光不離人間社會，探索人類疾苦的解救之道。

　　後來，在二戰前夕的英國劍橋，他們也曾經見面。戰後，雙方碰面的機會更多一點。但他們從不談哲學，只有最後一次交談涉及到了一點。很巧，這次又是在火車上。在從維也納返回劍橋途中的某站，當海耶克走進他的臥鋪車廂時，發現同一車廂的旅伴正是維根斯坦。維根斯坦剛看完他所鍾愛的偵探小說，立即與海耶克神聊起來，以致整個上半夜都沉浸在交談中。這次主題涉及維也納以及在維也納的俄羅斯人。因而話題內容導致他們討論到哲學和倫理問題。維根斯坦對於他所見到的俄羅斯人的諸多方面有一種深刻的失望。當他們的討論漸入佳境且興味盎然時，輪渡碼頭到了。維根斯

坦仍意猶未盡地說：「我們必須繼續這場討論。」但從此之後，他就如野雲黃鶴一般，「一去不復返」了。

即使在邏輯實證主義鼎盛時期，海耶克也從未成為維也納小組之一員。但是他自己有一個被稱為「精神小組」(Geistkreis)的小圈子。海耶克通過該小組與維也納小組的共同成員，他很快就知道了維也納小組的基本觀念。

海耶克早期研讀自然科學的經歷使他傾向於接受馬赫的主要觀點，即，我們所知道的一切無非都是我們的感覺而已。然而，當他親見了布滿神經纖維束的人類大腦（模型）後，他開始重新估計原來的一些基本看法。有鑒於此，他著手撰寫一篇研究論文。在研究中他希圖跟蹤腦的知覺研究的最新進展，並預設了感知的形態和功能。在研究接近尾聲時，他已經意識到馬赫是錯的。純粹的知覺是不可能被察覺。在大腦內各部分間的複雜的相互聯繫必須建立，能夠把過去的經驗與當下經驗聯繫起來某種分類法必然出現。海耶克開始摸索出自己的與前不同的解決問題之道：秩序是如何創造出它自身的？該解決之道聽來部分像康德，部分像達爾文，甚至部分像布魯斯特。其實，它說到底是純粹海耶克的。

（三）智力類型

「秩序是如何創造出它自身的？」 這正是海耶克的原創性的觀念，是他一生思想的核心之一。它貫穿到他研究的幾乎所有領域中：心理學、語言學、經濟學、政治學、哲學、法學和歷史學，並使之創獲非凡。

後來，海耶克在回憶中寫道：

我擁有的那些原初觀念，事實上並不是來自一種有序的推理過程，我總是把自己當作該主張的一個生氣勃勃的反駁者，於是所有的思想都會在詞語中，或一般地說在語言中呈現。就我能確定的方面說，經常是當我意識到問題有答案了後，在我能用言語把它表達出來之前很久，首先是在我面前「看」到它。確實，一種象徵符號的抽象模型的視覺想像而非畫面的再現，在我的精神過程中，可能扮演了一個更重要的角色。❼

實際上，關於視覺想像在創造中的作用，愛因斯坦也說過類似的體會。

對模型的感知力在海耶克所有工作裡占有中心的位置。也許，這是一種智力的攀登，而攀登智慧的峰巔正是融化在海耶克血液中的本能。

不過，同樣是在其回憶錄中，他也清醒地意識到了自己智力所屬的類型，其長處與缺陷：

我常常羨慕那些人，他們有條有理地儲藏自己的知識，並且把它們以很容易的方式再生產出來。他們不僅在任何時間都能重述過去所學的推理鏈條，並且能夠用與第一次獲得該知識時幾乎完全一樣的語言再次表述出來。他們是那種準備好了答案的人，是富有成效的教師，我相信也是好作家。後者要求一個人從總體上瞥了一眼某主題之後，就總是能迅即意識到自己當時處於較大推理模型中的什麼位置。

❼　同上，pp. 134–135。

但是我不能肯定，上述類型的那種其記憶控制其知識的人，是否也能如那些不那麼容易遵循已確立的常規運轉的心靈一樣作出原創性的貢獻？至於我，在任何意義上，可以肯定我曾經擁有的大部分原初觀念都應當歸功於對於眾所周知的問題我並沒有現成的答案。我曾痛苦地幾乎每次都重新思索它們，通過這一過程，我經常發現通常所持觀點的漏洞或不準確之處。

在工作能力與方法方面，通過對我自己的同事和朋友的比較，我逐漸意識到存在有兩種很不同的精神類型，若公平地表達它們，它們的主要區別在於：確切的記憶或容易再生的論述鏈條在我們的智能結構中起什麼作用。我從自己所記得的讀過的聽過的東西中再生的能力確實是很小的。甚至在年輕的時候，雖然我有很好的短期記憶，並且我曾聽到的論辯或甚至故事會對我的思考產生久遠的影響，但是我卻幾乎不能復述出它們。就好像它們立即就變成了重疊曝光的混成照片的一部分似的，它們的確對我關於世界的概念有所貢獻，然而卻不是一種我可以再次提取使用的對世界描述之一部分。❽

這裡很形象地再現了他的精神類型。

其實，在(1971)寫上述文字的多年之前，他就曾以〈理論思考的不同類型〉為題在芝加哥大學作過演講(1963)，略帶幽默感稍有差異地表達過與前述大體類似的看法：

雖然這兩種不同類型者的能力的性質有很大的不同，他們對

---

❽　同上，p. 134。

人類文明的貢獻都很重要。

第一類可稱之為：「頭腦清楚型」(clear-minded-type)。他們學習的能力特別強，能把與現在有關的、人類過去的經驗與思想，在他們的頭腦中重新組織一遍，然後用大家能了解的現代語言清楚地說給大家聽。人類文明的成績能夠一代一代地傳遞下去，主要靠這個類型的學者的努力。如以實例說明，在哲學界羅素比較接近這個類型；在奧國學派經濟學家中，龐—巴衛克(Eugen von Bohm-Bawerk)可作這個類型的代表。

第二類的學者可稱之為：「頭腦迷糊型」(woolly-minded-type)。他們的著作艱深晦澀，不易了解；一個以前沒有讀過他們著作的人，乍讀時，會覺得好像進入一個非常陌生的古堡一樣。古堡裡每一個房間，房間裡的每一件家具，每一個裝飾，對這個新進來的人而言，都是非常生疏的，他必須一步一步仔細地摸索漸進，否則很容易迷失自己。這一類型的學者具有原創能力。他們不能簡便地接受過去約定俗成的概念與定義。他們的頭腦組織得很奇怪，每一個簡單的概念，對他們而言，都得重新界定，然後才能在他們的思想系統中找到適當的位置。因此，一般人認為極簡單的概念，對他們而言，可能是很困難、很繁複的問題。但是，正因為他們無法輕易把前人傳下來的概念視為當然，所以他們常能在困思之中發現新的思想。人類文明的進展，主要靠這個類型的學者的努力。如以實例說明，在哲學界，懷特海(A. N. Whitehead)比較接近這個類型；在奧國學派經濟學家中，米塞斯可作這個類型的代表。❾

---

❾　轉引自林毓生：《思想與人物》，聯經出版事業公司，1984年，臺北，

當然，沒有誰會天真到認為上述兩種類型的劃分有一種清楚絕對的界限，那只是一種相對的區分。但是，確實存在這種傾向性的不同。如上所述，無疑，海耶克是把自己歸入典型的第二類的。著名政治學者拉斯基 (H. J. Laski) 曾告訴海耶克說，凱恩斯曾稱他為「歐洲最傑出的、頭腦糊塗的經濟學家」，海耶克本人對此頗為懷疑，他覺得這聽上去更像拉斯基自己的話，而不像凱恩斯說的話。❿不過，他自己對此並不以為意。當然，話說回來，人們閱讀海耶克的著作時，恐怕並無「糊塗」之感，而是感到極其清晰與凝練的。「糊塗」云云，只是創造過程中的精神狀態而已。

（四）在奧地利學派的溫床中

1921年10月，海耶克剛從維也納大學畢業，經濟學家維舍，作為海耶克的教師，為他寫了一封推薦信，海耶克遂把該信遞交給了時任交流辦公室財務顧問的經濟學家米塞斯。米塞斯讀完推薦信後對海耶克說：「維舍說你是一位有希望的年輕經濟學家，但我從未在我的課堂上見過你。」話雖如此，愛才的米塞斯仍然為海耶克找到了一個被稱為「清償辦公室」的臨時機構裡的位置，因為米塞斯是該機構的董事。這個辦公室那時在忙於清償各類債務，原因是這些事情在戰時完全擱置起來了。而正好海耶克懂得法語、意大利語，後來又學會了英語，再加上他的法律和經濟學的知識，恰是勝任這項收入頗豐的工作的適當人選。而它的更重要的吸引力在於可以由此與米塞斯建立更為成熟的智識交流關係。此後五年，除開海耶克

---

pp. 348–349。

❿　F. A. Hayek, *Hayek on Hayek*, University of Chicago Press, 1994, p. 89.

去美國的一年多一點的時間外，他都同米塞斯在一起。

海耶克說他自己從米塞斯身上學到的可能比其他任何人都多，雖然按照傳統慣例米塞斯並非他的授業老師。海耶克一到「清償辦公室」工作，很快就與米塞斯接近了。在以後的將近八年時間，海耶克從米塞斯那裡獲益最多。這不僅包括智力上的刺激，也包括事業上的幫助。作為經濟學家，米塞斯由於其1912年發表的貨幣理論的著作而廣受尊敬。海耶克指出，在戰後，奧地利和德國出現了惡性通貨膨脹，它甚至比戰爭本身更嚴重地摧毀了這兩個國家的中產階級。而米塞斯也許是當時德語國家中唯一明察秋毫地理解發生了什麼事情的人。

在1922年，米塞斯發表了他的論社會主義的巨著，這一工作提供了我們何以必須拒絕社會主義計劃經濟的理論基地。他集中論證了在競爭性的市場體系中自由調整的價格所起的關鍵作用。價格調整反映了相對稀缺物的變化，而這正是決定者選擇他們的資源配置的信號。沒有自由調整的價格，資源的有效配置是不可能的。米塞斯的論證徹底說服了海耶克，使他放棄了在那段時間內曾有過的某種費邊主義傾向。

海耶克對於經濟學的最初的熱中來自他閱讀卡爾·孟格《經濟學原理》一書的體驗。這本於1871年出版的著作影響了一代又一代奧地利學派經濟學家，成為他們的重要精神源泉。孟格的另一著作《方法論》也給了海耶克極深的印象，特別是其中關於一般社會學的論述，尤其是它的有關社會的制度性架構自發產生的優美理論令海耶克著迷。

卡爾·孟格是一位令人印象極為深刻的人物。以致海耶克在見過他之後，在文中把他形容為一個高個子，但他這一印象後來證明

是錯的。實際上，卡爾・孟格只有中等身材。不過，僅此一點，亦可說明他給人的那種深刻和權威的印象了。以他為中心的「孟格小組」(Menger circle) 在上世紀的最後三十多年的奧匈帝國占有支配性的影響。該小組實際上是以孟格為中心的咖啡館定期聚會，每週一次，成員由很少數才智極高的菁英構成，他們既是當時學界和社會上的重要人物而又都是孟格過去的學生，海耶克的業師維舍就是其中之一。孟格自己雖然從未在奧地利政治上擔任過顯要角色，然而他卻是十九世紀奧地利自由主義者的智力心臟及其背後的強有力影響人物，過去曾受教於他的不少高級政要，每週都要與孟格晤談一次，討論當時的政治與經濟情勢。因而，他的重要性是不言而喻的。

孟格在學術上的聲譽來源於他是首批在經濟學中引入「邊際效用」概念的人。更重要的是孟格利用「效用」概念對於「價值」概念的分析，而這種概念分析是與在古典經濟學中所確立的價值理論正相反對的。對孟格而言，價值根本不是什麼任何商品或勞動的內在固有的屬性或本質。土地、勞動和黃金中都不存在固有的價值，存在的僅僅是這些要素的使用價值；並且，這種價值僅僅是相對於可能的其他用途而確立的。這些相對關係對於各種不同的案例和不同個人都是五花八門各各不同的。只有該個人才知道什麼應當放棄，而什麼替代物具有同等效用。價值是只有通過個人心理的主觀感受才能被決定的東西。

「主觀的，因而是不確定的。」 孟格揭示出的價值的這一性質令許多實證主義傾向強烈的經濟學家坐立不安，他們一旦離開了計量所要求的固定的基礎（尺碼），就渾身不自在。

與這些希圖有穩固基地的心情相對照的觀點卻認為，「價值是

植根於相對關係的系列中，是可選擇可替代的。」 這一基本觀念，對被認為是奧地利學派的經濟學家而言，是必不可少的信條。在奧地利學派關於資本的理論中，生產體系的規模和複雜性是隨價格和利率的改變而變化的。因此，價格和利率的角色在指導投資時是極其關鍵的。

某種意義上，「價值」這個概念在現代奧地利學派經濟學中，正像「物質」「絕對精神」等概念在現代哲學中一樣，二者都成了古典經濟學和古典哲學時代遺留下來的無用的裝飾品，它們已經被放進了歷史博物館，成為業已消逝的古典時代在當代的一種回響了。

在經濟學中，如同在哲學界一樣，我們再次看到「奧鏗的剃刀」(the Ockham's razor)在當時的尖銳鋒芒。

1923 年海耶克手持熊比特 (Joseph Schumpeter) 的介紹信赴紐約，他被應允獲得部分資助任研究助理。他抓住了這一機會。到當年三月，他已籌足了赴美的盤纏，準備帶著奧地利學派經濟學家的信念同美國的同行交流。

第二節　紐約之旅

（一）與美國經濟學界結緣

1923年，海耶克一到美國，就一頭紮進紐約市公共圖書館。首先令他大吃一驚的是美國人對第一次世界大戰的報導與分析。美國報紙對戰爭的精確報導與揭露的方式是在奧地利看不到的。簡言之，戰爭進程的大量真相並沒有廣泛地傳播到奧地利民眾之中。從這件事我們不難推斷，海耶克對於政府行為和動機的深刻懷疑大約始於

何時。

海耶克在紐約的亞利山大·漢密爾頓研究所任研究助理，同時自行到哥倫比亞大學和新的社會研究學院聽課，並正式註冊於紐約大學，開始著手又一篇博士論文：〈貨幣的職能與人為穩定購買力是協調一致的嗎?〉他出席了由托斯泰因·維勃棱(Thorstein Veblen)主講的演講會，結果海耶克發現，他與這位演講者除了同樣都患過瘧疾之外，沒有任何共同點。

引起海耶克興趣和注意的是，關於經濟過程的統計分析技術的最新發展，以及後來常被討論的一種主張，即：經濟體的價格水平可以通過中央銀行的貨幣控制來加以穩定。

因此，美國的聯邦儲備系統以及美國的貨幣政策也引起了他的濃厚興趣。

即是說，直至他返回維也納之前，研究貨幣理論與商業循環，是海耶克在紐約的主要工作重心。

當時，美國的經濟學家們在米切爾(Wesley Clair Mitchell)帶領下，運用他的那些複雜的數學技巧，正在大力發展歐洲經濟學界還聞所未聞的統計方法，但這些數學方法尚缺乏任何解釋性的理論。米切爾對於任何離開數學技巧的實用分析都懷有敵意，這種分析正是被孟格所痛罵的德國制度主義學派的基本研究取向。

美國的經濟研究取徑是搜尋事實。儘管很多事實已被發現，但是美國經濟仍然被景氣和不景氣的交替循環所困，無論怎樣預防和解釋都改變不了這種狀況。在這種循環下經濟繁榮的階段甚至是週期中更大的災難。米切爾於1913年發表了論商業循環的里程碑式的工作，並在紐約創立了經濟研究國家總署。海耶克參加了他在哥倫比亞大學的講座。

　　美國的經濟學者致力於去比較一些相似的經濟變化，譬如，玉米和棉花價格的變化。很長時期以來這種研究依賴於一個基本假設：在經濟現象的原因和結果之間存在著歷史的週期規律。但是實用主義的研究取向試圖在理論上避開認識論的必然性，或者拒絕經濟變化必有原因的這種假設。而離開了這種理論和假設，事實本身就可有可無無足輕重了。要言之，他們認為，從結果是不能推出原因的。

　　海耶克對上述研究取徑的回應是：不排斥週期規律的可能性，因為統計追蹤表明美國確實存在這種現象。他的態度是發展理論來解釋這種現象。回到奧地利後，他寫了兩篇重要論著：〈在貨幣價值中週期間價格的平衡與移動〉(1928) 和〈貨幣理論與貿易循環〉(1933)。後者是他的第一部專著，目的是為了勸告德語經濟學家考慮工業波動的金融原因，他認為貨幣的因素對波動的影響比那些經濟學者相信的必然存在於基礎的「真正」原因重要得多。

　　當然，美國的實用主義者的研究並沒有掩飾其統計分析的真正目的，他們是想通過調查而發現控制經濟事務的辦法。後來海耶克把這類思想命名為「建構主義」(constructivism)，成為他批評的主要對象之一。在他看來，歷史的慣例是，一旦某人創建了社會和文明的制度架構，同樣地，為了滿足自己的欲望和意願，他也必定能夠改變它們。

　　本來，海耶克早就幸運地獲知，洛克菲勒基金會將對他資助以便延長他留美研究的時間。然而，當第一筆資助寄到他手中時，他已經訂好了返回維也納的船票了，時在1924年春季。

（二）　海耶克與米塞斯

　　海耶克返回奧地利後仍然是繼續做「清償辦公室」的工作，並

參與米塞斯的私人研討班，同米塞斯討論自己在美國學得的經濟學研究方法，並兼任維也納大學經濟學與統計學講師。米塞斯為了保障研究，特別為創建一個專門從事研究商業循環的機構設立了一筆基金，至1927年1月，資金已經籌足，研究所正式開張。鑑於海耶克在該領域的研究成就，他被任命為奧地利商業循環研究所首屆所長。該研究所聚集了一批優秀的經濟學家，形成了有影響力的學術力量。除任所長外，海耶克並自兼所務職員，在開辦的第一年，他自己竟用手親自謄寫了研究所的絕大部分報告！

雖然海耶克極力推崇米塞斯，稱他為與伏爾泰、孟德斯鳩、托克維爾與密爾不相上下的偉大思想家。他在任何場合都反覆強調，自己從米塞斯那裡獲得的非凡教益。然而他也並不諱言他們之間後來發生的一點歧見與問題。事情起始於海耶克1937年論述知識的經濟學的一篇文章。他在該文中試圖說服米塞斯，他的關於市場理論是先驗的想法是錯的，唯一先驗的應該是個體行動的邏輯。然而當你一旦越過這一點進入許多人之間的互動領域（市場）時，你就已經進入了經驗的領域。雖然，米塞斯過去對於來自學生對自己的批評總是很敏感和憤怒，如因其學生馬赫拉普（Machlup）和哈伯勒（Haberler）對自己的批評，米塞斯與他們斷絕了交往。但據海耶克說，令人奇怪的是，米塞斯對海耶克的批評很平靜並且核准了該文章，似乎並未意識到文章批評的是自己的觀點。但是海耶克進一步推進了自己的觀點。他相信他現在能夠解釋何以米塞斯對於社會主義的著名的批評未能真正產生重大效果了。因為米塞斯仍然使自己保持在理性主義—功利主義的立場上，而理性主義—功利主義同拒絕社會主義是不調和的。

海耶克與米塞斯一直保持著親密的關係，而米塞斯也一直為他

有這樣一個得意門生而自豪。不過，自從海耶克去倫敦經濟學院任教後，就與卡爾·巴柏的政治哲學思想日近，主張批判的理性主義，這一段的思想主要體現在《自由憲章》一書中。其中海耶克的思想已與米塞斯有了重要的區別。與米塞斯相比較，海耶克的自由主義可以說是溫和的。譬如，海耶克認為某種較低程度上的福利國家與自由二者之間是可以相容的。這一觀點與弗里德曼一致，而與米塞斯不同。米塞斯是一位相當徹底的理性主義者，甚至帶有絕對主義的色彩。而海耶克越到晚年，卻離開理性主義越遠了。海耶克曾經為米塞斯的《回憶錄》（1978年出版）和《社會主義》（1981年出版）撰寫引言，高度評價了米塞斯的卓越學術成就，但同時也批評他「太極端」、「太武斷而不容爭辯」、「先驗論」以及「太理性主義了」。

　　在海耶克看來，資本主義的預設是，與我們擁有的理性洞見不同的道德傳統的基礎，是經由演化檢驗了的，而不是被我們的理智所設計的。我們絕對沒有因為理解了其後果而去發明私有財產制度，我們也未曾發明家庭。這些傳統之如此出現，本質上是一種宗教式的傳統。海耶克與米塞斯都是不可知論者。但是海耶克認為像私有財產制度和家庭制度這兩種決定性的傳統——它們建構了一種使我們的視野大大擴張的秩序——並不是我們理智洞察力的後果，而是我們的道德傳統的後果，而該道德傳統來源於群體的選擇而不是源於個體的選擇。這是我們可以事後理解和解釋的。但是米塞斯的假設是，如果我們是嚴格理性的並確定了所有的要素，我們就能發現社會主義是錯誤的。海耶克對此不以為然。他認為，如果我們堅持嚴格的理性主義和功利主義，這就蘊涵了我們能夠根據我們的快樂安排所有的事情，於是，米塞斯就難以從這種基本教義的哲學束縛下使自己自由逃離出來。他永遠不可能解脫。因此，雖然海耶克贊

成米塞斯對社會主義的幾乎所有批評，但是他認為該批評的無力是因為他仍然站在理性主義和社會主義的錯誤哲學基地上：我們賦有理智的力量去合理地安排一切。而這是與他的基本結論衝突的，因為他批評社會主義的基本點正是我們不可能做到這一點。然而現在他說，作為理性主義者，我們必須嘗試這樣做。由此，海耶克批評米塞斯使自己陷入兩難困境，這也是他稱米塞斯的主要缺點在於「先驗論」、「極端與武斷」和「過分理性主義」的原因。 ⓫

綜上所述，我們可以看出，海耶克與米塞斯的分歧基本上屬於哲學層面。

米塞斯一生的學術歷程頗為曲折，由於本世紀泛濫全球的社會主義思潮，再加上他本人的絕不妥協的絕對主義性格，故常常受到主流學術界特別是大學的排斥。不過，無論如何，他在1949年發表的《人的行為》一書，當之無愧地在本世紀的自由主義經典著作中占有重要的一席地位，而他自己也必定側身於二十世紀自由主義大師之林。這是無庸置疑不可辯駁的。

商業循環研究所所長的職務並未使海耶克停止其他寫作，當然時間被迫減少了一點。儘管如此，他仍然開始了對於貨幣理論史的通盤研究，雖然該項研究的經濟收益完全是不可預料的。但通過該

⓫ 有關海耶克與米塞斯之間的差別可參閱 1. J. Salerno, "Ludwig von Mises as Social Rationalist", *Review of Austrian Economics*, Vol. 4, 1990; 2. J. Herbener, "Ludwig von Mises and the Austrian School of Economics", *Review of Austrian Economics*, Vol. 5, 2, 1991; 3. H. H. Hoppe, "F. A. Hayek on Government and Social Evolution: A Critique", *Review of Austrian Economics*, Vol. 7, 1993; 以及 4. M. N. Rothbard, "The Present State of Austrian Economics", Working Paper, Auburn, Al: Ludwig von Mises Institute, 1992. 這四篇論文。

研究，海耶克掌握了英國貨幣理論和實踐的詳盡知識，特別是自1690年到1900年英國的貨幣理論與政策的歷史。這一點倒意外地使他獲聘倫敦的一席教職。

第三節　在倫敦經濟學院

（一）黃金歲月

海耶克於1931年來到英國，任教於倫敦經濟學院，開始了一段智力高度激盪的時期。

他的這項倫敦經濟學院的教職聘任合同，實際上與美國學者的觀點有聯繫。本來，該聯繫看來不會對他的聘任有什麼幫助。因為當年在美國，有一個廣泛公開的研究規劃，是由福斯特(Foster)和卡卿思(Catchings)擬定的，然而海耶克對其觀點深不以為然。他們的理論被海耶克稱為經濟循環中的「附屬性消費」理論的變種，海耶克在私人研討班的第一次演講中就反駁了該理論。後來，他又把它寫成論文〈儲蓄的悖論〉(1929)發表。但正是這篇論文，引起了羅賓斯(Lionel Robbins)的注意，他被海耶克所闡述的這一主題吸引住了。於是邀請海耶克到倫敦經濟學院作系列講座。該講座涉及英國貨幣理論史，內容豐富，特別是當他離開原稿即興發揮時，更是娓娓道來，引人入勝。該講座表明海耶克對此專題的了解竟然比任何英國本土的教授都更多，因此獲得很深的印象和極大的成功，羅賓斯也因此受到奧地利學派的深刻影響，以致與海耶克成為學術摯友。這次演講導致海耶克被聘任為倫敦經濟學院1931～1932年的客座教授，之後，由於羅賓斯對他的理解和欣賞，海耶克遂被正式受聘

為該學院經濟學及研究的圖克教授 (Tooke Professor)，海耶克從
1932年到1949年赴美之前，都一直在此位置上，構成了其學術生涯
的重要階段。

　　而他與羅賓斯從 1931 年至 1940 年的合作一直是非常融洽無間
的，他們幾乎是一起思考，一起工作，極其和諧。直到四十年代羅
賓斯受到凱恩斯思想的影響為止。

　　在晚年，海耶克曾回憶到，在獲得倫敦教職之前，有一次他曾
亦莊亦諧，向其夫人談到他對自己一生事業的規劃：他應該首先馬
上去倫敦當教授，幾年之後回到維也納，先作教授然後任奧地利國
家銀行的行長，最後，當他作為學者與行政管理者的工作完成後，
再回到倫敦任奧地利駐英國的外交使節。他認為，這些設想，在現
代社會並不是非分之想。然而，事實表明，除了規劃裡的第一步——
當時看來是最不可能的而又是唯一實現了的之外，其他就都成了泡
影，他一輩子注定是埋在書齋裡了。進入學術領域就像走進皇宮一
樣，「一入侯門深似海」，一旦踏入，如痴如迷，他就再也難以抽身
而出了。不過，在學術思想這一並不大眾化的領域內，他竟然名聲
在外，成了毀譽紛紜的國際性人物，尤其在晚年，更是如此。這一
點，確是他早先未曾預料到的。

　　在倫敦經濟學院，海耶克的工作使奧地利學派的貿易循環理論
引起世界經濟學界的廣泛關注，這一點主要得力於他的著作《價格
與生產》。 不過，海耶克自己則認為其中有某種偶然因素。當他接
到倫敦經濟學院的聘書時，他剛好第一次對貿易循環理論形成了一
個清晰的輪廓，但還沒有完成它的複雜細節的思考。如果他有時間
精心探究，進一步推敲其細緻的論述，他認為自己會遇到若干複雜
問題並導致極其困難的論述。但接到聘書的那一短暫時間，使他只

能用概括地全貌般的方式迅速地寫完他的想法，正如後來人們所看見的一樣。

他書中的簡要論述揉進了龐－巴衛克的過分簡化的方法，以及生產的平均週期等內容。生產的平均週期是一種漂亮的簡化，但對我們要處理的問題沒有什麼幫助。後來，他意識到，生產的單個平均週期的問題是一種很複雜的結構。他說，如果他在1931年意識到了這點的話，他恐怕不會去作那個漂亮而簡單的說明。正因為他當時並未意識到其中的困難，因此才有了那場成功的但自己後來卻認為可信度不夠充分的講演。

當時，他每年有九至十個月的時間住在倫敦。通常早晨他在家裡進行研究寫作，因為絕大部分授課時間都在下午或晚上。他常常上午十一時離開家，到學院或「改革俱樂部」用午餐。學院供教授用餐的公共飯廳內集中了非常有趣的一群人，那裡的空間大小恰恰使人們能夠相互認識和熟悉，因而常常是活躍的討論場所。特別是在風雲迅速變幻的三十年代後期，主要討論世界政治的發展和變遷。雖然在左翼多數派同自由主義、保守主義的經濟學家、律師之間有著尖銳的政治分歧，但是氣氛總的來說是友好的。

這些教員總數其實不超過百人，但卻包含了一些非凡的才智之士和雄辯家。除了前面海耶克經常提及的經濟學家外，還有格里高里(Theodore Gregory)、希克斯(John Hicks)、本海姆(Frederic Benham)；此外，像政治學家拉斯基(Harold Laski)和布洛甘(Denis Brogan)，都有滔滔口才，以及托尼・鮑爾與艾林・鮑爾(Tawney and Eileen Power)、馬林諾夫斯基(Malinowski)、學院主任比佛里奇(William Beveridge)和秘書梅爾夫人(Mrs. Mair)等等，都是其中的卓越成員，堪稱一時之選。甚至一些已退休的德高望重的老教授，

譬如坎南 (Edwin Cannan)、瓦拉斯 (Graham Wallas) 與韋布夫婦 (Sidney and Beatrice Webb)等，也常常不甘寂寞，前來捧場。

海耶克自己後來回首往事，深感戰前倫敦的那些歲月，是他智力活動最為活躍的時期，也是他一生中最為滿足的年代。同智力一流以及興趣相似的人們的討論切磋，其精神上獲得的享受和知識上獲得的進展都是不可言喻的。在他看來，這一時期自己在倫敦的收穫，超過一生中的任何時期和任何地方。遺憾的是，那些黃金年華以後再也不復重現了。

（二）學苑軼事

倫敦經濟學院原來是（帶有社會主義傾向的自由主義左翼）費邊主義色彩的研究機構，但它卻吸收了像海耶克這樣的對費邊主義不以為然的學者，這當然與學院的主要資深教授坎南 (Edwin Cannan)和福克斯威爾教授(Foxwell)的大力推薦有關，同時也因為韋布(Sidney Webb)雖然是費邊主義者，但他首先是一位正派學者有關。他們需要的是具有獨立心智的優秀理論家，而無論其傾向如何。自然，作為費邊主義者，韋布堅信，只要無偏見地研究經濟學，必定會趨向社會主義。這一見解後來雖然證明是大大地錯了，但他仍不改其初衷。

至於坎南和福克斯威爾，他們當然與費邊主義是很少沾邊的。

海耶克與政治學教授拉斯基有一項共同嗜好，就是收藏善本書籍，但僅此而已。除此之外，海耶克與那位費邊主義者拉斯基幾乎就沒有任何共同語言了。

作為一位著名的政治學者，拉斯基曾擁有相當大的影響。據筆者回憶，甚至遠在中國，那些研究政治學的學者們，也常常是口不

離拉斯基的。但是在海耶克眼中，拉斯基卻是一位有怪僻的人。海耶克說，甚至今天在拉斯基的那些朋友中間，也都承認他是一位病態的說謊者。他回憶了一些他與拉斯基一起去收購舊書時的有趣故事。譬如，眾所周知，收買舊書就像釣魚一樣，常常能不時發現一些稀罕之物。他與拉斯基通常午餐後在公共飯廳內碰頭，然後情緒高漲地去一個街角收購舊書。那裡常常有一些十八世紀的漂亮的法語書籍，十二本一箱排開來。有一次，他們在某一個裝書的箱子前駐足，拉斯基把書全部倒出來，大多是些宗教書。突然，他發現某書的背面比其他書厚，拉斯基馬上問書主：「這本多少錢?」「六便士一本。」於是，他立即扔下一先令，拿走兩冊書。隨後，他撕開那本書的背面，抖落出來四封信向海耶克炫耀：那是盧梭與伏爾泰之間的從未發表過的四封通信，珍貴之極。這件事典型地反映了拉斯基其人。

另外一個令海耶克印象深刻的事情是，戰前倫敦經濟學院教員一個晚間集會上，拉斯基自告奮勇要給大家一個餘興節目，他上臺演講，大談蘇聯制度的美妙。正講得興起，突然，BBC廣播電臺響了，報導一則最新消息：蘇聯與希特勒德國簽訂了「斯大林－里賓特洛甫條約」，即，蘇德互不侵犯條約。事過之後，拉斯基若無其事，他的行為顯得似乎他一生中從未講過可惡的布爾什維克的任何好話一樣。他似乎總是記不住他在之前二十年之內自己說過的任何話。

然而在這件事發生一年之後，正巧在飯廳上次的同樣位置，海耶克與其同事們又在飯後一起收聽新聞，而拉斯基正在他的家鄉曼徹斯特的一家旅館中，經歷其平生第一次空襲。這一次，他嚇得發抖，因為一顆炸彈落在他的旅館附近，把他震得渾身打顫。但是在

三週之後，海耶克再度聽到這個故事時，新版本已經變成：他的旅館遭到轟炸，拉斯基被炸得連人帶床一起從四樓滾落到了地下室。這事的確維妙維肖地表現了他那種病態的慣於「創作」故事的習性。

由於拉斯基等一批教授的存在，在倫敦經濟學院，戰前與戰時都有相當濃郁的費邊主義氣氛，甚至還差一點把新馬克思主義色彩很濃的法蘭克福學派全盤接收過來。這件事是學院主任比佛里奇先生一手操辦的。此人極有活動能量和募款能力，但對學術卻是外行。由於法蘭克福學派名聲不小，特別是它的圖書館極好，如果他們歸屬於倫敦經濟學院，則可以連人帶館都一起合併過來。比佛里奇先生無法抵抗這一誘惑，於是，擬好了合併的協議書，只待羅賓斯簽字了。幸而羅賓斯沒有很輕率地作決定，他雖然學術直覺很好，但對法蘭克福學派卻所知不多，於是請海耶克與比佛里奇一起討論此事。在海耶克看來，如果吸收進法蘭克福學派，則不啻是學院的一大災難。後來，終於在海耶克竭力陳其利害之下，羅賓斯打消了這一念頭，從而在最後一刻阻止了這件事的發生。

在倫敦經濟學院他的寓所附近，居住了不少學院的同事。雖然海耶克平常埋首書案，社交活動不多。但是唯其如此，同事們偶爾的造訪就成為難得的輕鬆和愉悅的時刻。海耶克夫婦生活並不很寬裕，以至於一直到1936年，他們家庭才總算擁有了一輛汽車。那段時間，他被接受為「改革俱樂部」的一員，海耶克很看重這一俱樂部。他回顧其學術生涯四十年的歷程，指出：「(俱樂部)對他而言成了最重要的場所，也是四十年來他念茲在茲的唯一的『家園』」。

這段時間，海耶克受邀撰寫有關近二十年來他的智識生涯的回顧。於是，他完成了如下兩篇帶學術視野的回憶錄：〈從維也納看一九二〇年代的經濟學〉及〈從倫敦看一九三〇年代的經濟學〉。

一九三〇年代早期，在他的回憶錄中是激動人心的一頁：

> 本世紀經濟學理論的發展展現在我面前的是最令人興奮刺激
> 的時期。從1931年到36或37年，我在倫敦的日子是我的一個
> 高潮點。它終結了經濟學理論的一段歷史，並開闢了一個嶄
> 新的完全不同的時代。

1936年，海耶克對倫敦經濟學會(the London Economic Club)發表了他的會長就任演說，這就是次年發表的著名論文〈經濟學與知識〉。而另一位他命裡注定的理論對手約翰・美納德・凱恩斯(John Maynard Keynes)正是在1936年發表了其經典名著：《就業、利息與貨幣通論》。

　　如果離開了當時的政治與文化的時代騷動，經濟學理論變革的衝擊就無法被理解。如果說，人們難於理解本世紀世界的極其劇烈的變化的話，那麼，那些經歷過那些巨大騷亂的人們就更難於理解這些事件的意義了。

　　除了英國本身留下的記錄外，人們已經完全忘記了大英帝國在十九世紀的輝煌歷史，她是作為世界上最偉大的帝國而廣為人知的。那是一個政治、軍事和經濟的支配性強權。在很大程度上，古典經濟學就是大英帝國的經濟學。

　　但是，第一次世界大戰嚴重削弱了這個帝國的財政支撐能力。巨額資本的流動和由於戰爭而需償還的貨幣儲備，其數量之大，無論根據何種經濟理論，從可以理解的交易關係之觀點來看，都是不可思議的。

　　煌煌的「日不落的」大英帝國已經不可遏止地走向了衰落，一

個新興的經濟帝國正蒸蒸日上，取而代之。不過，令驕傲的英國佬聊以自慰的是，這個新興帝國的基本的經濟與政治生存方式正是從自己那裡遺傳承繼過去的。而無論從哪個角度看，這種方式仍然在向整個地球擴張。

第四節 大論戰：海耶克—凱恩斯

（一）初次交手

剛到倫敦經濟學院任教不久，海耶克就捲入了同凱恩斯的一場學術論爭。這場論爭連同海耶克本人一起，迅速引起了廣泛關注。然而這件事情也使一些人誤認為他們二人是互不往來的死對頭。就此，後來海耶克專門在自己的自述中對此予以澄清：

> 順便說一下，雖然我仍然不同意凱恩斯的觀點並與他有過白熱化的辯論，但是我們保持了最好的私人友誼，並且，就他作為一個人而言，在很多方面我都對他懷有極高的敬意。❷

海耶克第一次與凱恩斯見面是在1928年。當時，他在倫敦和劍橋從事經濟學研究與服務的工作。這些工作是貿易循環圈觀察任務的開端，涉及到倫敦與劍橋。這是海耶克首次倫敦的旅行。海耶克先曾在維也納組織過一次研究經濟情勢的會議，後來倫敦再次召開該主題的會議，當然也就邀請了他。而凱恩斯恰好是那次會議的理

---

❷ F. A. Hayek, *Hayek on Hayek*, University of Chicago Press, 1994, p. 88.

事會成員。於是，這兩位對本世紀經濟學發生了深刻影響的人物得以首次見面。會上他們一度就利率的問題有過爭辯，但是氣氛很友好。很明顯的是，凱恩斯開初以他慣常的態度，試圖以強勢手段壓服這個年輕人。但是海耶克並不買帳，立即站了起來，嚴肅地同他進行論戰並相當有力地為自己的論點作了辯護。於是凱恩斯很認真地看待海耶克並從此以尊重的態度對待他了。

應羅賓斯的要求，海耶克寫了一篇很長的連載評論，評凱恩斯在《經濟學》雜誌上發表的〈論文〉(Treatise)。海耶克的評論分為兩部分，第一部分發表於該刊 1931 年 8 月號。他自己認為是公正而有效的批評。原因是他當時剛剛完成了對於當時有關就業與需求理論的一般性反駁，對於該問題有相當透徹的研究，並認為自己已經完全解決了該問題。

這個問題源於二十年代的一個美國研究小組，他們發展出了一種非常類似於凱恩斯想法的天真的形式。當海耶克於 1923 年至 1924 年在美國時，梅舍爾・福斯特(Messrs Foster)和卡卿斯(Catchings)曾懸賞徵求對上述想法與形式的最佳批評。海耶克當時並未應徵。但是，當後來獲獎的書公布後，他發現為該書所寫的批評是如此糟糕，以致他認為自己必須在晚些時候對這個主題作一個遲到的回應。於是就有了一篇演講，後來用英文發表出來，題為〈儲蓄的悖論〉(The Paradox of Saving)，是海耶克有關價格與生產的觀念的首次面世。

鑒於上述原因，當凱恩斯的〈論文〉發表時，海耶克相當惱火，因為他認為已經被自己徹底解決了的關於總需求與就業的關係問題，居然又被凱恩斯原封不動地搬出來，似乎他從來就沒有注意到自己的工作一樣。因此，他迅速完成了那篇對凱恩斯〈論文〉的評論。該評論全面地駁斥了凱恩斯的主要論點。雖然如此，海耶克仍

客觀地指出〈論文〉比凱恩斯原來那本《貨幣通論》要好，因為其中確實也有一些值得稱道的內容。不過更令海耶克生氣的事情還在後面呢。當他的評論的第二部分發表時，忽然發現其批評的對象已經消失了。凱恩斯當時告訴海耶克說：「別放在心上，我自己已不再相信我所寫的那一切了。」凱恩斯的這種觀點多變的風格令海耶克啼笑皆非，頗為沮喪。

（二）凱恩斯旋風

海耶克注意到，由於發表了《和平的經濟後果》這一論著，凱恩斯成了歐洲大陸的英雄。凱恩斯證明說，在第一次世界大戰中被擊敗的德國之出口，如果不能超出列強許可範圍的出口水準，就不可能還清法國所要求的賠款。不管凱恩斯的論證是否絕對精確，不可否認，他的預言是正確的。事實上，當各國政府為此而爭辯不休時，德國與奧地利當時正受困於大飢餓和極高速的通貨膨脹。

英國政府採取的兩項立場後來證明是彼此不相協調的和最終是災難性的。英王政府拒絕放棄她對德國的賠償要求，除非美國能豁免自己對英國的要求。另外，在經過情緒激動的辯論後，英國又恢復到英鎊與黃金的戰前兌換標準。但是倫敦發現她根本無法平衡其內外兩項政策，英國再也沒有能力作為她所依賴的那半個地球的債權國了。而當時的各種經濟學說並未對一戰之後的世界經濟狀況作出令人信服的解釋，更談不上對各國政府作出成功的經濟決策建議了。

為了消除經濟學中「學派」林立的現象，在倫敦，連同海耶克，羅賓斯提出了一個宏大的「規劃」，把經濟學中各個不同的研究傳統統一為一個體系。作為這一計劃的一部分，海耶克在倫敦政治經濟

學院作了系列講演，後來經修訂而結集為《價格與生產》出版，引起廣泛注目。他對凱恩斯的《貨幣通論》的評論也是這個規劃中的一項批評性的努力。凱恩斯的答辯則是對《價格與生產》進行了批評。於是，整個辯論的輪廓就勾勒出來了。

在雙方的辯論中，理論色彩遠大於實踐色彩。對此，整個工業世界沉入了深刻的絕望之中，其沮喪的程度是任何經濟學者難以想像的。對於那些面對馬克思主義進攻而開始懷疑地省視過去自己的理論訓練及其承受能力的經濟學者，凱恩斯的《通論》被證明在戰術上是成功的。然而，當人們仍然在保護一般均衡理論的概念性的組織結構和判斷時，由於在儲蓄與投資之間發現了不完善的連接，凱恩斯卻因此而打開了政府干預貨幣與財政措施的大門。

其實，世事從來不會永遠依賴任何一個經濟理論。此時，海耶克有關經濟循環的觀點似乎已經喪失了雄辯的力量，但他又在嘗試一項雄心勃勃的計劃，即通過寫作《純資本論》來系統地整理和總結奧地利學派在新古典經濟學理論中的進展，而這一點正是凱恩斯理論最軟弱的下腹部。

1931 年海耶克出任倫敦經濟學院經濟學與統計學講座教授，1938年歸化英國國籍。此後，他發表了《貨幣的國家主義與國際穩定》(1937)、《利潤、利息與投資》(1939)、《純資本論》(1941)等專著，建立起一套有關資本與產業波動的完備理論。

（三）概覽雙雄之爭

在海耶克撰寫這些著作的當時，引發第二次世界大戰火山的岩漿潛流已經在地殼下面滾滾奔騰，隱隱作響，只不過還沒有任何人聽到而已。

多年之後，很多事情都一目了然了。當年凱恩斯獲得的支持，他的任何計劃的成效，其實都是依賴於政治決策的機敏正確，否則絕不可能成功。它們與凱恩斯理論脈絡的正確與否無關。這些理論主張最好的也是與實際計劃處於渾渾噩噩的令人困惑的狀態，最壞的乾脆就是完全相反。海耶克曾說，他一生最大的遺憾之一是他當時沒能對凱恩斯的觀點展開更強力的有效抨擊。

不過，筆者懷疑，當時即使對凱恩斯的批判在理論上相當深入徹底，恐怕也無濟於事，海耶克在當時絕不可能占上風。

在前一章已談過，海耶克同凱恩斯的這一場著名的辯論，其關鍵的分歧是：二人對於政府干預的態度。凱恩斯對之持正面肯定的態度，並認為政府的干預能夠在市場中扮演重要角色，可以減少不穩定性，克服經濟危機，並改善預期；而海耶克相反，認為政府干預經濟從長遠看必將破壞市場，預後不良。

在當時大的世界性經濟危機下，人們對於傳統的市場經濟逐漸喪失信心，於是，國家從外部的干預成為寄託希望的最後避難所。加上社會主義和共產主義思潮在全球的流行與強勁，以國家社會主義為標誌的希特勒主義崛起，這兩種思潮都是國家干預乃至統制經濟的極端派別。這就更加強化了國家干預經濟的思想力量。於是，即使在民主國家，嚴厲的金融管制，超常的貿易保護，大規模的國家福利政策等，也都成為人們心目中挽救經濟的靈丹妙藥。因而，亞當・斯密的所謂「看不見的手」，以及「市場的自發的調節功能」等等，早已被多數人視為陳舊過時的老調，不予理睬了。當時美國興起的著名的「羅斯福新政」，某種意義就是凱恩斯主義的直接後果。因此，這場辯論以凱恩斯的獲勝而結束，並形成一種相當長時間的「凱恩斯旋風」，顯然不是偶然的。

　　上述潮流，只是到了本世紀七十年代末期才徹底扭轉過來。第一，這同所有的共產黨統治的社會主義國家所遭遇的嚴重經濟困境、甚至經濟災難有關，與這些國家內毫無例外的殘酷政治高壓有關，第二，它同時也與民主福利國家(主要在北歐)的經濟停滯有關。第三，則是與英美等國出現「滯脹」的經濟現象有關。因為按照凱恩斯理論，經濟停滯與通貨膨脹這兩種想像絕不可能同時發生。這種新的潮流轉換的趨勢，最典型地代表就是美國雷根(Ronald Reagan)政府和英國佘契爾(Thacherl)政府的出現及其引人注目的成功。這就是史稱「新保守主義」（實即新古典自由主義）潮流的興起，也即凱恩斯主義全面退潮和海耶克風靡全球的時期。

　　當年凱恩斯認為，為了保護自由資本主義的核心，需要有所妥協、放棄一些「外圍」， 實行社會民主式的「預防」性理論，即由政府提供每人最低限度的維持生計的費用，以使自由社會具有更大的吸引力。雖然這種想法看來周全而審慎，但海耶克即使對這種讓步也是拒絕的。因為一旦這種考慮為國家干預提供了依據並開創了先例，實際上就不存在一個何時「剎車」的臨界點，從而我們就無法劃開國家干涉自由和提供福利二者間的界限，無法使國家「到此止步」。

　　考察當時的情勢，當時的經濟思潮向凱恩斯方向的轉向，正如前述，根本不是經濟理論爭辯的邏輯結論，而是世界基本局勢變化的結果，是幾十年來在知識分子的思想傾向日益左傾化的結果，也是當時文化和政治潮流的變遷所引起的結果。這幾方面互為因果，形成某種相互強化的正反饋效應。

　　在二十年代，美國經歷了一場由聯邦銀行導演的貨幣與信貸的大規模膨脹過程，最後以著名的「大蕭條」告終。1929年，美國失

業率是百分之三，第二年就瘋長至百分之十以上。於是，在富蘭克林·羅斯福總統任內，美國按凱恩斯的理論實行了一系列「新政」：取消金本位制（禁止私人擁有黃金），再次擴大貨幣發行量，擴大信貸規模，由政府控制物價和信貸發行規模，實行關稅保護政策，採取充分就業措施，實行平等的收入再分配調整，實行社會保障政策，提高稅收，發行國債等。這些政策救了一時之急，但不可能真正有效。實際上，到1933年，美國的失業率已高達百分之二十五，即使到了美國參戰後，也從未降至百分之十五以下。但是由於美國的國策是以凱恩斯理論為根據的，因此，舉國上下，當時凱恩斯主義的影響和勢力無遠弗屆，達到了空前的頂點，並波及到了其他國家。

如果不是由於第二次世界大戰爆發以及戰後世界經濟發展的經驗教訓，海耶克與凱恩斯辯論的經驗結論和意義也許根本就不可能如此彰顯於歷史上。

二戰戰事一起，海耶克與凱恩斯就迅速達成一項共識，必須設法避免因戰爭的龐大消費而導致的通貨膨脹以及投機性超支，在戰時，通貨膨脹是最大的危險。他們運用的方案依賴於在一戰期間發展出來的手法，譬如強迫性的並於戰爭結束方才償還的儲蓄。在戰爭期間，海耶克與凱恩斯的觀點相當一致，合作愉快，並且有不少經濟學之外的共同嗜好：如喜談歷史，特別是思想史，以及收集珍本書籍等，因而他們成為很好的朋友。海耶克甚至與凱恩斯站在一條戰線以對抗他人的批評。他甚至還發表了兩篇論文，一篇是對凱恩斯的小冊子的評述，另一篇則是論述如何對抗通貨膨脹，那正是凱恩斯正在做的事。在實行這些措施時，實際上，凱恩斯已經不再是「凱恩斯主義者」了。

而海耶克後來也不再批評凱恩斯的《貨幣通論》，其主要原因之一正是凱恩斯自己的觀點已經改變。而如前所述，凱恩斯這種多變的嗜好是眾所周知的。

有一個典型的例子可資再次佐證他的這一僻性。當邱吉爾正在同美國商談二戰後世界金融體系時，他寫了一封短簡寄給凱恩斯稱：「我正在接近您的觀點。」凱恩斯的回函是：「獲知此事非常遺憾，因為我已經在開始改變原來的觀點了。」

其實，作為嚴肅的經濟學家，凱恩斯與海耶克的分歧並不像輿論渲染的那樣根本。外界所以有這種印象，原因在於，辯論的當時他們兩人關注的焦點集中在其分歧、而不是其基礎共識。而他們的共識其實是很多的。舉其要點，如：凱恩斯也同海耶克一樣，把自己定位於反對集體主義的營壘之中，他完全同意海耶克的《通向奴役的道路》一書，並稱「受到了至深的感動」。他們都拒絕用充分的信息、完全的競爭等諸如此類的概念來構築經濟體行為的理論。他們都對經濟學中的數學模式有深刻的不信任感，這些模式憑藉一種預設了不變的外部現實的計量經濟學，對於那些必定不嚴謹的結果給出了貌似精確的結論。他們都拒絕把主觀效用的比較作為收入再分配的合法基礎。他們都把貨幣視為引起經濟動盪的中心角色。並且他們都試圖整合金融和價值理論。最後，正如 Shackle, Leijonhufvud 以及其他學者的工作所指出的，凱恩斯對於提供持續性的充分就業對市場體系失效的總結可以表現在海耶克式的合作協調失敗的語言中。

作為一個對短期經濟需求敏感的「狐狸」，凱恩斯成功地影響了美國乃至世界重要工業國家的經濟決策；而作為一個對長程經濟走向有洞察力的「刺蝟」，海耶克則從根本上捍衛了自由市場制度

的核心。

第五節　學術重心轉向

（一）經濟學與知識

　　回溯既往，海耶克認為，他的論文〈經濟學與知識〉以及後來關於同一主題的文章是他自己對於經濟學的最具原創性的貢獻，同時也蘊涵了他研究方向轉折的因子，其中的觀點同時還是對凱恩斯的答覆。〈經濟學與知識〉是海耶克就任倫敦經濟學俱樂部主席的就職演說。海耶克在該文以及其他相關文章中的論證，摧毀了實證主義、計量經濟學以及任何建構宏觀經濟學的嘗試之邏輯和經驗的前提。海耶克對於自己理論成就的這種基本估價，應當說還是較為客觀公正的。

　　在海耶克看來，市場是一個信息的發布者，它告訴我們有關社會組織的問題。他指出：

> 各個人心中的零碎知識結合起來的成就，如果是由一個人來經營的話，那麼，這人就應當具有單個人不可能具有的知識。單個人零碎知識的綜合，如何能夠有如此大的成就呢？各個人自發的行為，在我們所設定的條件下，會使資源的配置，宛如依據一個單一的計劃，雖然在事實上根本無人去計劃它。這一現象，在我看來，似乎就是對與有時被隱喻式地形容為「社會心靈」這一問題的答案。❸

---

❸　F. A. Hayek, *Individualism and Economic Order*, p. 45.

在上述論點中，海耶克重述了關於「秩序如何創造自身」的問題，這是他早年在心理學論文中靈光一閃的洞見，當時他要通過這一命題來理解感覺是如何轉型為認知的，那時這一問題是出現於人類生理學和心理學的語境中的，而在這裡，該問題則出現於人類社會組織的語境中，在這裡，個人知識的局限被超越了。

從他的新研究所接觸的兩大類資料中，海耶克增強了對自己理論的信心。

說來奇怪，第一項是來自最初鼓舞他從事經濟學研究的卡爾‧孟格。1934年，海耶克受到歡迎並被吸收進孟格著作新版的編輯工作之中。這項工作是由倫敦經濟學院提供資助的。海耶克以高度專注的精神和熱情投入到這項工作中。孟格有關制度的自發產生這一觀念特別使他著迷。他盛讚這一概念，認為比他所知道的任何其他概念都美妙得多。

（二）緣結卡爾‧巴柏

第二項發現是卡爾‧巴柏在1934年出版的《科學發現的邏輯》一書。海耶克與巴柏雖然同為維也納人，但過去卻素未謀面。然而他倆都不約而同地對同樣的一系列有影響的當代智力活動作出了自己的反應：譬如，對馬赫哲學、邏輯實證論、馬克思和弗洛伊德。奇妙的是，二人反應的方式相當的協調一致。卡爾‧巴柏抨擊歸納法邏輯基礎的犀利論證，給了海耶克以一個重要的經驗主義的研究取徑，使之得以很有力地批判實證主義經濟學的前提。

海耶克最早知道巴柏是在從倫敦回訪維也納的火車上。他在1938年入籍英國後，因為有英國護照，故趕在戰爭爆發前回遊了奧地利。當他與友人哈柏勒(Haberler)在火車上討論維也納學派的實證

主義時，海耶克表示馬赫式的實證主義不合自己的口味。哈柏勒告
訴他說：「哦，維也納實證主義者中最近出現了一本很好的新書，討
論科學研究的邏輯，作者叫卡爾・巴柏。」於是，這就使海耶克成
了該書最早的讀者之一，因為它剛出版幾週。看過之後，他發現哈
柏勒的介紹有誤，因為該書雖然在上述圈子中傳閱，但巴柏實際上
抨擊了實證主義的整個體系。海耶克說：

> 我很滿意此書，因為它證實了我以前已經根據經驗而形成的
> 與巴柏很相似的確定觀點。巴柏比我年輕四、五歲，所以我
> 們並不屬於同一輩學人。但是我們形成自身學術觀點的環境
> 是一樣的。這一學術氛圍被兩項大規模的辯論所支配，一項
> 針對馬克思主義者，另一項針對弗洛伊德主義者。
>
> 這兩派人都有一個很明顯的特點：他們都堅持自己的理論在
> 根本上是不可反駁的，我特別記得有一次同弗洛伊德主義者
> 辯論時所突然開始看到的他們的荒謬。他們解釋到：「哦，對，
> 這可根據死亡本能理解。」我說：「但這是不能根據死亡本能
> 解釋的呀。」「哦，那麼這可以根據生存本能理解。」自然，
> 倘若你有了這兩種選擇以備用來解釋事情，那麼就沒有任何
> 辦法來檢驗該理論究竟是對是錯。於是，那件事讓我懂得
> 了後來巴柏獲得的主要的系統性觀點：檢驗經驗科學的標準
> 是他能否被否證，如果任何體系聲稱它是不可否證的，那它
> 就一定不是科學。我並非受過訓練的哲學家，我沒有系統精
> 心地闡述它，而只滿足於認識到這一點即可。但當我發現這
> 一點被巴柏清楚地論證和辯護時，我立即接受了巴柏哲學對
> 於我經常感覺到的東西所作的詳細說明。從那時起，我被巴

柏所感動，我們最後成了親近的好友，雖然我們以前在維也納時並不相識。在很大的範圍內，我都同意他的見解，雖然並非馬上達成一致。雖然巴柏自己的興趣有發展，但是在哲學問題上，我與他的共識遠超過其他任何人。**⓮**

回遊奧地利之行表明，海耶克的精神和靈魂最活躍的那些部分從來沒有離開過維也納。然而，眼前的維也納已經不可逆轉地改變了。自從德國希特勒上臺，第三帝國開始驅逐、迫害和殺戮猶太人之後，一批極其優秀的鑄造了本世紀精神風貌的知識分子，離鄉背井，漂流全球；其中大多數逃亡到了美國。卡爾・巴柏先是到了紐西蘭，直至戰後，海耶克才想辦法把他接到了倫敦。

（三）興趣焦點的轉移

無論是從風格還是從氣質上看，海耶克住在英國都有一種身處家鄉的溫馨感，這也許是英國還保留了相當多的十九世紀特點的緣故。「物以類聚，人以群分」，在英倫的朋友身上，如早期的亨利・托恩頓(Henry Tornton)和勒司利・斯蒂芬爵士(Sir Leslie Stephen)，當然，更不用說阿克頓勳爵(Lord Acton)身上了，海耶克都產生了一種同氣相投的感受，似乎有一種類似血緣關係的親近感。這並不奇怪，或許，海耶克從這裡體認到了風俗習慣與道德倫理、法律與語言的社會性確立對於文明的進化的極端必要性。他後來甚至很英國化地把自己稱作「柏克式的輝格黨人」(Burkean Whig)**⓯**。

⓮　F. A. Hayek, *Hayek on Hayek*, University of Chicago Press, 1994, pp. 50–51.

⓯　海耶克說自己正在變成一個柏克式的輝格黨人，他指出柏克根本上是

在這段時期內，海耶克在共同的爬山運動中認識並欣賞到了勒司利·斯蒂芬爵士的品格特質。同時，他在改革俱樂部也有機會認識了一位亨利·托恩頓的後裔——福爾斯特(E. M. Forster)。當倫敦經濟學院為躲避轟炸倫敦而遷到劍橋後，凱恩斯聞聲而至，到海耶克家敘舊。在這裡，海耶克也可與約翰·克拉凡爵士 (Sir John Claphan)一起津津有味地研討貨幣歷史。

然而當正式戰事一起，他卻靜悄悄地然而明顯地被排除於社會活動之外了。他的忠誠的朋友與伙伴羅賓斯與凱恩斯一起應召到了政府服務部門，絕大多數頂尖經濟學家被召去參與戰爭計劃。戰時工作使凱恩斯如此疲憊不堪以致在戰爭結束時他看來只剩下一口活氣了。

在倫敦的早期歲月，海耶克的學術興趣繼續集中於貨幣理論、資本和產業波動等問題上，他的目標是迅速達成對於作為完滿地概括了動態現象基礎的資本理論作出重新論述。他發現，在剔除了他的前輩理論家使用的簡單化手段之後，對資本理論的重述是異常的困難。他被這點卡住了相當一段時間，直至甚至稍覺有點厭倦了。因此，他最後完成並發表的《純資本論》，並不是他設想的原計劃的整體，而僅是其中的一部分。而他自認，所謂戰爭打斷了他完成整體計劃的說法，不過是一個托詞而已。實際上，從此以後，他再也

個輝格黨，亞當·斯密也是。他說，奇怪的是，他從未告訴過余契爾夫人自己的此類看法，但是當他們最後一次會面時，余契爾夫人竟然用此類術語對他說：「我知道你要我成為輝格黨，不，我是一個托利黨。」看來，余契爾夫人對海耶克的感覺是很清楚的。（輝格為自由黨的舊名稱，托利為保守黨的舊名稱。） 見 Hayek, *Hayek on Hayek*, University of Chicago Press, 1994, p. 141.

沒有重新開始貨幣理論或動態理論的研究了，雖然他曾努力集中精神於這個主題，但都徒勞無功。

因為他的興趣已經轉移到了其他領域了。

這種新的興趣或多或少緣起於1935年的一次偶然的事情。當時海耶克接手編輯一部論述社會主義計劃的論文集。他自己也為這個文集寫了兩篇相當長的論文。在此過程中，他對哲學與方法論問題的興趣日益增長，他越來越確信自己最終需要對當下的各種不同的政治觀點作出反應。而他跨出的決定性的一步則是論文〈經濟學與知識〉的發表，除了前面所述海耶克在其中發表的經濟學創見以外，同時，這也是他的一篇轉折性的論文。隨後，他寫了一系列與此有關的論文，後來結集成《個人主義與經濟秩序》一書在1948年出版。海耶克認為其中的基本內容是自己對經濟學理論的創造性貢獻。但由於其中蘊涵的主要是他對經濟學的哲學基礎和方法論基地的見解，因此已經孕育了他學術興趣轉向的種子了。

眾所周知，海耶克所以為世人所知曉，除了他的經濟學的專技貢獻外，更在於在思想史上他是二十世紀自由主義的理論重鎮。他為何從一個相當專門化的經濟學家變成一位對政治哲學和思想史問題興趣濃烈且貢獻卓越的學者的，其中有何脈絡可尋呢？這一點恐怕是很多人都深感興趣的。當一位口述史家向他探詢這一問題時，他回答說：

　　這的確可追溯到我當年編一本論述集體主義經濟計劃的文集。在那個過程中，我發現一些為歐洲大陸已知的確實新的洞見尚未被英語世界所知曉。這些見解在很大程度上源於米塞斯和他的學派（即奧地利學派），但也同時包括了巴龍

(Barone) 以及其他一些人的討論，這些內容都完全不為英語世界所知。因此在該書的導言和結論中我都不得不去解釋這些觀念在歐洲大陸的發展，連同解釋一起的還包括了翻譯的工作。這些工作足以驅使我不僅好奇地進入政治哲學，並且也進入了對經濟學概念產生了誤導的方法論分析。就我看來，似乎正是這些誤導引出了一種天真的觀念：「說到底，市場能做的，我們運用理智能做得更好。」從這裡出發，我的研究取徑蘊涵了大量的方法論考慮，這就引領我回到那篇大約在1937年寫成的論文〈經濟學與知識〉，我想那是一個決定性的事件……。

在我看來，的確那是關鍵的轉折點。正如我現在所指出的，那篇論文詳盡地闡述了這個觀念：價格是作為指導行動並必須被解釋為決定人們應當做什麼行動的原因——它們並不是被人們過去的所作所為所決定的。

但是，邊際效用分析總體模式的心理後果當然也許是決定性的一點。我現在看到的全貌是：市場是一個利用知識的系統，這些知識是沒有任何人能整體掌握的，只有通過市場的形態引導人們去滿足互相不認識的人們的需求，並去使用人們並無直接信息的技能，所有這些都凝結在這種抽象的信號中。我們的現代財富和產品的增長統統要歸功於這一機制。我相信，這不僅是我的經濟學的基礎，也是我的大多數政治觀念的基礎。如果你意識到了市場具有的如此超凡優先的地位的話，這就將減少了政府的很多可能的職能，因為政府所能運用的信息是很有限的，而市場卻能比政府運用更多乃至無限的信息。❻

　　這就從更深的層次闡明了經典自由主義的核心論點之一。同時也能清晰地看出海耶克的學術興趣轉向與他的經濟學理念的深刻關聯。

---

⑯　F. A. Hayek, *Hayek on Hayek*, pp. 79–80.

第三章 風雨交加:《通向奴役的道路》❶

第一節 誕生背景

在倫敦執教之初，海耶克就逐步轉向了更為廣闊的領域，並開始了力挽全球狂瀾的歷史勳業。他全面而深入地批判業已廣為泛濫的集體主義思潮：國家社會主義和共產主義。他主編了《集體主義的經濟計劃》(1935)，出版了《自由與經濟系統》(1939)，指出了納粹主義與共產主義的共性，闡述了計劃經濟對個人自由的危害。

戰爭開始後，為了追根溯源，海耶克開始了更加有意識的和系統的努力。

實際上，直至1940年，全球處處凡有頭腦的人幾乎沒有一個不在探索：究竟是什麼地方出了問題？為什麼十八世紀啟蒙運動的美好許諾和十九世紀倫理與物質的輝煌進步，居然引出了二十世紀如此野蠻的暴力和大規模的戰爭？海耶克從三個角度來透視考察這一

---

❶ 本章論述《通向奴役的道路》的部分，請參見 F. A. Hayek, *The Road to Serfdom*, The University of Chicago Press, Chicago, 1976, 特別注明者為1944年初版。

問題：1.經濟學理論，2.心理學與生物學理論，3.哲學與政治觀念的歷史探究。

他特別發表專著《科學的反革命》，闡明了以聖西門和孔德代表的實證主義的歷史後果，指出他們對西方知識分子的影響助長了社會主義思潮的出現和發展。而上述實證主義主要導因於對自然科學巨大成就的誤解。他痛心地指出一個事實，即從物理學提煉出的方法如何被誤構和誤用於社會科學領域的。其基本的錯誤在於，認為可以把自然科學中的充分隔離的可控性實驗用於社會現象，從而（與自然科學一樣）總結出普遍規律來。1942、1943和1944年連續三年，海耶克在《經濟學》上發表〈科學主義和社會研究〉，從方法論的角度，釐清自然科學與社會科學的基本區別，批評了科學主義的還原主義（歸約主義）的信條。

此外，他又把一些與此有關的論文編輯成書，即：《個人主義與經濟秩序》，海耶克在著作中沒有像巴柏一樣直接抨擊歸納法的錯誤，而是重新論證了社會科學研究對象的某種非常不同於自然科學的特徵。如果我們去探索人類行為的普遍規律，卻通過一種有關物理定律及其結果之間的邏輯關係的錯誤結構作手段，並進一步用這種方法去研究歷史，那是很可怕的，是一種被控制社會機構和制度的野心所激發出來的思維方式。這種照搬自然科學方法進入社會科學的方法論誤導，海耶克稱之為「科學主義」(scientism，或譯「科學迷信」)，而把使用科學主義來為社會控制作辯護的主張稱為「建構主義」(constructivism)。它們這種對於理性的濫用在海耶克看來，可以追溯到笛卡爾，尤其是實證主義的開山孔德。

認為人能夠完全控制自己環境的這一幻覺在很大程度上源自蒸汽機和人工染色法這兩項發明。前者的工作原理——氣體在給定

體積中的行為——大大擴展了儀器的機械主義概念，並進而影響了
占支配地位的經濟學理論。同時，織造業中人工染色法過程的發現，
導致一個信念：物質的特有結構能夠滿足人類設計的變化並塑造成
形。當時人們典型的內部心聲是：終於找到了！煉金術已經成為化
學，科學已取代了宗教。正如亨利‧亞當斯(Henry Adams)所觀察
到的，在拓展人類的現代視野方面，渦輪機的力量已經取代了聖瑪
利亞的力量，而雨後春筍般的摩天大樓則遮蔽了原來的巍峨莊嚴的
大教堂。

　　亞里士多德式的二分法——自然的產物和人工設計的產物的抽
象區分，已經日益模糊乃至消失了。當時，為人類社會而設計更合
理的制度的風潮正在風靡於全球。這種思潮和方式像一個巨大的楔
子劈開了西方現行（以自由主義為後盾的）制度的合法性基礎。海
耶克依據自己研究的結果指出，上述設計所需要的個體事件的知識
由於其複雜多樣性因而是不可能獲得的。況且，即使假定獲得了，
各種社會行為所產生的不可預料的後果將會使預先的設計變得無
效。因此，海耶克極力反駁所謂有可能合理地設計社會的和經濟的
組織的主張。

　　1943 年，海耶克獲倫敦政治經濟學院科學博士學位 (Dr. Sci.)
（經濟學），同年，當選為英國學院院士 (Fellow of the British
Academy)。

　　海耶克在英國劍橋的那段撰寫時光，正是第二次世界大戰的相
持階段，要連續性地集中精力是相當困難的，因為常常被空襲的警
報打斷。不過，總體而言，仍然可算是自由而安全的避風港。然而，
即使身處劍橋這一安全港，當時，海耶克卻一點也未減少自己對當
時世事的絕望感。他的作為，與其說是在反抗外在世界的炸彈轟炸，

不如說是在給仍處於自由國家內的經濟學家和哲學家的心靈一個預警信號：趕快從自己正在滑行的社會主義思潮的軌道上急流勇退，否則將大難臨頭。這是一種深刻的親身體驗，但當時聽來卻總好像一篇科幻故事，尤其好像是在大聲疾呼「貼身小偷正在大舉進犯」似的小題大作。表面上，人們一如既往地生活著，然而，他們的內心，卻已經被一個外國人希特勒的精神震懾住了。反諷的是，當時，海耶克自己正是被當作一個外國人看待的。雖然，他已在1938年加入了英國籍，卻仍然感到有日益增長的孤獨的侵蝕。不過，儘管如此，海耶克仍舊毫無怨懟，默默地獻身於抗擊軸心國和捍衛人類自由的神聖事業。

為了對抗前述所謂支配了英美兩國知識分子的「外國人精神」，在無意之間，促成了海耶克的一本重要著作的誕生，這就是風靡一時的警世之作《通向奴役的道路》。這裡的所謂「外國人精神」，一言以蔽之，就是「社會主義不可避免」這一信念。早在二次大戰爆發前夕，他們就有意或無意地曲解德國和俄國的極權主義的淵源，這些左翼知識分子爭辯說：這兩者之間是正相反對的，即，德國的（國家）民族社會主義事實上不是社會主義，而是超級資本主義對共產主義的反動。對於這種思想脈絡上的嚴重誤導，海耶克十分厭煩。於是他在《當代評論》雜誌1938年4月號發表〈自由與經濟體系〉一文予以駁斥與抨擊，而後來《通向奴役的道路》的核心論點其實首先就是出現在此文中的。二戰期間，讀過此文的吉第昂斯教授(Prof. H. D. Gideonse)邀請他把該文擴充成一本書，以便收入《公共政策小叢書》之中。該叢書是吉第昂斯教授編輯，由芝加哥大學出版社出版的。海耶克稱，鑒於他的一些卓越的英國同事們當時都忙於或憂心於戰爭而無暇他顧，他才「終於勉強地」答應了下來，

開始著手擴展上述論文，並最終完成了一本書。

這就是《通向奴役的道路》。

第二節　警世諍言

1944年，海耶克的《通向奴役的道路》正式出版。在書中，他對這兩種極權主義的淵源作出了深刻的剖析和解釋，條分縷析地挖出二者的共同祖先，清楚地找出了其相互糾纏的社會主義思想譜系。指出德國的國家（民族）社會主義和蘇聯的列寧斯大林式的社會主義都是集體主義的變種，二者共同與笛卡爾式的唯理主義的建構主義、盧梭的浪漫主義特別是與黑格爾式的普魯士國家主義有直接的精神關聯。不僅在思想淵源上，同時也在統治方式上、政治行為模式上極其相似。此二者與英國傳統的自由主義恰處於對立的兩極。這是一部捍衛自由，系統抨擊社會主義的經典。在舉世滔滔的社會主義浪潮前，它力拒狂潮，發出警告；以其深刻的洞見，昭告天下；以其驚人的歷史穿透力永垂青史，聲震寰宇。它被翻譯成十一國文字，暢銷於英美兩國，風行於全世界，毀譽紛紜，成為全球討論的熱點。海耶克因本書的出版而奠定了自己在本世紀的自由主義宗師和理論先知的地位。

除導言外，該書共分十六章，分別為：

第一章　被委棄的道路

主要闡述二十世紀初葉以來，世界的社會主義趨勢。指出這一趨勢實際上是一次文明的轉向。這一轉向放棄了西方文明的基本主流道路，放棄了自希臘、羅馬和基督教奠基的，特別是自文藝復興以來，至十八與十九世紀蔚為主流的自由主義道路。這條道路，即

二百多年來，產生自英國的自由觀念向東推進的大道。這一推進，到上世紀七十年代，達到頂峰。但自那時起，由於種種社會歷史原因，這種觀念演進的方向發生逆轉，自由主義逐漸衰落，在政治與社會範圍內失去導航地位。反之，以德國人，特別是黑格爾與馬克思為標誌的集體主義開始逐步擴張。雖然社會主義並非源起於德國，但它確實是在德國完成的。而第一次和第二次世界大戰的發生，與上述思潮的轉向有極緊密的關係。

第二章　偉大的烏托邦

本章指出，在歷史上，社會主義一直具有權威主義政治思想的特質。只是到歐洲1848年革命之前，民主出現一段高潮的期間，社會主義在此潮流影響下才開始與自由結盟。這就導致所謂「民主社會主義」(democratic socialism) 的出現。它經過相當長時間才把社會主義的前輩所引發人們對它的普遍懷疑平息下去。但民主政治根本上只是一種個人主義的制度，它在本性上與社會主義水火不容。社會主義一開始就明確地不走自由之路。它將走向高度極權的深淵。所謂用民主方法來實現社會主義，並且保證社會主義，這只是烏托邦式的幻想。因為社會主義的經濟平等是在奴役中去尋求的平等，是一個嚴厲壓制個人自由的極權主義烏托邦。即，試圖通往天堂的路卻導致了地獄。

第三章　個人主義與集體主義

論證社會主義是集體主義的一個變種，是與以個人主義奠基的自由社會背道而馳的。在自由主義與社會主義之間的論爭，幾乎都是同一切形式的集體主義所共有的方法的論爭，而並非集體主義所要達到的特殊目標的鬥爭。現代中央計劃經濟主張者與自由市場經濟主張者之間的論爭，也不是在各種不同可能的社會組織之間作一

選擇的論爭，而是從事經濟活動時，什麼才是最好的方法的論爭。這裡重要之點是：個人財產所有權必須得到保障，自由生產，自由貿易，開放平等條款下的各種關卡，價格不受管制等。總之，是建立確保自由競爭的法治系統。如果採取社會主義式的集體主義的那些中央管制方法，不僅沒有效率，而且必定導致奴役。但是，我們不可把反對中央管制的計劃經濟與贊成完全放任的經濟混為一談。同時，我們也不能企圖把自由競爭與中央管制混雜起來。如果那樣，則非驢非馬，兩者都行不通，其結果比一以貫之地堅持其中任何一種還更壞。

第四章　計劃的「不可避免性」

社會主義者的主要論據之一，是現代工業的高速發展，使經濟的形態從自由競爭階段走向壟斷階段，走向高度集中的階段，這是一種不以人的意志為轉移的歷史大趨勢，社會主義的中央計劃管制是應運而生的。本章通過大量論證反駁所謂計劃經濟是社會發展必然趨勢見解。指出，現代社會越發達越複雜，就越依賴於自由競爭，就越不可能用計劃控制。想要藉中央計劃來實現理想，並不是對現代社會仔細觀察與研究的結果，而僅僅是出自計劃者範圍有限的看法。但他們常常誇大其目標的重要性，若允許這些人按他們的藍圖來改造社會，是非常危險的。因為這些人會變成最缺乏寬容精神的計劃者。他們太狂熱了。眾所周知，從聖潔純淨的理想主義者到狂熱分子，只有一紙之隔。

第五章　計劃與民主

論證計劃經濟與民主是不相容的。作者指出，各種各樣的集體主義——共產主義、法西斯主義，他們之間的區別，是他們各自的社會目標不同。但共同之處，首先在於他們都堅持一個高於一切的

共同社會目標；其次，在於他們達到目標的方法，他們都要將整個社會組織起來，控制社會的一切資源，以達到其單一的目標；第三，他們都拒絕承認每一個人都有一個自己的獨立自主的領域，拒絕承認在該領域內個人自身的目標是至高無上不容侵犯的。這些是他們與自由主義個人主義根本不同之點。在後者看來，個人是他自己目標的最後裁判者。我們的價值標準與別人的標準不同，並且常常有衝突。這是無法避免無可爭辯的事實。我們不僅不能得到一個無所不包的統一價值體系，並且任何人都無法完全知道他人的各種不同價值所在。在自由社會內的所謂共同行動，只限於各人所同意的範圍。這種共同目標常常不是個人的最終目標，而祇是達到各自不同目標的手段或中間站。而左右兩翼的集體主義（共產主義與法西斯主義），　他們都要強行用一個無所不包的統一價值體系來籠罩整個社會，強制施行。而要推行作為理想的這種統一價值體系，獨裁制度乃是最有效的制度性工具。

因此，這種中央管制的計劃經濟，是最典型的極權主義。其對個人自由的摧殘程度，遠遠超過歷史上專制政治。只有在自由競爭的經濟制度內，民主政治才可能實行。然而，當民主政治受到集體主義教條支配時，民主政治將走向自我毀滅。

第六章　計劃與法治

論述計劃經濟與法治的根本衝突。指出，法治是自由時代最偉大的成就之一。法治不僅僅是自由之保障，它本身就是自由的規律化化身。「如果一個人不需要服從任何人，只需服從法律，他就是自由的。」法治的基本涵義是人民用以制約政府以維護自身權利的工具。所以，無論法治採取何種形式，其核心都是保障人權。有些國家在憲法條文的形式上有承認個人權利的條款，但是它若是全面控

制和管理國民的經濟生活，則對個人權利的承認必定是一紙空文。因此，中央計劃經濟必定侵犯人權。從而也就從根本上否定了法治。

此外，作者強調，在法治涵義中，形式規則而非實質規則、普遍性而非特殊性、公開的可預測性而非秘密的隨意性以及限制立法權，應是其基本要點。法治的形式規則、普遍性及公開的可預測性是指我們可以根據公布出來的法律預先知道，在某種情況下，政府將要採取何種行動。規章應不含具體時間、地點和特殊人物，是用普遍性的詞彙表達的。人們可以以這些規定為根據來從事自己的計劃。他能夠確知外來干涉到什麼具體程度，因而他可以做事的合法範圍是什麼界限，可以預防干涉到什麼程度，從而與他人公平地自由競爭。所謂實質性規則，是指根據具體的時間地點人群的特殊性需求而提出的法規，它對社會上特殊群體的影響是可預料的，特殊效果也是可預見的。由此，立法機關和政府都成了（以它們自己的特殊標準）評價各個社會人群是非善惡的道德機構，而且隨時變動，不復有穩定性與公正性了。所謂必須限制立法權範圍，也即立法必須遵守法律的形式性普遍性，限制立法機構不得為任何人特別立法，不得幫助任何集團通過法案以圖私利，不得通過侵害基本人權的法案。

第七章 經濟控制與極權主義

指出控制經濟就是控制生命，從長程的觀點看，統制經濟與民主程序是不能並存的。統制經濟必然造成無孔不入的全面壓制，因而導致現代最為嚴酷的政治控制——極權主義。

本章亦極力澄清社會主義者以「反對為利潤為金錢而生產」為名造成的思想混亂。指出所謂「為金錢而金錢」的「純粹經濟目標經濟動機」基本上是不存在的。各人抱持有種種相同或不同的生活

目標，而金錢，正是人類發明的獲取自由的最偉大的工具之一；即達到各種人生目標人生價值生活方式的最偉大的工具之一。如果我們工作的報酬，不以金錢支付，而以社會地位和特權的形式支付、或以凌駕他人之上的權力來支付、或以更好的住宅及食品來支付、或以旅行機會或受教育機會來支付，那就意味著，享受酬勞者沒有了選擇的自由，而付酬者不僅決定了報酬的多少，而且決定了享受酬勞者獲得報酬的形式與內容。金錢使人們能自由決定什麼東西對自己更重要，什麼較不重要。即，它使人們能自由安排自己的價值序列表。

第八章　誰統治，誰被統治？

指出私有財產制度乃是保障個人自由的最重要的制度。不僅保障了有產者的自由，也保障了窮人的自由。因為，生產資料分別為許多人掌握，各人獨立從事生產，沒有誰能夠完全支配誰，各人自行決定自己的生存之道。窮人在各企業家之間也有選擇餘地，從而輾轉生存於互相競爭的企業之間。

本章並深入分析「政治民主」與「經濟平等」之間的關係，指出，二者間的三種不同的相對地位將造成三種不同的社會形態：前者高於後者，為自由民主社會；前者等於後者，為英國工黨式的社會民主社會但可能逐漸滑向奴役；前者低於後者，為極權社會。即如阿克頓所言，「世界被賜予的最佳機會被丟失了。因為人們渴望平等，於是自由的希望落了空。」然而這種由一個單一的中央權力機構來分配的平等，並非真正的平等。因為所有的社會都並不認為機械式的絕對拉平為「公平分配」，因而權力機關必須按照「思想覺悟（即政治忠誠度）、貢獻大小……」來進行分配。在那裡，某個人在社會中的地位，全由權力機構決定，社會地位是由權力的等

級階梯所固定的。所以，極權社會的所謂「經濟平等」，是指中央計劃的政府必須決定：「誰得到什麼？何時得到？如何得到？」於是，政治權力滲透到每個人最基本的生存層面，這就必定造成空前嚴酷的人身控制，同時也造成一個空前嚴酷的以權力大小劃分的等級式社會。其不平等的僵硬固定，遠超過自由競爭式的社會。

第九章　安全與自由

分析兩類不同的經濟安全：1.有限的經濟安全，是每個人都能夠獲得的。在這類經濟安全之下，無人享有特權，大家只能滿足合法的物質需求。2.絕對的經濟安全。只可能有一部分人享有，而這一部分人絕對的經濟安全的獲得，需要依靠控制市場，或者消滅市場才能達成。實際上，可以從另一個角度把社會分為兩類：商業型社會與軍事型社會。前者為自由市場制度下的社會，雖然每個人沒有絕對的經濟保障，但總體經濟繁榮，並為相對的經濟安全提供了基礎。後者是一個被全面管制的社會，工作為官方規定，工作者為官方派定，報酬由官方裁定。普遍貧窮，但基本食宿由組織提供，有某種意義的經濟安全，但必須服從安排，紀律嚴格。前者類似雅典，後者類似斯巴達。

顯然，絕對安全在自由社會中無法得到也不應獲得的。但實行適度的有限的經濟安全，以避免過分的物質貧困，這是民主政府可能達到的政策目標。但它必須在不破壞自由市場制度的原則下進行，必須讓自由競爭的原則能夠繼續發生效用。如果以犧牲自由來獲取安全，則必然走向極權主義。即，政府成為唯一雇主，於是，不服從者不得食。因此，「凡是出賣基本自由以換取暫時的經濟安全的人，既不配享有自由，也不配享有安全。」

第十章　為什麼最壞者當權？

駁斥所謂，「現存的極權統治的惡劣，是由該統治者品質造成的，與（極權）制度無關，因而是一樁歷史偶發事件。」本章深入分析在極權社會管理階層上發生的普遍的「劣幣驅逐良幣」現象。指出其絕非偶然現象，而是極權社會運行的基本法則，即「精英淘汰制」。在社會中，一個人數眾多，組織嚴密，意識形態統一的團體，往往不是由社會中素質較高的人構成。原因在於，人們的教育水準越高，理智越強，其觀點和口味就越獨立，也就越多樣化，因而就越不易認同一個統一的意識形態和價值體系。因此，高度劃一的看法和意志，勢必降低團體的道德標準。同時，也只有這樣的群體，才便於獨裁者掌握控制，以達到其政治目標。另外，大多數人是並無自己的堅定信念的，適足成為被灌輸的土壤。手法圓熟道德低下的政客利用忌妒等各種大眾心理，強調「我們」與「他們」間的鴻溝，劃分「敵我」，以凝聚自己的團體，故他們易於成功，這也是壞人易得勢的原因。

此外，因為集體主義的道德原則是：目的可以使手段正確。因此，「只問目的，不擇手段」是合法的。在極權社會中，一個基本的假定是：如果我們的行為是「為全體謀福利」的，則天下沒有什麼事不可做。其結果，是對一切道德價值的否定。因此也是使那些肆無忌憚為非作歹的人得以爬上高位的關鍵。這就表明，一個國家如果有一個超乎一切的共同政治目標時，則任何普遍的道德絕無藏身之地。品格完善的人難於在極權社會中居於領導地位。因為在該社會中，許多壞事都是以「共同目標」的名義、以「革命」的名義而施行的。所以，存心幹壞事，乃是增進權力，爬上高位的必由之路。因道德良知而無法做這些事的人，將被擯棄於權力之門外。

第十一章　真理的終結

闡述思想的國有化正是工業國有化的伴隨物，分析極權國家控制人民思想的基本方式，指出，在極權國家，如果一般人民對於政權壓迫的感覺，不如自由國家人民所想像的那樣尖銳，乃是因為極權政府在控制人民思想方面得到了高度成功。極權國家與其他國家在宣傳上的基本區別是，極權國家集中控制宣傳，一切宣傳工具都被用來朝一個方向影響所有的人，隔絕外界，沒有任何其他聲音，天長日久，任何人都難免受其影響。民主國家雖也有眾多宣傳機構，但它們相互獨立互相競爭目標各異聲音多元，二者截然不同。極權政府宣傳的主要技巧之一，就是仍是使用舊字眼，但換上新的意義，如自由、民主、真理等。其次，則是控制一切信息來源，實施資訊壟斷。決定一則新聞是否發布的唯一標準，視其是否會影響國民對政權的忠誠。第三，是嚴厲壓制任何懷疑和不同見解。如此，在沒有任何不同聲音的環境下，人們的獨立思考能力逐漸萎縮，在長期單一的壟斷的聲音的灌輸下，統治者的思想就成了全體國民的思想，統治者的目標也就成了全體國民的目標，這一現象擴展至一切精神領域：科學、法律、歷史、文學、……。政治權力與真理劃上等號，真理也就死亡了。

第十二章　納粹主義的社會主義根源

分析德國的社會主義思想傳統所催化出的納粹主義；詳細解析歐洲主要三個民族國家——英國、法國、德國——所各自代表的主流價值：自由、平等、共有。其間的區別與衝突導致的歷史後果。

第十三章　我們中間的極權主義者

分析在民主國家中極權主義的觀念的生長與蔓延的趨勢，指出其基本的思路脈絡，並提請知識界與公眾高度警覺。

第十四章　物質條件與理想的目標

反駁集體主義者所稱，他們犧牲經濟利益所追求的是理想的道德目標。論證只有在個人能夠自由地作出道德判斷和道德行為時，才談得上道德的善與惡；離開個人負責的領域，既無所謂善，也無所謂惡。

第十五章　國際秩序的展望

闡述作者對戰後應當有的國際秩序的看法。認為建立類似美國或英聯邦或其他形式的聯邦制可以解決許多國際問題和主權糾紛等。但在全球規模上建立這種強有力的權力組織是不合適的。

第十六章　結論

指出唯有堅持個體自由原理的政策才是唯一導致真正進步的政策，這既適用於十九世紀也適用於今天。

該書之重要，與其說在經濟學方面，不如說在其政治哲學方面和政治思想史方面。它的經典地位也建基於此。

該書的意義，是在社會主義思潮橫流於世之時，以一種決絕的姿態挽狂瀾於既倒，以先知的洞見指出它對自由事業的根本性危險。從而在政治思想史上具有里程碑的地位。

其次，在經濟學上，它雄辯地證明了，取消私有財產制度的中央計劃經濟，不僅會導致經濟的毫無效率和停滯不前，並且，生產資料的國有化必定導致思想的國有化，即從根本上取消個人自由，建立極權主義統治。

第三，它指出，「馬克思主義已經帶來了法西斯主義和國家社會主義。因為在一切重要之點上，馬克思主義就是法西斯主義和國家社會主義。」❷

第四，它強有力地駁斥了所謂社會主義導致「經濟平等」論，

❷　見上書《通向奴役的道路》第二章。

指出：「民主制度與社會主義的共同處只有一點，就是二者都主張平等。但是，我們必須注意，即使這一個共同之點，仍是有差別的：民主是在自由中去追求平等，社會主義則是在桎梏與奴役中去追求平等。」❸

第三節　風雨之「路」

（一）毀譽來襲

雖然《通向奴役的道路》獲得了廣泛的注意和讚譽。但是，因為這本書的鮮明針對性，以及它表現出的相當決絕毫不妥協的風格，「一石激起千重浪」，它也使海耶克遭受了相當多的攻擊乃至謾罵。有人甚至情緒激昂地以一本《通向反動的道路》來回擊海耶克。這種情況，正巧印證了托克維爾所說的：

> 雖然，民主社會對於自由有一種自然的愛好，即令不去管它，他們也會追求自由，珍惜自由，而不容剝奪自由。然而談到平等，他們的激情是熱烈的，不滿足的，不間歇的，甚至是不肯屈服的：他們在自由之中尋求平等，如果不行，他們仍願意在奴役中尋求平等。❹

1945年4月22日，海耶克應邀與美國芝加哥大學的兩位教授一

---

❸　同上。

❹　Alex de Tocqueville, *Democracy in America*, Vol. II, Tr. by Henry Reeve, Alfred A. Knopf Press, New York, 1953, p. 97.

起在 NBC (the National Broadcasting Company) 廣播公司的節目裡
公開辯論了他的這本書，引起了很大的反響。其中一位是克魯吉爾
教授(Maynard C. Krueger)，他在芝加哥大學經濟系任教，同時任社
會黨全國主席，並曾是1940年美國總統選舉時社會黨推出的副總統
候選人。另一位是梅利安(Charles E. Merriam)，他是芝加哥大學政
治學榮譽退休教授，曾任美國的全國資源計劃理事會副主席。兩位
之中，一位是社會主義者，另一位是計劃的讚賞者和執行者，都是
著作豐富的學者與社會活動家。我們來看看這場三人圓桌辯論的一
些段落。

　　從這場討論中，我們不難看出，海耶克這本傾向鮮明的書一出
版，當時的社會主義者與計劃者們的敵意及其困惑，是如何表現在
他們對海耶克個人的怒氣衝天的情緒發洩中。

　　克魯吉爾：海耶克教授，在剛出版的書裡，你全面地抨擊了
　　各種社會主義者，包括社會黨內的社會主義者，我正是其中
　　之一員。今天的圓桌討論我們限制在你的主要論點上。你能
　　為我們簡要重述一下你書中的核心論點嗎？

　　海耶克：它並非真正在抨擊社會主義者。與其說抨擊，不如
　　說是在書中嘗試勸告他們。我的主要論點是，他們在試圖獲
　　得其想要獲得的東西上所使用的方法是錯誤的。有兩種建立
　　社會秩序的道路──一種是通過競爭，一種是由政府指揮。
　　我反對政府指揮，而贊成讓競爭發揮作用。

　　克魯吉爾：這本書還抨擊了計劃。梅利安教授，你正在這裡

講演有關政府和經濟秩序的關係問題。你對本書有什麼印象？

梅利安：我一直在從事計劃工作，到現在差不多四十年了。在芝加哥做計劃，做州的計劃和地區計劃，在華盛頓做全國計劃。我沒有發現我們的計劃導向地獄，相反，它通往自由，通往解放，通往更高水準的人格。我發現，該書除了在那些本來認為計劃在我國是有意義的人們中間引起思想混亂以外，它在我們的領域沒有什麼特別的意義。

克魯吉爾：我預期這場有趣的討論會有一些激辯。海耶克，你主要是聲稱，計劃將導致極權主義。你對這一論斷有什麼限制或修正嗎？

海耶克：當然有。在討論中你使用「計劃」一詞的用法是如此模糊以至於使它毫無意義了。你似乎把所有政府活動都稱作是計劃，並假設存在有反對一切政府活動的人。

梅利安：換句話說，你不喜歡美國人對「計劃」一詞的用法，並且你想推薦另一種用法？

海耶克：我不知道什麼是美國人的用法，並且我仍然懷疑是否有一般的用法。那是你的用法。

梅利安：從這裡穿過街，對面就是美國計劃公務員協會，大約有一千二百名會員。在華盛頓有幾百個城市的計劃理事會

和四十八個州的計劃理事會在過去十五至二十年間所有各種各樣的計劃都在繼續進行。如果你不知道這點的話，我現在正在直接提醒你。

海耶克：我知道。但是這並不意味著，在美國的許多反對計劃的優秀人物就認為根本不應當有政府。他們希望把政府限定在確定的功能上。你知道，我確實同意這裡或其他地方的這種討論是有一些混亂。我試圖指出的論點是，有兩種基本的可供選擇的通向秩序的方法，一方面，是依賴於競爭的方法，如果它要有效的話，需要很好的朝使之生效方向的政府活動配合，另一種就是政府的活動使得競爭無法生效。

梅利安：我不願意這麼快就放過美國人的計劃概念的討論。就是在今天我讀了一篇對你的書的書評說「它將是對善意的和感傷的計劃者和社會主義者的一付解毒劑」，但是文章並沒有對他所說的作出比你在書中所作出的任何更多的區別和界定。

海耶克：我想書中是有上述區分的。
…………

克魯吉爾：……我們給這人一個機會對我們和聽眾解釋一下他所用的「計劃」一詞的意義。既然你不做，我就幫你作解釋，即，在所有領域裡都不容許作公共計劃。你能否給我們一個你不反對的那些特殊計劃的清單？

海耶克：存在一個整體設計的以使競爭生效的法律架構——契約法、財產法，預防欺詐的一般法規。所有這些都是令人滿意的活動，但是，讓我更確定地界定反對競爭的計劃。無論何時，只要政府被要求去決定某種產品應當生產多少，誰才被允許生產這些產品，誰被排除在生產者之外，誰享有那種或這種特權——這就是那種與競爭的體系相對的一種社會體系，它不能與競爭體系合併在一起，它被絕大多數社會主義者鼓吹了至少有一百年並且贏得了很大的影響——我反對這一體系。正是它才是我反對的那種計劃，而且僅限於這一種。這就是我所論述的。

克魯吉爾：我能問你一些有關的問題嗎？你如何看待工作時間的限制——最高時限法？這與你的適當的計劃概念相吻合嗎？

海耶克：是吻合的，如果它沒有走得太遠的話。它就是那些在整個體系內創造平等條件的法規之一。但是，當然，如果它越過了與國家的一般情況相符合的界限，它可能會造成很大的干涉。假如今天你規定任何人工作不得超過四個小時，那就可能完全破壞競爭體系。

梅利安：以你的判斷是否任何對勞動時間的限制都應反對？

海耶克：不是「任何」，但是有可能應被反對。你舉了一個例子，那裡我所反對的不是原則，而是程度。作為牽涉到特殊

措施的問題，這裡不適合費力去討論它。

克魯吉爾：最低工資法是可允許的吧？

海耶克：一般而言，對所有工業都均一的最低工資法是允許的。不過我不認為它對達到目標而言是特別聰明的辦法。我知道有更好的辦法去改進每個人的最低收入。但是，當你一旦從普通的對所有工業都適用的最低工資點轉為對不同的工業部門下達不同的最低點，那麼，你就使價格機制無效了，因為在工業與貿易之間不再存在價格機制去指導人們的行為了。

⋯⋯⋯⋯⋯

克魯吉爾：一個社會保障的綜合性體系是否違反你的好的計劃的定義？

海耶克：一種社會保障體系，即使是政府幫忙組織起來的也肯定並不違反。問題的關鍵在於它在多大程度上是強制性的，連帶地，它在多大程度上利用貿易聯合會加強了其壟斷地位？因為它可能是很好地消除競爭的辦法。

梅利安：你的意思不是你反對任何政府的社會保障吧，是嗎？你想使之成為完全選擇性的嗎？

海耶克：成為選擇性的當然好，它並非與政府幫助建立的相

矛盾，但是何以要使它成為強迫性的，我看不到一點理由。

克魯吉爾：理由之一是很多人，人口的大多數，都會因此得到保障。這就是需要它帶有強迫性的理由。我想所有人都同意這點。

海耶克：對此我並不知道。

克魯吉爾：你如何看待保障人民的最低限度的食品、衣物和掩蔽所？它是否違反了你的合適的計劃的定義？

海耶克：「最低限度的保障」是什麼意思？我常說的是，我贊成這個國家所有人應有最低限度的「收入」。

梅利安：在你自己的書中用了這樣的話。你用它來表達什麼意思？

海耶克：我要以我的方式重申一下——我的意思是，保障最低收入是建立在每個人都退卻一步的基礎上的。當然，你們在很大程度上是以失業保險的形式擁有社會保障的。

梅利安：當克魯吉爾用到這個詞時，你似乎有點不安。

海耶克：不，是因為他轉向了特殊物品的特別保障。

克魯吉爾：那是準確的引文。

梅利安：來自你的書中。

克魯吉爾：如果被允許的話，保障最低限度的食品、衣物和掩蔽所，我很高興聽到你這樣說，因為你確實走得比上述還遠了一步。在國際領域，你要求有一種權力能夠限制不同民族免於用行動傷害到他們的鄰居。對我而言，這似乎表明你允許比公共計劃更多的東西，它出乎這個國家內你的讀者的意料之外。

海耶克：我注意到了這一點，但我不是一個無政府主義者。離開了有效的執法和賢明的法律體系的規劃，我認為競爭系統是不可能生效的。就國內而言，我們至少還可以做到這一點。在國際上，我們甚至還沒有一個法律體系。
…………

克魯吉爾：你的書中的一個主要論斷似乎對我來說是無意義的。那就是你用很清楚的語言聲稱，就歷史來看，極權主義特別是法西斯主義的興起不是針對歐洲的集體主義思潮的反動，而正是那一種社會主義趨向的不可避免的後果。對我而言，那似乎是明顯地顛倒歷史事實，我希望聽到你用我能理解的語言重述一下這一論斷。

梅利安：請用有限的語句。

海耶克：它是我主要的信念也是書的主題。簡單來說，社會主義的趨向是人們把越來越大的掌握在政府手中的權力置於所有活動上的主要原因。在歐洲，一旦政府直接控制了社會活動的大部分，他們就必須把自己為之服務的那些活動的目標告訴人民，說明這些服務必然是要採取的。於是，他們就不得不改變其控制方式，從僅僅控制我們的物質活動轉向控制我們的理想和信念。

梅利安：為回答這一問題我必須說，從1899年起我到德國開始作為柏林大學的學生，並且多次去那兒，特別是 1924、1926、1930和1932年的那些歲月，我得到的是恰好相反的印象。不是共產主義的事實，而恰恰是對共產主義的恐懼是納粹主義發展的最強有力的因素。

克魯吉爾：如果在有關集體主義、社會主義和法西斯主義的聯繫的歷史觀察方面我們不能達成一致，讓我們轉向邏輯的辯論。海耶克，你的論述是中央計劃必然導致極權主義，我想進一步探索這一觀點。

梅利安：你的「中央計劃」是什麼意思？關於這點我感到有些混亂。

克魯吉爾：那正是我們首先要討論的事情。我考慮同你們二位一起是否先行定義一下──譬如，簡單界定作為極權主義的計劃──或者是否存在通向該點的真實邏輯，因為我不能

理解書中的邏輯。

海耶克：我是在完全相同的意義上使用「中央計劃」這個詞的，其涵義是過去所有人提出的：如果我們把事情從自由企業家手上都轉移到政府控制之下，則一切就會變好。這就是我對該詞的用法。一旦你照此辦理，這些人未曾預料到的事就會發生，它是其必然後果。因為政府控制了財產，它也就必然會替什麼是使用之物的目標作出決定。

梅利安：早期的馬克思主義者是無政府主義者，不是嗎？他們完全不相信國家。

海耶克：他們希望國家最終將會消亡，但是他們設計了一條通過全能國家的道路，僅僅承諾在遙遠的將來國家會消亡，但從未解釋它如何消亡。

梅利安：不過，那仍然只是一個理論，不是嗎？

海耶克：有如此多種馬克思主義的學派。

梅利安：我們好不好不要把列寧視為共產主義的先知？

海耶克：我懷疑在共產主義的俄羅斯有任何人相信他們的國家將會消失。

梅利安：我們在討論事情的邏輯方面，並沒有涉及實際事實。那是理論，不對嗎？

克魯吉爾：海耶克，請你停一下，從一個段落到另一段落，你把「社會主義」、「共產主義」、「極權主義」、「計劃」和「集體主義」等詞語互相交替地使用，你用一個來代替另一個，這就導致我們追問你說的計劃到底是什麼。譬如，你堅持說，它要求控制個人的活動。如果將來有經濟計劃，中央計劃當局就必須決定人民職業的選擇，從而取消了選擇職業的自由；必須準確地決定，作為特殊的人群，什麼商品和服務他們會去消費，消費多少，如此繼續下去，進一步，就是控制個人的思想和言論，甚至他的家庭關係。在你的書中，你畫出了所有這些圖景。那麼，這種導致控制個人活動的中央計劃究竟是什麼？
．．．．．．．．．．．．

海耶克：我沒有交替使用這些詞，克魯吉爾。我說過集體主義是一種方法，它可以被用於很多不同的事物，而其他那些都是集體主義的各類變種。但我說，確定的結果是來自方法而不是來自人們想要達到的目標。中央計劃的方法，它本來就是作為組織生產的一種供選擇的方法去取代競爭方法的，這種方法要求政府或某個中央當局必須完全控制資源。
．．．．．．．．．．．．

海耶克：大多數戰爭（時期）的控制都是中央計劃的，但是

那只是暫時的。

梅利安：你指望戰時是選區管理還是郡縣管理？戰爭必須由中央控制，不是嗎？

海耶克：在戰時，我們大家都不得不走向某種程度上的極權主義。

梅利安：你不反對這一點，對嗎？

海耶克：對。因為你願意在一段時間內犧牲部分自由以捍衛長遠的自由。

克魯吉爾：作為你的計劃定義——要求控制所有的個人活動——的對立面，我要向你提出另一種，它已經被很好地寫了出來，無疑你也讀過。那就是一種民主的計劃，它依賴於地方分權和建立在運用規則上面，而不是由任意的權威當局決定問題；它有賴於由人民控制政府官員的民主政治過程的維持。但是你似乎完全疏忽了這一點。譬如，你堅持說，計劃是不能與法治配套的。梅利安，你是法治的擁護者，你對此有何意見？

梅利安：是的，我對法治略知一二，但是似乎在我的與海耶克的研究之間有很大的鴻溝，他並不把公共的政府管理算進法治範疇。如果我的理解是正確的話，他把任何授權予政府

官員或管理者的事情都看作是非理性的。

海耶克：你們提及好幾點，克魯吉爾，我相信你提的是最重要的。

梅利安：我認為我提的最重要。

海耶克：我必須從克魯吉爾開始。與社會主義的傳統方法有所不同，作為另類選擇，你們社會主義者中的一些人設計的這些新試驗在理智上是很迷人的。事實上，他們正是意識到了我指出的那種嚴重危險的結果。但是，我認為你們走的還不夠遠。你們還未曾意識到該危險有多大。你們對計劃的修改還不足以避免那種危險。但是你至少在一開始就看到了這點。然而，我的觀點是針對這種決定了我們現在發展的社會主義所作的那些論斷，而不是討論純理論的社會主義。這些純理論加起來只有五年壽命並且總共只有一打文章在已知的刊物上討論過它們，文章作者自己也很懷疑它是否會成為實踐的問題。
…………

克魯吉爾：我想他（海耶克）是在把一個被理智地論述的問題——如何民主地運作計劃——簡單地打發掉，因為他堅持「計劃是非民主的」這一定義。
…………

海耶克：我在五年或十年前就使用這一定義了，所有我認識的社會主義者也使用該定義，全體社會主義者聲稱能夠使計劃在民主體系中生效。現在，你我都有了結論，他們所有的那些政府指導經濟的老概念在民主體系中是不可能成功的。我所獲得的結論是，它適用於所有的社會主義者。你，作為某種反應，現在設計了一個新型的社會主義，你認為它能避免上述結論。我以極高的興趣在觀察著這些新的實驗。
…………

克魯吉爾：讓我把這點推進一步。海耶克，你堅持任何計劃都不能與法治配套，你並且用幾句話輕輕地打發掉了有關具有民主性質或特徵的社會主義計劃的那些寫作。你似乎對於通過政治過程而使政府能對民眾負責沒有任何信心。這真是你的立場嗎？你對政治過程能夠確立責任感沒有信心嗎？

海耶克：如果你用的是我使用的中央計劃的意義——政府指導生產——我相當確信它不可能在民主過程的控制下生效。它要求在民眾內部有相當程度的意見一致，這是我們絕不可能期望於一個自由社會的。它要求那種意味著人民都會同意的方法；否則的話，你絕不可能得到你的民主支票。
…………❺

上面這一場廣播辯論，很典型地反映了1944年那個時期，西方

---

❺　請參見 F. A. Hayek, *Hayek on Hayek*, University of Chicago Press, 1994, pp. 108–123.

知識界的一般思想傾向及其知識氛圍。社會主義在當時仍處於上升期，特別是在所謂「進步的」知識界，「社會主義」這個詞簡直就是神聖不可褻瀆的禁臠。因此，可以想像，《通向奴役的道路》的發表，對他們的感情和智力構成了何等嚴重的挑戰！他們的憤怒，他們所受到的震動，都栩栩如生地表現在上述對話中。

而社會主義在後來的明顯大失敗乃至大崩潰，不僅印證了海耶克的深刻洞察力，也具體地顯示出社會主義者美好的意願與實際的社會政治演變是在哪些環節上脫節，從而導致二十世紀的人類悲劇的。

這些社會主義者和計劃者根本無視當時世界的人格狀況，根本沒有想到他們的設計可能導致的危險，即：將可能產生的無意中的、未曾預見的後果，從而對粗枝大葉的政治機會主義者打開大門，聽任他們匆匆忙忙向計劃者繳械投降，放棄原初的理想，把人類投向絕望的深淵。也許，這是人類本性中天生固有的矛盾：計劃者，也許是善意的，也許是無私的，但無論如何，一個自私的機會主義者可能具備我們所需要的才幹去面對難以預料的事情，並利用那些超出我們控制能力的軍隊去達到他自己的危險目標。

海耶克沉痛地向世界宣布，他寫作此書並非想做一番歷史的論證，也不是在指出一種邏輯的必然性，他的論證是想警告，如果內在於中央計劃的經濟與社會裡的固有極權主義傾向沒有被嚴肅審查的話，那麼，俄國與德國的今天的命運就會是英國明天的命運。他坦率地說，自己寫書的目的是喚醒世界。

對於染有社會主義時髦傾向的知識分子，海耶克的警告猶如當頭棒喝，甚至使他們中的部分人有些難以忍受。即使像邏輯實證主義哲學的大將魯道爾夫‧卡爾納普(Rudolf Carnap)也沉不住氣了，

他寫信給巴柏指責其對《通向奴役的道路》的稱頌，雖然他自己聲稱並未讀過此書。

但是，海耶克的經濟學老對手凱恩斯，卻寫信給海耶克熱情地讚揚了此書，他說：「我認為，這是一本偉大的書。……無論就道德還是就哲學而言，我發現事實上自己完全同意書中所寫的一切；不僅同意，而且還受到至深的感動。」當然，在信中他也放下架子為自己的行為作了辯護。他認為，世界上所有獲得權力的知識分子遲早要被如下事實所折磨：

> 在我看來，因為我們所需要的並不是我們經濟計劃的改變，實際上，計劃本身將導致像你的哲學結論這樣的覺醒；但是，相反，也許我們需要擴張經濟計劃（卡桑德拉凱恩斯又來了）。你所說的前面最大的危險，在實踐上，可能是以一種公平的極端形式應用你的哲學於美國，而招致失敗。不，我們所需要的是正確的道德思想的重建——讓合適的道德價值回到我們的社會哲學中。如果僅僅只有你才能把你的聖戰轉向那一方向的話，你就會看來和感覺到是如此的像唐·吉柯德了。我恐怕你有點混淆了道德的和物質的問題。在一個正確地思考和感受的社群中，危險的行動可以安全地完成；但是倘若思考和感受錯了，該行動將是通向地獄之路。

凱恩斯的意思很清楚，在他看來，我們的時代，舉世滔滔，相當部分的人類心靈被平等的價值所駕馭，社會主義思潮的興起是有其社會心理基礎的。而如果獨力與之對抗，無異於唐·吉柯德。為今之道，不如讓社會主義者施行一段其理想，當其碰壁或招致大難

時,自由主義再來收拾殘局,並重建合適的道德價值和正確的思考。

應當說,凱恩斯在這裡也許是坦露了他自己的內心世界。

不過,雖然凱恩斯顯得冷靜而理智,但若訴諸基本的道德直覺,仍不難觸及內中蘊涵的冷酷。

(二) 全球的反響

《通向奴役的道路》的德文翻譯還是通過幾位前戰俘之手。他們讀到了該書在《讀者文摘》的縮寫本。當時西德的盟軍占領當局為了怕損害與蘇聯的良好關係而禁止出版此書的德文版。但儘管有禁令,該書內容的打字德文版的摘錄仍然流傳開來了。後來當海耶克讀到一些打字版時,他很驚奇地發現有時候打字版加上了一些原書所沒有的段落。

值得一提的是,作為一個中國人,筆者在中國大陸看到《通向奴役的道路》的中文版時是1969年,其時正是中國的所謂「文化大革命」時期。當時有一批「內部發行」的所謂「灰皮書」、「白皮書」和「黃皮書」在極小的圈子內流傳,當然要靠極高的直覺極大的精力和極廣的聯繫網才能搜尋到此類書籍。一讀此書,筆者竟然廢寢忘食,浮想聯翩;對照當時中國之社會狀況,驚嘆作者預見力之驚人;同時在猜測中國共產黨高層何人有此眼力和膽魄,竟然敢於在六十年代批准(在內部)出版此書?

對於歐洲學術界的一些經濟學者和社會科學家,該書被稱作他們不值一顧的「通俗」著作。雖然,這些象牙塔裡的經濟學者和社會科學家們的很多「純學術著作」因為其結論錯誤乃至荒謬而被歷史淘汰了,而《通向奴役的道路》卻成為經典一版再版。然而,這並不妨礙至今還有極少數「純學者」仍然像鴕鳥一樣迴避海耶克的

這本書。

　　關於經濟計劃的尺度範圍也是該書引起爭論的焦點之一。海耶克完全懂得，我們當然能在小規模和短時期內安全地做計劃，但是不能在大範圍和長時期內做計劃。凱恩斯批評海耶克說你不能在二者之間明確地劃出一條界限來。然而凱恩斯未能抓住的要點是：大小長短尺度的界限應劃在何處，是連算命先生都望而卻步不可預測的。但這裡關鍵的要點是，海耶克針對的是指預先安置好的完美計劃（用它來代替市場），　而不是指為了適應於市場而作的計劃。在長程和大尺度範圍內任務的極端複雜性要求某種自發反應的系統來調節，而這一系統正是由自由市場提供的。

　　雖然他如此蔑視所謂能代替市場的總體計劃，然而有趣的是，在他自己的生活裡，海耶克倒總是遇到一些極其複雜困難的計劃與任務，正如他所寫的：

> 我經常意識到的一個事實是——我比其他大多數人更加相信——我的思想完全被引向未來。我似乎很早就喪失了安靜地享受當下生活的能力，而使我的生活饒有興味的正是我對未來的計劃——滿足，在很大程度上是由作了計劃要作的事；而苦惱，則主要是由於沒有完成計劃所引起的。❻

　　海耶克身上的另外一個反常特點是，作為一位偉大的政治哲學家，他似乎是一個蹩腳的政客。他的感覺是，自己在《通向奴役的道路》中的論辯不會在專業經濟學家、公務員、學術界的哲學家、

---

❻　F. A. Hayek, *Hayek on Hayek*, University of Chicago Press, 1994, p. 138.

社會科學家中找到聽眾，產生共鳴；因為他們基本上都是各黨派中的社會主義者。他渴望把自己的論述直接訴諸公眾，為此他花了很大氣力竭盡所能地使該書的風格對大眾具有可讀性。在這方面他的成功遠超出了他的預期。

然而對賦有政治本能的哲學家而言，真理是被給定的對象。相反的說法卻不成立。即，被給定的對象並不一定是真理。沒有一個賦有政治本能的哲學家會像海耶克般這樣說：

> 擁有不同知識與不同觀點的個體間的相互作用，構成了思想的生命。理性的成長正依賴於這些差異的存在。這種相互作用的後果是不可預料的，我們不知道哪些觀點促成了知識的增長，哪些則沒有。要言之，如果對知識不加限制，這種增長是不可能被我們目前擁有的任何觀點所控制的。去「計劃」或「組織」心靈的成長，或者，就此而言，所謂總體的進步，是一種語詞的矛盾。該觀點認為人類心靈應當「有意識地」控制它自己的發展，此觀點混淆了能夠單獨地「有意識地控制」任何東西的心靈與促使個人理性的成長的人際間作用的程序這兩種不同的對象。如果以任何理由控制理性，那麼或遲或早，會使思想與理性走向僵化和衰落。❼

但是，他並未受到完全冷落。鑒於《通向奴役的道路》在英國擁有眾多讀者，在美國激起轟動，因此，發表兩年後的1946年，海耶克應邀前去作演講旅行。引起了相當大的反響。

---

❼　F. A. Hayek, *The Road to Serfdom*, University of Chicago Press, 1944, p. 165.

（三）晚年的重估

　　1976年，當該書初版三十二年後芝加哥大學出版社再版時，海耶克為之作了一篇新的序言。回過頭來，冷靜地講述了自己寫作此書的背景、動機和緣起，以及自己在三十多年之後對此書的新的觀感。當年，1940～1943年，他本來在腦海中一直盤旋著一些純粹的經濟學理論問題，然而，沒有預料到因為此書而扭轉方向，成了以後三十多年新領域研究的起點。他的這一新方向的嘗試緣起於英國的「進步」的圈子對於納粹運動性質的完全誤解，即如前述，他們認為德國的（國家）民族社會主義事實上不是社會主義而是超級資本主義。雖然這本書獲得了完全未曾預料到的成功，但海耶克自己在很長一段時間內對此並不興奮。雖然一開初他就曾坦率地聲明該書是政治著作，結果造成的印象是他的多數社會科學同行感覺他把其能力用到了錯誤的方面，而他自己則因此書內容已在技術性的經濟學範圍之外，因而可能已經超出了自身能力這點感到很不自在。

　　在序中，他說他曾經努力重返正統的經濟學研究，但他發現自己已不可能自由自在地抽身而出了。因為偶然的原因而從事的政治哲學研究，其問題似乎比經濟理論中的更富於挑戰性和重要性，更值得澄清與推敲。而他寫作此書時，他還未使自己從那些支配了普通輿論的先入之見和迷信中完全解脫出來，同時也未能避免當時流行的詞語和概念的混淆，而自那時以來，對這種混淆他是愈益深刻地意識到了。

　　他指出，本書對於社會主義政策後果的討論是不完整的，也沒有能充分地展開論述市場秩序所要求的正常運作及其能取得的成就。這是海耶克以後的任務。所有這些《通向奴役的道路》所欠缺

的重要部分,確實是由他以後的著作彌補的。為了解釋通過自由而產生的秩序的本性,為了重述十九世紀經典自由主義理論的精髓並使之更為邏輯自洽連貫一致,在六十年代初,他出版了《自由憲章》,從而建構了二十世紀的自由主義體系。後來,意識到上述對經典自由主義的重述還遺漏了一些確實重要而又尚未解答的問題,他進一步致力於提供自己的答案,於是就有了七十年代三卷本的煌煌大著《法律、立法與自由》的誕生。

在該序裡他說,最近二十年來,雖然他對本書探討的問題獲得了更多的見解,同時也未能再次重讀一遍原書,但他聲明,他並不為此書而感到抱歉,相反,他第一次為之而自豪。至少,此書不僅使他首次向所有黨派的社會主義者提出了自己的洞見,而且,雖然他現在知道了很多寫書時尚不知道的東西,但他仍然經常驚訝於自己竟然一開始就知道了如此之多,而這些見解居然又被後來他的工作所證實了。雖然,他期望他後來的更學術化的著作將更為專家所賞析,但他仍毫不遲疑地把這本早期著作推薦給普通讀者。這些讀者需要一本簡潔的非專門技術性的導論,以便理解那個仍然是我們必須解決的最危急的問題之一。

海耶克聲言他仍然堅持本書的所有主要結論,但是要加上一點修正。最重要的是,由於從那時以來三十多年,術語的涵義已經發生了變化,為免引起誤解,必須作出說明。當他寫作該書時,「社會主義」意味著生產方式的國有化,意味著中央計劃經濟是可能的和必要的,清清楚楚,毫不含糊。在這一意義上,譬如,今天的瑞典應當是比英國和奧地利更少社會主義組織化色彩。然而,現在一般卻都認為瑞典有更多的社會主義因素。這是由於「社會主義」在今天已經主要變成通過稅收和福利國家的制度對收入進行擴大再分

配的意義了。在這後一種「社會主義」的意義下，他在書中所論述的社會主義導致的結果將會以更加緩慢、間接和不完全的方式出現。但他相信，根本的趨向並無不同，雖然其過程與本書所描繪的或許不盡完全相同。

當然，隨著時間的流逝，英國與美國並未如海耶克所擔心的那樣變成極權國家，這一事實似乎在某種程度上削弱了海耶克警告的力量與信用。他的批評未能估計到戰爭的經歷使人們如何習慣於喪失自由。人們的爭辯說，只要沒有強迫勞動集中營，計劃經濟就沒有危險。但是海耶克的警告本身，是否或者說如何減少乃至削弱了英美兩國趨向中央計劃與國家干預的程度，是值得歷史學家評估的。當然，對海耶克自己並不以為然的一種屢屢流傳的說法，是指海耶克竭力論證任何帶有社會主義方向的運動必然導致極權主義。雖然海耶克認為這種危險是存在的，但他聲明說這絕非本書的論點。該書只是警告，除非修改我們的施政原則，否則一些極不令人愉快的後果將接踵而至，而這些後果是提出前述政策的人所不願見到的。

在這裡，很顯然，區分「民主的社會主義」和「社會民主主義」是有意義的。前者如克魯吉爾所主張的，但歷史已證明是完全行不通的理論；後者則大體相當於大部分北歐福利國家——如瑞典——的現狀，但它們由於過分福利化而導致經濟衰退，因此目前這些國家也在改革以矯正過分傾斜的福利化方向，但還不能斷言這種社會民主主義就完全行不通。

海耶克在序言中承認，他感到在書中的錯誤主要是未能著重強調蘇聯共產主義經驗教訓的重要性。該錯誤也許是可以原諒的，因為他寫作時，蘇聯還是西方的戰時同盟國，他無法使自己擺脫被指責為干涉主義的心理負擔。結果，西方仍然作了若干讓步，然而這

些讓步他現在才看出並未獲得對方的擔保。同時，他也確實還未曾完全意識到，蘇聯在某些方面的事情已經糟到了何等地步！至今，他仍然關注書中他所提的一些問題。譬如，如下一個稍稍誇張的問題，即，倘若希特勒是通過嚴格的憲法程序獲得他的無限權力，誰會認為法治在德國仍會通行無阻呢？後來他發現僅僅只有漢斯・克爾森 (Hans Kelsen) 和哈洛爾德・拉斯基 (Harold J. Laski) 教授也許還有他們的那些社會主義律師和政治科學家追隨者的確堅持那時法治仍可通行。更一般地說，對於當代思潮和制度進一步研究，如果說有什麼效果的話，只是使他更增加了自己的警覺和擔憂。在他看來，社會主義的觀念和對於極權當局善良意願的天真信賴，自他寫作此書以來，有增無減。

　　長期以來，有一個現象總是使海耶克憤懣不平，即，他寫的這一本小冊子居然傳遍世界，竟然比他的那些嚴謹的科學著作更加廣為人知。但是，經過三十年以來對以後出現的問題的研究，並用這種眼光重新審視這本書，他再也不復是原來的憤憤心態了。雖然，他承認該書蘊涵有一些可能並非是最令人信服最強有力的論證，但他確信那是一次真誠的探索真理的努力，他相信該真理賦有的洞察力甚至能夠使那些不同意他的人們也可以避免嚴重的危險。

　　《通向奴役的道路》出版一年後，第二次世界大戰結束了。由海耶克與凱恩斯共同建議的戰時經濟與金融政策，在戰後引發了廣泛的辯論。在英國的辯論逐漸擴大之初，勞工工會和工黨發現，他們重新獲得了他們在二十年代總罷工後失去了的政治影響力。他們利用這一政治力量去否決海耶克與凱恩斯共同管理的償還軍備的非凡的財政資格條件。這些條件的計劃依賴於強迫性儲蓄（該儲蓄戰後才償還），從而壓縮民間需求，讓市場去回應政府的最有效的需

求。工黨則懷疑所有的犧牲自己都攤上了，而所有的好處都沒有自己的份。政治鬥爭的結果則是大家都完蛋——生活的每一方面都受到控制：所有日用品都定量供給；工資、物價和租金控制；外幣兌換和資本控制。所有這些控制在二戰之後延長了相當長一段時間。

這次事件使社會主義者們得到了教訓：倘若政府通過自己的直接開支去保障勞工的要求的話，則政府也就失去了與勞工的要求進行談判的籌碼和手段。但是凱恩斯派的經濟學者卻沒有得到這一教訓，凱恩斯派的政治自負使其以為自己能駕馭這隻老虎，然而老虎卻在暗中嘲笑他們。

海耶克再次提出一個方案試圖遏止政府日益增長的權力。他建議以一種新的標準幣制以取代業已中止的金本位制，該金本位制是依據固定的一攬子日用品的國際貿易制定的。海耶克把他的方案提交給了1944年在布萊頓森林(Bretton Woods)召開的國際貨幣會議。當然，由於當時主流經濟學界的思想傾向和氣氛，不出所料的是由凱恩斯率領英國代表團出席並且負責協議的達成，羅賓斯也是代表團成員。海耶克卻沒有受到邀請，他提交的方案也沒有付諸討論。

這個兵荒馬亂的剛剛結束戰爭的時期，還遠不是海耶克的時代。他仍須沉潛砥礪，耐心等待自己時代的降臨。

第四章　赴美前後

第一節　情感旋渦與自我流亡

（一）培勒林山學會

　　《通向奴役的道路》的廣泛影響帶給海耶克眾多機會，他受到各個方面——或學術界或新聞界——的盛情邀約演講。雖然常常長途旅行，疲於奔命，不過，這些活動也使他結交了眾多思想投契、志同道合的朋友。其人數之多，出乎他的意料。他發現，不僅在美國，而且在歐洲大陸的很多國家，到處都有仍然強烈捍衛偉大自由傳統的個人和小團體。但是，如果大家要嘗試去各自重申或捍衛自由時，就都像他在倫敦經濟學院的小群體一樣，常常深感勢單力薄，孤立無援。

　　上述狀況強有力地驅使海耶克去創建一個志同道合者的組織——正如亨利・西蒙斯(Henry Simons)同他的芝加哥小組，威爾赫姆・盧卜克(Wilhelm Ropke)在日內瓦的組織，以及由華爾特・歐肯(Walter Euken) 領導的德國小組——一樣。他的想法是在另一個地方，建立一個研討復興自由傳統重大問題的國際性組織。他感到只

有在共享有相同的基本哲學觀點的成員的團體內部，討論上述問題才可能深入和富有成果。只有如此，才可能相互交流學習使每人從各自不同的方向上去推進和發展根本性的理念，雖然，在他看來，他們中的很多人在這些不同方向上不可避免地會吸收一些與自由原則不相融洽的當下時髦觀念，但這並不可怕，無關大局，反而可能使自由主義擴展視野，增強免疫能力。

然而，儘管海耶克在戰爭一結束就立即開始鼓吹上述建立同仁組織的主意，但是倘若不是他在瑞士時碰到一位非常能幹的組織者休諾爾德的話，他的計劃可能還停留在美麗的夢想階段。本來，阿爾伯特·休諾爾德博士 (Dr. Albert Hunold) 為他們募集到了一筆資金，使得盧卜克能夠創辦一份自由季刊。然而他們二人之間產生的一些不和使得這一計劃難以實行。不過，休諾爾德博士還是得到捐款人和盧卜克的同意，將已經在瑞士募到的款項用於資助海耶克計劃召開的一個會議，而當海耶克又獲得在美國的一位《通向奴役的道路》的贊助者的另一筆捐款時，這次籌備已久的會議終於在1947年春天開幕了。與會者名單和會議議程是由海耶克確定的，而會議的所有組織安排事宜則是由休諾爾德博士操辦的。總共十天的會議在日內瓦湖畔的培勒林山(Mont Pelerin)舉行。會議參加者共計三十六位學者和政論家，他們來自美國、英國以及其他一些歐洲大陸的國家。

會議獲得成功的一個標誌，是與會者決議把它變成一個永久性的學會，這就是有名的培勒林山學會 (Mont Pelerin Society)，時在1947年4月。第一屆成員有三十九位經濟學家、哲學家、法官、歷史學家、政治學家、文學評論家及政評家，海耶克任首屆會長，總共任期達十二年之久。在他的任期內，會員數量成長迅速。該學會

會員有：原聯邦德國總理艾哈德、米塞斯、蕭特(Frank H. Knight)、巴柏(K. Popper)、斯悌格勒(G. Stigler)，以及米爾頓・弗里德曼等。如前所述，學會是一個與海耶克有相近學術觀點的強調自由的學者的集合，規模頗大，影響廣泛。在休諾爾德博士的協助下，海耶克幾乎每年都安排在世界各不同地點舉辦年會。新朋友與新觀念不斷在會議中產生。在海耶克退出會長位置後，更年輕的會員們作了一些革新。但是經過一到兩年的批評檢討的階段，學會又恢復了原有的項目並持續繁榮了幾十年。它深化和發展了自由主義，抵抗了各類集體主義傾向對人類命運的威脅，終於，迎來了八十年代末和九十年代初的共產主義陣營大解體。該學會中一些成員在戰後走上了歐洲各國的最高領導崗位。它在海耶克的學術生涯中占有重要地位，對戰後世界的思潮走向有相當的影響，也對戰後國際秩序的重建有潛在的重要影響。

從這件事可以看出，雖然《通向奴役的道路》的出版導致某些經濟學者以及其他學者的激烈批評，但海耶克在學術界的聲望與感召力並未因此而受到太大的負面影響，甚至可以說在自由主義陣營中反而因此而聲譽日隆了。

（二）百年後與密爾的對話：情困與神交

確實，就時間與機遇而言，海耶克在學術的職業生涯中是很幸運的，然而在其私人生活中，時運之神對他就沒有如此眷顧了。早在羅曼蒂克的年輕時代，海耶克曾對他的一位表妹陷入了熱戀。然而，正如在內向冥思型的青年身上經常發生的情形一樣，由於女方對海耶克的意圖產生了某種誤會，結果她另嫁他人。此事對年輕的海耶克打擊很大。之後，海耶克也就草草結婚成家，移居到了英國，

並有了孩子。二次世界大戰之後，海耶克前往奧地利，探望熬過戰亂而倖存的家人和親友。很碰巧，他在火車上遇見了其表兄維根斯坦，他也同樣是為探親而旅行，這一巧遇使他此次旅途不至於如想像那樣寂寞。

此次歸鄉，最重要的收穫是，海耶克得知其初戀情人表示她自己又恢復自由身可以嫁給他了。在經過極其難熬的思索與考慮後，不可抗拒的感情最終還是壓倒了其他的考量。海耶克決定，無論此舉會對自己和自己的家庭帶來如何重大的暫時痛苦和代價，除了離婚之外，他實在別無選擇。

離婚與再婚這件事帶給海耶克巨大的痛苦與困擾，特別是在倫敦期間簡直是難於言喻的，只有他的少數極親近的助手能夠略略與他分擔。其時，流言蜚語四起，白眼冷面襲來，使他身陷某種看不見的無形精神孤島之中。不過令人好奇的是，他雖然終其一生極為關注道德理念，然而卻從未寫過道德傳統精神的這一方面：它的遺世獨立的超絕能力。

這是海耶克一生中最困難的日子。發表《通向奴役的道路》，使他斷絕了同當時主流派專業經濟學家的交往；而關於他離婚的流言，又將把他排斥於英國多數正式社交圈子之外。

於是，海耶克效法在他之前的其他被放逐者先輩，決定自我放逐，走上了當年英國清教徒的精神飄流之路，瞄準了新大陸，選擇了遷居美國。

美國芝加哥大學「社會思想委員會」的創立者約翰・乃孚教授(Prof. John Nef) 描述了他去倫敦聘請艾略特 (T. S. Eliot) 和海耶克的情形：

在英國的旅程中，我到倫敦拜訪了艾略特和海耶克，它使我
能夠完成邀請他們前來「社會思想委員會」的那兩項重要聘
約。海耶克接受了一個終身講座的職位，難得他卓越地在此
位置上持續了幾乎十五年之久。經濟學系歡迎他與「社會思
想委員會」的聯繫，雖然該系的經濟學者們曾在四年前反對
聘請他來經濟學系任教，原因在很大程度上是他們認為《通
向奴役的道路》這種大眾化著作不值得受人尊敬的學者去寫。
當然只要不以經濟學家身分，他在芝加哥大學任職多久都沒
關係。❶

　　但是實際上，更重要的原因卻是由於在經濟學方面海耶克所屬
的奧地利學派與芝加哥學派的對立，由於學派的門戶之見，芝加哥
大學經濟系才拒絕了海耶克到該系任教的申請；並因此使海耶克去
接受該校「社會思想委員會」的聘任，成為社會與道德科學教授。
他的薪資也不由芝加哥大學支付，而是由威利安・福爾克基金會支
付的。❷

　　接受聘書之後，海耶克1950年10月赴美，擔任芝加哥大學「社
會思想委員會」的教授。在此期間，他除了每年冬季講授一門「西
方經濟思想史」課程和指導研究生外，其餘時間致力於建構自由哲
學的完整體系，並正式開始專心準備著手寫作《自由憲章》。

　　作為《自由憲章》的準備性的工作，在英國的最後一段時間，
海耶克對密爾（John Stuart Mill，過去亦譯穆勒）的研究也許是他

---

❶　John Nef, *Search for Meaning*, p. 37.

❷　見 H. H. Hoppe 為 Ludwig von Mises 所著 *A Free and Prosperous Commonwealth*寫的引言。

心靈上的一椿慰藉。因為密爾也有一段刻骨銘心的個人情感經歷。
海耶克對密爾的興趣產生於他的一項思想史的研究中，這一個案研
究是他論述「理性被濫用」的思想史的開端部分。在研究密爾時，
他編輯了密爾與泰勒女士(Harriet Taylor)的來往信件，後來海耶克
發現對研究自由主義思想史上的轉折，這些文件極為重要。因此，
他獲得了一個意外收穫，即成就了一部著作：《密爾與泰勒》(*John
Stuart Mill and Harriet Taylor*)。該書的副標題是：「他們的友誼及
其隨後的婚姻」。 其中有些部分的描寫是極其動人的。而在一段海
耶克對密爾與泰勒的感情經歷的平靜的描述中，我們似乎也隱隱約
約地瞥見海耶克自己當時那騷動的靈魂：

> 大約當他們（密爾與泰勒）一開始意識到有關他們的緋聞已
> 經沸沸揚揚並獲知若干警訊之時，他們馬上就迅出了社交圈
> 子。……他們雙方的情勢及自然傾向必然使這件事與婦女地
> 位及其在婚姻中的地位——這是有關公共利益的主要課題之
> 一——聯繫起來。

　　這一考察在海耶克的思想史研究中占有關鍵的地位。它揭示
出，雖然密爾是自由主義的中樞人物，然而社會主義思潮在英國的
發端，特別是費邊主義的興起，正是源自泰勒與密爾。準確地說，
源自兩人的關係。海耶克在晚年明確指出，在使英國知識分子趨向
社會主義思潮這方面，

> 約翰·密爾可能是最關鍵的人物。他很早就把自己置於社會
> 主義的影響之下。……儘管密爾的著作造成了極大損害，我

們也許還得原諒他的大部分罪過。因為當時他正迷戀著一位後來成為他妻子的女性。當這位女性逝世時，他說「這個國家喪失了一顆最偉大的心靈」。他並公開讚揚她說，在公共事務方面，她的高貴胸襟……從不放棄完全的收入分配正義這一終極目標，即，她渴望一個在精神和物質上都徹底共產的社會狀態。❸

作為一項意外收穫，海耶克對密爾的這一調查研究使得他深入到英國文化的核心，記錄下了該文化中心人物的個人關係。在他的這個第二故鄉，他也充分發揮了他的歷史的、學術考據的才能。這一研究的迷人之處還在於，因為海耶克挖掘了人類關係的極其個人化的深刻根源，它顯示出表現於英國的那些推動了經濟和政治發展的主觀價值的內涵。這些極複雜的事實，是不可能通過實證主義的方法論來化約還原的。

如果說，海耶克有意成為密爾在二十世紀的繼承者和挑戰者的話，一項頗能象徵此意圖的行為就是他的一趟考察性旅遊了。

1854年冬到1855年春，密爾曾經因為健康原因而穿越意大利和希臘旅行，正是在這長達幾個月的旅途中，他寫下了上述信件的大部分。這段歷史掌故突然使海耶克萌生一個念頭，倘若在整一百年之後，自己能沿著當年密爾的足跡再旅行一次，並藉此完成上述通信集《密爾與泰勒》的注解，該是何等美妙！

天從人願。果然，在1954年，海耶克從古根海姆基金會獲得一筆資助，使他及夫人能夠擁有七個月的時間，循著密爾在整整一百年之前的路線開車考察遊覽，首先穿過法國的西部及南部，遠抵意

---

❸ F. A. Hayek, *The Fatal Conceit*, Rutledge, London, 1988, p. 149.

大利的那坡里，然後環繞幾乎整個西西里，直奔科弗和雅典，以此
為中心，他們遊覽了尤布拉和德爾菲以及大部分伯羅奔尼撒半島，
由於自己開車比當年密爾乘火車快，因此他們把省下來的時間去遊
了埃及，只有這一站是密爾旅程所沒有的。在那裡，海耶克發表了
一場演講：「法治的政治理想」。於是，直至1955年秋季，海耶克才
返回美國芝加哥大學繼續研究和任教。

　　上述埃及開羅演講的內容，連同所考察的密爾的思想，一直盤
旋在海耶克心中並被帶到了芝加哥大學。此時，關於《自由憲章》
的整個計劃框架突然呈現在海耶克頭腦中了。

　　這裡還穿插有一個小故事：密爾曾在自傳中說，那年，正當他
沿著羅馬的國會大廈（朱比特神殿）的階梯拾級而上時，腦中突然
湧出他後來在《自由論》中闡述的概念。這故事激發海耶克產生了
某種神秘的精神期待。但遺憾的是，當海耶克恰好在一百年之後的
同一天重蹈覆轍時，卻並沒有預期的靈感產生，此事令他頗為沮喪。
然而當海耶克回頭來仔細檢視密爾與泰勒的通信時，才發現自己受
到了冥冥之中密爾在天之靈的愚弄。因為他期待靈感出現的時間並
不正確：一個世紀之前的密爾曾撒了一個小小的謊。他寫給泰勒的
信件表明，實際上，他自己的那些概念早在抵達羅馬之前就有了，
根本就不是後來他攀登羅馬的國會大廈的階梯時腦中突然洶湧而出
的靈感。看來，有時著名歷史人物寫自傳時也會偶爾迸發出豐富的
想像力，進入「小說創作狀態」的。

　　不久之後，海耶克抵達美國，隨即正式發表了這部思想史作品
《密爾與泰勒》。

第二節 心理學探險:《感覺秩序》

（一）緣起

《通向奴役的道路》引起的兩極化的風暴逐漸平息下來後，海耶克致力於重回平靜的書齋生涯。他在後來談到：

> 《通向奴役的道路》發表後，我感覺在專業上產生了自我疑惑。我不想再行反擊。我希望為科學共同體所接受。於是想做一些純粹科學的與我的經濟學觀點無關的研究。❹

而芝加哥大學聘請他的機構，是芝大社會思想委員會，這正好給了他一個暫時放下純粹經濟學研究的機會和條件。

因此，當1950年海耶克剛剛自英抵美時，他並非空手而至，而是隨身攜帶了一部題為「心靈是什麼?」的初稿。他選擇的是思想史上困難而尷尬的一個主題之一。至少他必須準備去回應亞里士多德、洛克和休謨的問題及答案。沿這條思路，海耶克發現他進入了一個嶄新的世界，這個世界有著巨大的（關於自己是否還有理由繼續存在下去的）生存障礙。在那裡，人們沒有耐心面對歷史上認識論所提出的一系列困難。

海耶克實際上是回到了三十年前他首次遭遇的問題，該問題是他閱讀馬赫的名著《感覺的分析》時所碰到的。海耶克通過研究大

---

❹ F. A. Hayek, *Hayek on Hayek*, University of Chicago Press, 1994, p. 152.

腦的神經脈動來追蹤感覺。進入大腦後這些神經脈動成為感覺，它們以某種方式與「現實」對應❺。在第三稿動筆之前，「心靈是什麼?」更名為「感覺秩序」。他形容他在《感覺秩序》裡的概念的發展是在二十五年之後新的歷史條件下才思緒洶湧的。❻

1952年，他的理論心理學專著——《感覺秩序》發表了。

（二）演化論的心理學

在書中，海耶克所質疑的概念是所謂「經驗始於感覺材料的接受，這些材料擁有穩定的特點，它們或者反映了與所接受的外界客體的一致的性質，或者典型地與物理世界要素的性質有相互關係。」❼這些概念濫觴於亞里士多德對於要認識事物「本質」的堅持，並且一路下來到洛克的經驗主義的極端：「心靈之內一無所有，它不是感覺的寄寓處。」直至維也納學派的觀點。海耶克所選擇的道路是平行於康德的路線發動攻擊，然後一步一步地逐漸與之匯合。但我們最後會發現，儘管他的手法平行於康德，然而最終並未與康德相交。

海耶克斷然拒絕經驗有所謂「被動的、被反映的、客觀的性質」。在他那裡，純粹的未受「污染」的經驗是不存在的。他認為經驗的發生及其形態、內容都與作為經驗主體的人息息相關。這一點，無疑與康德的思路是並行不悖的。

但是，我們也需要仔細釐清他的思想與康德的微妙差別。

在馬赫之前，有人就發現，在海耶克的生活中，蘭花有其特殊

---

❺　同上，　p.152。

❻　同上，　p. 289。

❼　F. A. Hayek, *The Sensory Order*, p. 165.

的位置。正如海耶克告訴我們的，追隨他那位植物學家的父親的興趣，他

> 也開始建立我的植物標本室甚至開始寫專題論文論述野蘭花……，系統的植物學存在著清楚分類的困難，而該分類是有益的教育所必須的。然而於是我的興趣卻逐漸從植物學轉移到了古生物學和演化理論上……後來父親也感覺到了我的心靈是理論類型而不是分類類型的。❽

　　雖然海耶克的心靈不是分類類型的，然而這並不表示他忽視「分類」在感覺過程中的重要作用。他指出，所謂分類，即認識者的心理結構對經驗材料中對某一重複發生的產生相同效果的特定事件，與同一情況下所產生的相同或不同效果的事件，進行歸類。所有不同的事件，無論何時發生，倘若產生相同效果，則應歸為同類。分類對於形成我們的知識，具有基礎性的功用。我們對事物的分類，並非根據事物的客觀性質，而是源於認識者內部的主觀分類器官。任何可能的感覺經驗形式，都是為上述分類器官所決定的。

　　這樣，在海耶克看來，心靈獲得的分類是從原先的經驗中挑出無差別的感覺系列。「每一感覺，甚至『最純粹』者都必須被視為一個個體或物種在以往經驗的燭照下對一樁事件的解釋。」他指出：

> 知覺總是一種解釋(interpretation)，將來自感覺經驗的對象歸入一種或多種不同的類別之中。而一種全新的從未發生過的

---

❽　F. A. Hayek, *Hayek on Hayek*, University of Chicago Press, 1994, pp. 43–44.

事件，在第一次進入大腦時，將完全不能被知覺。❾

海耶克關於人們的每一感覺都是一次「解釋」的思想，與其說是康德式的，不如說實際上與當代哲學界時髦一時的「詮釋學」在精神上更為接近。所以，在海耶克那裡，那種純粹、被動、原初的感覺已經不存在了。這裡業已顯示出他的哲學直覺是很強的。

這裡主要值得仔細辨析的是，海耶克的決定知覺的「感受」的「先前的分類」的用法是有別於康德的先驗範疇。海耶克的分類出現於知覺本身的過程中，而並不是預先固定的存在。它們並不等於基本原則或公理。並且，海耶克的術語詞彙表是與自發性秩序的發展相關聯的東西。這正是他和康德的微妙而重要的差別。

簡括的說，康德的先驗範疇是靜止的、固定的，而海耶克的「主體的心理結構」或「主體的分類器官」則是在演化的。即，這個「心理結構」或「分類器官」與被分類的事物是相互生成的，它們都是演化的產物。即，海耶克的範疇是動態的，既有歷史經驗中逐步積澱下來的東西，同時，很多又是隨生隨滅的。正如海耶克所說：

> 心靈所進行的再分類是一個類似於通過分類而學習大聲朗誦語言的過程。這一過程並不是根據語音法進行拼音的過程，我們學會去確認某些符號在與其他不同符號的連接時的不同發音，並且甚至在沒有注意到某單個符號時認出不同符號群與另外符號群的等價。❿

---

❾ F. A. Hayek, *The Sensory Order*, p. 142.

❿ 同上， p. 169。

　可以發現，海耶克這一想法與七十年代之後著名的瑞士心理學家皮亞杰(Piaget)的發生認識論也有相當多的一致之處。應當說，海耶克在這方面也是具有相當洞見的。

　如果仔細推敲，不難發現，《感覺秩序》與海耶克的經濟和政治理論核心具有一種生氣勃勃的聯繫。這一點甚至更明顯地出現在他以後的論文中，特別是「複雜現象理論」和「規律、知覺和可理解性」，它們拓展了《感覺秩序》的哲學內涵。

　社會主義必定要求中央計劃，該計劃或成功或失敗的可能性論證，與能否對群體行為的結果作預言這一認識論的判斷緊密相關。海耶克在他的論文〈解釋的程度〉裡清楚地指出：

> 在不能控制的局面下，有一點明顯可以作精確預言，即：比起我們對我們行動的結果的預言來，更清楚的是，我們不能控制進一步的發展。預言的限度蘊涵了控制的限度，但是反過來並不成立。❶

　在論證了預測人類行動能力的限度之後，海耶克發展了複雜現象的理論，它承認預測模型的可能性——在有限的原因起作用的範圍內週期性循環事件產生的聯想——但是不能預測在該模型中的個別事件。雖然存在預測的限度，但仍能夠允許個體和群體起作用的是知覺習慣的演化，它們允許不可預測的行動出現。例證之一是語法規則，它准許人們去形成各種陳述句子，而其中任何一句話的意義都是事先不可預知的。

　1960年，海耶克寫信給巴柏談及自己開始的研究：

---

❶　F. A. Hayek, *Individualism and Economic Order.*

雖然我並不打算集中主要精力於方法論的研究，但經濟學理論的新面貌——這是我正在掌握的並且可能成為以此為題的一本書的內容——不可避免地要以重申我的關於經濟學理論本性的觀點開始，並且我後來形成的較高水平的有規則的構想還繼續盤旋在頭腦中，它們似乎極富成果甚至遠超出了經濟學的領域。

事實上，他早在1952年就寫信給巴柏談論這一探索的開端。巴柏對《感覺秩序》的主要的批評意見是它在構造某種心靈的因果理論，而巴柏爭辯說那種構造是不可能的。海耶克的回答則是：

你是否把我稱之為「僅僅是原則的解釋」的東西當成一種因果性解釋了？如果你的爭辯僅僅是意圖證明我們絕不可能解釋為何在這特殊的時刻出現了這樣的感覺、這樣的精神過程……等等，我完全同意。但在另一方面，如果你是試圖否定物理過程能夠按照帶有精神現象特點的一般秩序被組織起來，那你就要花很大的力氣也許才能說服我。當然，我對於特殊問題的分析導致了影響極為深遠的哲學問題。目前，幾個月來我都困惑於似乎最基本的問題上，我把它形容為區分如下二者：何謂「在一個體系之內」以及何謂「有關一個體系」。我被人說服，因而認為這是一個最重要的問題。自從我把它看清楚了之後，在所有不同種類的聯繫中都反覆遇到它，雖然如此，我仍然只獲得了極小的進展，它是我所涉及的問題中最困難和最無從捉摸的問題之一。**⓬**

⓬ F. A. Hayek, *Studies in Philosophy, Politics and Economics*, p.18.

海耶克在兩個方面都是正確的。何謂「在一個體系之內」和何謂「有關一個體系」的問題確實是最重要的。同時它也是最困難和最無從捉摸的。他做了一個大膽的嘗試去描述該問題，即，論文一開始就論述「體系之內的體系」。然而當他發現沒有人能跟隨其思路進行討論時，他就只好放棄了。在其生涯中，海耶克第二次拋開了他對人類理解的探索，並轉向了法律的研究。

（三）走出專業化的胡同

該書是否失敗之作？自從出版以來，它似乎乏人問津，未被廣泛閱讀。甚至連海耶克自己的學生也是如此，儘管他們意識到了該書的重要性並且有責任更多地研讀。開初，有一些正面的書評，然而，甚至就是在最欣賞該書的評論中，人們也能發現該書一開始就面臨的窘境。正如多年之後海耶克自己所觀察到的一樣：「就心理學本身而言，我確實像個來自十九世紀的幽靈。」

現代，專業化趨勢已經日益加速強化，特別在美國的大學裡更是如此。在《感覺秩序》中海耶克抨擊了在心理學中行為主義的震撼性影響和支配地位。當時，海耶克已經被認識論與心理學的新演變潮流所忽略，而學術工作的風格和內容方面的這一演變後來證明是不利的。在大學校園之外，有關精神現象的大眾化神秘性探索一如既往，方興未艾。可以設想，倘若海耶克寫了「超感覺因素」而不寫「前感覺」的話，想必他很可能會多次被邀請作聽眾踴躍的學術演講。

有人評論說，當一位像海耶克那樣的在社會經濟領域有聲望的專家，去論述知覺問題時，他的越界行為會引來眾多的驚訝或白眼。連在《科學月刊》上發表肯定性書評的愛德溫・波靈（Edwin G.

Boring)也說:

> 甚至,即使他是對的(應當說,大部分時間他都是如此),你
> 也希望他會合理地去分享與他的前輩的思想有關聯的工作。
> 心靈與意識的物理理論及其相關理論,並不是全新的東西,
> 因此一種受歡迎的理論呈現,應當不僅包括海耶克心裡所想
> 的內容,也應包括他的理論在這一方面的科學思想史的脈絡
> 中的位置。不過,讓我再說一句,海耶克的觀點是有其淵源
> 的,我敢肯定的是,沒有人在這件專項工作做得像他這樣好
> 的。

但在海耶克自己看來,

> 就一切實際的目的而言,我們對於人性的了解,得之於《國
> 富論》的,比得之於種種有關「社會心理學」的那些虛矯的
> 現代著作,仍然要來得多。❸

　　1956年,在慶祝芝加哥大學社會科學研究大樓竣工二十五週年
的機會上,海耶克發表了題為「專業化的兩難」的演講。他忍不住
調侃自己說:

> 確實,倘若為了敢於去承擔一項無人敢聲稱能夠完全勝任的
> 任務,一個成熟的學者竟然甘冒無視專業界限的嚴重危險,

---

❸　F. A. Hayek, *Hayek on Hayek*, University of Chicago Press, 1994, pp. 28–29.

我們對此應當無動於衷而不應讚揚。❹

聽得出來，在他的語氣中，不無自嘲，也不乏自矜。

　　不過，要窺見他的真正心境，也許得仔細傾聽和咀嚼他曾說過的一句格言：僅僅一個純粹的經濟學家絕不可能成為偉大的經濟學家。

第三節　反對科學主義

　　在《感覺秩序》中，海耶克論述了自然科學與社會科學的關係問題。事實上，關於二者的關係，關於科學主義在現代世界的影響問題，一直是海耶克關注的焦點之一。他剛到達美國不久，就發表了與近代的科學主義、實證主義針鋒相對的著作：《科學的反革命——論理性的濫用》。他的《個人主義與經濟秩序》也有相當的篇幅涉及該問題。

　　但是，海耶克在《感覺秩序》書中對於社會科學與自然科學的劃分，似乎有頗多可議之處。他認為，自然科學所研究的秩序是事件之間彼此相互影響的關係，是實在(reality)。而社會科學——他指的是現在通稱的社會科學加上人文學科的範圍——所研究的則是事件與我們之間的關係，是表象(appearance)。即，前者研究事與事，後者研究事與人。這裡有三點是必須澄清的。第一，自然科學真是研究「實在」嗎？第二，它僅僅是研究事與事之間關係的嗎？第三，有沒有與人絕對無關的自然科學對象？量子力學揭示的「不確定原理」表明，實驗者觀察事物的方式決定了觀察的結果。同樣，在自

❹　F. A. Hayek, *Individualism and Economic Order.*

然界中，「人既是觀眾，又是演員。」因此，甚至在自然科學中，觀察者「人」對於觀察對象的影響已經是眾所周知不可忽略的了。實際上，就連康德也不認為我們可能研究「實在」。自然科學研究的，仍然是現象之間的關係。因此，以事與事之間同人與事之間的區分來劃分自然科學與社會科學，似乎不太有意思；恐怕另外的一些觀察角度和分類法更值得嘗試一點，譬如現在科學哲學正在熱衷進行的就是一例。

事實上，海耶克在《個人主義與經濟秩序》中對於社會科學與自然科學在對象上區別的看法，比《感覺秩序》的看法更經得起推敲。他在前者中指出，社會科學的對象的分類，並不按照我們觀察者關於這些對象的知識，而是按照我們所認為的被觀察者關於這些對象的知識。即，這些知識並不是如我們在自然科學中對對象本身的性質所做的「客觀」的抽象，而是類似於「目的論的概念 (teleological concepts)」，即，它們要靠三個項目之間的關係才能下定義：1.一個目標，2.有此目標的某人，3.該人認為是達成該目標的適當手段的一個對象。因此，很顯然，這一「對象」並非根據它的「客觀真實」的性質來下定義的，而是依據人們對它的看法而下定義的。一言以蔽之，對社會科學來說，人們認為它們是什麼就是什麼。貨幣就是貨幣，語言就是語言，化妝品就是化妝品。看自然界，我們是從外面去看；看社會界，我們是從內部來看。就自然界而言，我們的一些概念是關於事實的，而且必須適應這些事實；就社會界言，至少有些最熟悉的概念本身就是構成社會界的原料。這些共同的概念結構，使我們大家得以交通，得以解釋一些更複雜的社會結構的基礎。這裡的所謂「從內部看」與「從外部看」的區別，雖然仍有待繼續澄清，但比認為自然科學是研究「實在」而社會科學研

究「表象」的說法顯然更富於啟發作用。

（一）知識與文化的區分

　　海耶克強調指出知識與文化的區分。他借用波蘭尼 (Michael Polanyi) 的研究，把理性的知識稱為「明確的、意識到的知識」 (explicit concious knowledge)，認為它只占人類知識的很小一部分。這同科學主義者如蘭姆塞 (F. P. Ramsey) 所稱的「科學之外無知識」的觀點是針鋒相對的。首先，以科學方法所獲得的知識尚不能完全包容「明確的、意識到的知識」；其次，「明確的、意識到的知識」更是僅占人類知識的很小一部分。很多知識，都是未曾明確的未曾意識到的，這就是波蘭尼所謂的「未可明言的知識」(tacit knowledge)❶❺。

　　由上可知，知識的生長與文化的生長不是一回事。當然，如果我們把知識定義為「對於環境的所有適應方式」，則可以稱知識的生長與文化的生長是一致的。但須特別注意的是，這種廣義的「知識」卻不是單靠智力 (intellect) 所能獲得的，它依賴於「慧識」 (wisdom)，依賴於我們的習慣、技能、情緒、態度、心境，我們的各種物質工具，以及精神工具：如傳統和制度等，所有這些，代代相傳，輾轉至今，在在都是我們對於環境適應方式的積澱。而所有這些，又都是在歷史經驗中淘汰了無數不適應的思想和行為方式才積累、生長起來的。絕不可能是某一個超絕古今的天才的心靈設計出來的。

　　我們人類的行動，就是建基於上述廣義的文化或「知識」或「工具」上的。其中大量為非理智的因素。隨時間流逝，若干部分或許

---

❶❺　F. A. Hayek, *Studies in Philosophy, Politics and Economics*, p. 127.

效能已不高了，甚至成為人們的障礙。但是，我們在行動時，仍必須充分考慮它們，並把它作為先決條件之一。

科學愈發展，人類無知的領域愈大。而知識分化的日益加劇，令個人對知識的絕大部分必定更加無知。

因此，自然的結論是：我們達至自己的目標和福祉，依賴於很多因素，而我們自己對這些因素，根據前面的論證，必定陷入不可逃遁的無知。即僅就此點而論，個人自由也是絕對必要的，遑論個人自由本身獨立的價值了。

因為，自由的本意就在於，它提供了任何無法預見、不可先知的事物出現的充分可能性。這就給每一個人都提供了最大的創造空間，從而大大提高了通往較好前景的可能性。

（二）行動的自由

神秘的是，人類社會的諸個人行動，何以能彼此協調？社會何以使每人居然能「運用」自己不具有的（他人的）知識，達成自己的目標，並服務他人，從而助成社會的生長？何以個人以社會成員的身分活動，追求個人目標，比較魯賓遜式非社會化的孤軍奮戰，更有成效？何以社會活動的總體能夠適應於各種特別的情況，並有可能使我們達至出乎所料的輝煌發展？

這一點正是海耶克對自由理解的至關重要之處。對海耶克而言，自由更是一種通過行動而發現（新事物）的程序，這一程序能讓我們發現什麼是自己所欣賞和需要的東西。

關於「行動的自由」，海耶克認為，僅僅推崇智能的自由，而犧牲行動的自由、做事的自由的人，無異是在欣賞一座建築時，僅僅欣賞高聳的部分，而忽視了中下層和基礎。

　　人類的日常事務——衣食住行、言談舉止、遊戲娛樂、乃至文明發展中的無數工具和用具，這些非智能的方法和程序，提供了我們進一步創造的基礎。文明所提供的這些有利於行動的做事習慣和便利工具，我們每日每時都在運用並改進，並由此產生諸多新觀念、新思想。這些新觀念只在發展程序中的最終階段，才屬於智能領域，才由智能處理。

　　智能永遠處於競爭的境地。既有的觀念，永遠處於經受考驗，充實以及被淘汰的過程中。新觀念生生不息地誕生於行動的領域內。作為觀念本身，其磨損消耗是很快的。而行動領域常常為本能的非邏輯的因素支配，又常常與實際事務交相糾纏交相影響，因此較能持久。如果限制自由於智能領域，而不是囊括行動領域，則自由之源泉將迅速枯竭。

　　並不是我們所謂的心靈發展了我們的文明，更不是心靈掌握了我們的演化，實際上，心靈與文明是齊頭並進同時演化的。我們所謂「心靈」(mind)，不像我們的頭腦(brain)那樣，是某種與生俱來的東西，它也並非頭腦製造出來的，而是我們得自遺傳的器官（如大腦）協助我們自外界取得的東西。除了有大腦這樣的器官協助外，更重要的是，在我們成長過程中，從家庭和長輩那裡，吸收了許多文化傳統留下來的產物；這些產物，當然不是生物性的遺傳，而是文明的沉澱。

　　人們常將行動的自由稱之為「經濟自由」。在海耶克看來，這無疑大大縮小了它的涵義，並貶低了其價值。實際上，行動的自由遠比經濟自由的範圍為廣。問題更在於，是否有任何限制自由的舉措，僅僅只具有經濟的涵義，只能永遠圈於經濟範圍之內？此外，在事實上，所謂「經濟的考慮」，其實是指運用可能的手段，最後

協調和適應我們各種各樣的目標。除了以斂財本身為目標的極少數守財奴外，分析到底，人們的動機，常常不具有「經濟的性質」，而不過是以錢財為手段，滿足自己的價值需求和目標而已。這些需求和目標，對不同的人而言，是形形色色各各不同的。

唯理主義者認為能夠預知並控制所有事物的進展。但他們不知道，理性本身的進展，就大大地依賴於自由和人們行動的不可預知性(unpredictability)。理性萬能論者只看到事情的一面：即人在把思想和行動運用及環境時，必須同時運用理性。但他們未看到另一方面，為了使進展可能，理性所由生長的社會程序必須自由，必須免於理性的控制，特別必須免於特殊個人或群體的理性之控制，這才有可能使許多無從預料的事物出現，從而使未來的世界充滿了不可預測驚奇莫名的特點。即是說，自由是展開不可知的神秘訝異花朵之唯一通路。

（三）自由與責任

與科學主義相關的，還有決定論與自由的問題。實際上，它還直接關係到了自由與責任的問題，海耶克循自己理論的脈絡，對此作出了澄清。

1.自由與責任為一體之兩面。一旦實施了選擇的自由，作出了選擇，你就承擔了該選擇的後果：成功或失敗，榮譽或恥辱，你都得接受擔當。因為所有這些，都是你選擇的結果。這些後果是由你的主動行為所導致的。

責任的觀念在現代的衰落，這一現象源於決定論的流行。該決定論認為，人們不能控制的環境，決定了其所處的地位以及不得不採取的行動，因此，個人毫無自由可言，既然他被客觀環境所決定，

自然也就不存在他自己的責任。

因此，責任一詞常常引起普遍的敵視。人們害怕負責，進而畏懼自由，甚至逃避自由。

2.決定論的流行，很大程度上是由於人們誤解了自然科學的成就而引起的。過去人們重視的自由，一直與未曾精確定義的「意志自由」(freedom of will)相關。其推理是：「既然一切自然現象無例外地取決於先前的事實(antecedence)，並為可認識的規律所控制，作為自然的一部分的人也不能例外。所以，人的行動及心智也必然由先在的事實和外在環境所決定。」於是，自由是否存在受到了根本的質疑。從上世紀至本世紀初，不少科學家和科學主義者已不相信有「自由」之物存在。

在自然科學界，決定論的衰落起因於量子力學的出現，對量子力學的「不確定原理」的解釋以及由此引發的愛因斯坦和波爾之間的著名爭論：「上帝到底擲不擲骰子？」結果是，占主流地位的科學家們相信上帝是擲骰子的。連帶其他領域的非決定論現象的出現，決定論已沒有多少市場了。

所謂「意志自由」與否的爭論，很大程度上是詞語之爭，而不具有實質性的意義。通常意義的「意志自由」是指：按照自己的意志，而不是按照他人的意志行動。但決定論者並不是按此定義，只是說人的行動必然被先前的因素即「自然的原因」(natural causes)所決定，這些因素可經實驗驗證。因此，不可能有自由意志。這已經離開了「意志自由」的本義。而「唯意志論者」（過去的一些堅持「意志自由」者）則聲稱在人的身體內有一個主導者(agent)，超乎自然界的因果聯繫之外，因此這一主導者應當負責，而成為獎懲毀譽的對象。

就結論而看，「唯意志論者」較為正確，因為他們承認有「責任」存在。但二者的結論均與其前提相抵觸。決定論者斷言因果律的普遍存在，以此作推論而免除了行動者的責任。但休謨認為，正是由於行為是由人的品性中的某種原因導致的，因此行動者才應該負責，行為的善惡證明了品格的好壞。而唯意志論者把責任推於形而上的「主動者」，是無法得到證明的。

3.對海耶克而言，自然狀態的自由是不存在的。個人自由因法律的存在而產生。自由並不存在於任何文明社會之外。這一理解屬於自由主義的兩個不同的傳統之一。一個傳統認為，每一法律皆是罪惡，因為每一項法律都是對（自然狀態的）自由之侵犯。這是歐陸自由主義特別是邊沁的論點。另一傳統認為自由只能存在於法律之下，這是洛克為代表的傳統之主張，為海耶克所認同。在海耶克看來，法律誠然可能被用於侵犯自由，但該法律並非法治之法，並非自由之法。以洛克、休謨、亞當‧斯密、康德以及英國的輝格黨人為代表的傳統所述的法律，才是法治之法、自由之法。並非所有立法的產物，皆是此種意義的法律。

4.「全權主義」轉型的方式問題。以後的歷史已證明了海耶克的預見，「全權主義」給人類帶來的災難是顯而易見的。關鍵是我們是否需要以急劇的變革鏟除「全權」體制這一運行了七十多年的制度形態，還是順其自然，使其漸變？

第四節　演化的魔力

（一）演化是行動之果，非設計之果

在芝加哥大學，就經濟學而言，海耶克的存在成為一個奧地利學派與芝加哥學派爭辯、對話以及相互吸取對方長處的契機。芝加哥學派的西蒙斯曾受到海耶克相當深的影響，他的過早去世使海耶克深為悲傷。而米爾頓·弗里德曼與海耶克幾乎在所有問題上都有一致的見解，除了貨幣政策以外。

海耶克後來得到的一個重要教訓是：不像政客、運動員和演員，學術界對於「適當的時機就是一切」這點的領會很遲鈍。他的很多經濟學理論著作指出了把時間因素引入均衡過程的困難。但是，在大多數經濟學理論中，人類關係裡，「時間」的關鍵性地位——何事何時發生，在原因與結果之間可能有多長時間——連帶著對期望、冒險及其結果的愉快參照，從舞臺上被抹煞掉了，或者從書本的字裡行間被抹煞掉了。在戰爭中勤勉服務的計劃者們——包括約翰·肯尼斯·加爾布雷斯 (John Kenneth Galbraith) 和理查·尼克松 (Richard Nixon)——那些供應配給品的人、徵收或凍結他們能計算在內的任何東西的人，當時就不準備承認，也許現在仍不準備承認，如果沒有盟軍方面及時地發明雷達和破譯密碼以及在東戰場的德軍未能及時發現羊毛和石油的替代品的話，他們的所有努力都是徒勞無益的。譬如，讀到加爾布雷斯寫的機智的《我們時代的生活》的結論：如果一個賦有極其犀利的智力都不可能成功地操作一個經濟體系的話，那麼其行為既無約束又無指導的自由市場如何可能做得

更好呢?

這看來確是值得懷疑的。

答案應當是在有共同利益的人們的相互交流的方式中發現的。甚至最笨的人也知道其自身的經濟狀況可能會被證明為對他人也有價值。遍布全球的人類行動之間所存在的,是極其複雜的互動關係網。它是不可能由某個指揮中樞設計、操縱和控制的。

「社會的組織方式的演化,是人類行為的結果,而不是人類設計的結果。」 這是奧地利學派理論的結晶之一。這一點,對於協調成千上萬分散的參與者的需求和計劃之經濟問題而言,既是實踐的答案,又是理論的答案。海耶克通過從亞當·斯密、大衛·休謨、亞當·佛格森 (Adam Ferguson),到伯納德·孟德維爾 (Bernard Mandeville)的歷史追溯,探索到上述觀念的淵源:「眾人之惡,造就公共之善。」

我們既然不是加爾布雷斯,就需要我們遵循的簡單法則以及尋找我們的能獲得好處的簡單方法。隨著時間的流逝,這一需要產生了語言法則、法律、風俗及道德。而貨幣的使用、貨物的交換以及在開放市場裡的服務,也似乎就這樣簡單地發展了起來,就像一群鴿子啄食撒在地上的玉米一樣,自然而然,與時推移。

有關人類交往的這些方面和這些制度,風俗習慣往往被忽略了。然而,這些獲得的習慣,譬如:說話的方式,穿戴的風格,隱私——如財產狀況——的範圍,都是非常重要的,它們使人們在一起生活與工作獲得可能。海耶克講了一個很好的實例,說明了為什麼他在英國有居住在家的感覺:「就中止一場談話的方式而言,你不需要說:『哦,對不起,我很忙。』你只需略微有一點心不在焉並稍稍顯得心有旁騖;而不必說任何話,就行了。」 風俗習慣和語言

是不可分開的——姿態、音調——把這些微妙的東西融入道德之中，又把道德中極顯然和極穩定的部分鑄進法律之中。

人類的語言、法律、風俗及道德、貨幣、市場秩序乃至經得起歷史考驗的政治生存方式，都是這樣自發演化出來的。它們不像自然界的萬物，追隨自然規律和本能而運動而生長；它們也不像機器、產品和建築物等，由人們的理性設計製造產生。這些令人驚訝的複雜事物和秩序，它們介於兩者之間，在漫長的歷史流程中，經過反覆的試錯、競爭淘汰、選擇適應、模仿學習，再實驗再嘗試……，在逐步在歷史中呈現出來，演化生成的。

（二）實至名歸

當《自由憲章》於1960年5月間市後不久，海耶克卻遭受了嚴重的持續了一年之久的心理消沉精神沮喪的重創。而他自己的健康與精神狀況也日益惡化。開初，他把這種沮喪歸咎於戒煙所導致的結果，因為一年之後他恢復抽煙斗之後這種消沉就奇蹟般消除了。後來，他又傾向於認為是自己早年遭受的同類沮喪衝擊的結果。因為他在1972年又連續兩年受到此類襲擊，直至1974年獲得諾貝爾經濟學獎之前的某個時候才結束，當然，那絕不是因為諾貝爾獎的緣故。後來他發現這種導致自己理智上無能的奇怪的狀況——他稱之為「內部震顫」——是源於某種血糖過低的影響。而這種血糖過低是他的那位薩爾茲堡醫生錯誤診斷的結果。事情的真相是：那位對他很友好善良的醫生誤診說他得了糖尿病，於是給他頻頻服藥。正是這種藥導致他血液中含糖量過低。因為他後來發現自己的狀況與醫生所說的血糖過低的症狀很相似；更何況海耶克停止服用該藥後，仍是血糖過低，這就與糖尿病患者的情況完全不同。至此，真相才

算大白！這場無妄之災使他的體重從八十九公斤減少到了不到七十公斤，變成了唐・吉柯德式的美妙身材。

在芝加哥，雖然海耶克很欣賞大學給他提供的知識智力環境，但是，在文化上，這裡不像在英國。海耶克在美國從未有過居住在自己家園的感覺。雖然當初他是那樣急切的想離開歐洲，奔向新大陸。但住在美國愈久，他就愈加深切地感受到他的文化淵源，愈加強烈地意識到只有歐洲才是自己的精神故鄉。他留了一輛汽車在巴黎，只要有可能，他就要攜同夫人驅車回到他所熱愛的阿爾卑斯山。他的聽力日益衰弱，這迫使他中止了與人的談話，智慧的直接交流的樂趣一去不復返了；同時他再也不能去劇院，不能再欣賞他這個維也納人一生所鍾情的歌劇了。如前所述，始於1960年的一場情緒沮喪低落的病徵更加嚴重地困擾了海耶克。

不過，他仍繼續努力去重建位於維也納的被稱為人文高級研究所的中心，為的是彌補他如此懷念的但卻被戰爭中斷了的智識生活，特別是類似於當年倫敦經濟學院那樣的智力高度交流激盪的生活。海耶克、巴柏、量子力學的創立者之一薛定鍔(Schrodinger)以及恩斯特・宮布維奇爵士 (Sir Ernst Gonmbrich) 是這一重建努力的核心人物。然而，來自維也納大學的反對意見打消了可能的贊助者——特別是福特基金會的意願。該基金會後來建立了一個它自己的社會科學研究中心。至此，海耶克們的維也納計劃也就流產了。

1961～1962年冬季，海耶克收到了德國弗賴堡大學 (University of Freiburg)終身教授的聘書，這一聘任還附帶有提供他退休生活保障的吸引人的安排。海耶克接受了這一聘任，於1962年結束了在芝加哥大學的工作，前往德國任教，成為弗賴堡大學的終身教授。從此時起，除了於1969～1977年間他曾去奧地利的薩爾茲堡這

一段不愉快的插曲之外，海耶克的晚年一直是生活在弗賴堡，夏天則去奧伯谷爾格(Obergurgl)的山區度假消暑。

　　1973年，設立於布萊頓森林(Bretton Woods)的國際金融機構解體了。這個機構是凱恩斯當年在布萊頓森林會議上力促美國建立的，為的是避免另一場災難和拯救戰後世界的金融需要。這一設計確實挽救了英國的財政崩潰危機，但英鎊的價值卻已經跟隨大英帝國的衰落而跌落了，而隨後美元也從過去的金本位的最後遺跡中解放出來，跟隨英鎊浮動。由於通貨膨脹與失業同時發生，凱恩斯所兜售的靈丹妙藥面臨著越來越大的信用危機，逐漸地，它在全世界已經沒有什麼市場了。社會主義國家內部更是日益暴露出經濟停滯、政治壓迫和文化荒蕪的多重困境。但是在西方，社會主義的訴求在六十年代的左翼風潮高峰之後，雖然有所收斂，然而並未顯出全面退潮的跡象，特別是在大學校園之中，它仍有相當大的市場。這使得海耶克仍然強烈地意識到自己的使命遠未結束。不過，在沉寂多年之後，他憑直覺隱隱感到，一個潮流轉變的時代即將降臨了。

　　1974年，命運的叩門聲響起。位於瑞典斯德哥爾摩的諾貝爾獎委員會宣布：海耶克與孟德爾一起榮獲該年度的諾貝爾經濟學獎。雖然，頒獎所表彰的具體成就是海耶克早年對於貨幣理論和循環理論的研究成果。但這是一個重要的信號，表明像海耶克這種傾向的經濟學家，已經進入當代經濟學的主流。同時也表明，人們再也不會忽視他的聲音，世界將認真地傾聽他的告誡了。

　　海耶克的時代雖然姍姍來遲，但是畢竟來了。這是潮流轉變的先聲。

第五章 《自由憲章》和《法律、立法與自由》

第一節 密爾的繼承者與批判者

繼在1955年發表有關法理學的〈法治的政治理想〉之後，終於，於1960年，海耶克完成了他的煌煌大著《自由憲章》，建構起了他的自由哲學的體系框架。

實際上，在結束歐洲旅行後不久，海耶克這本主題與密爾相近的書的計劃輪廓，已經圍繞著其開羅演講的內容而誕生了。在此後的三年裡，該書總共三編的稿子就已經逐編殺青，並於1958到1959年的冬季修改完畢。於是，海耶克在1959年5月8日，即他六十歲生日時把書稿交給了美國芝加哥大學出版社。該書於1959年12月已經全部印出，但正式的出版時間則是1960年2月9日。

從海耶克的回憶看來，他的《自由憲章》的確與密爾的《論自由》有精神上的關聯。難怪亨利‧哈茲里特(Henry Hazlitt)在《新聞週刊》上對《自由憲章》的評論說它是：「我們時代偉大的政治著作之一，……是約翰‧斯圖亞特‧密爾的《論自由》在二十世紀的繼承者。」實際上，很多知識分子也都注意到了二者之間跨越時空

的聯繫。這一聯繫，既包括繼承的因素，更包括了大量的更新、糾偏和深入發掘的內容。因為在海耶克看來，密爾是自由主義發展史上的一個轉折點。這一轉折導致了費邊主義的興起，擴大了邊沁 (Bentham) 哲學的傳播，對於社會主義的因素滲透進入自由主義有重要影響，因此，海耶克認為密爾這一轉折的方向是錯誤的。他的《自由憲章》的使命是扭轉這一轉向，使之恢復到十九世紀密爾之前的經典自由主義傳統上，恢復到英國輝格黨時期的自由主義精神上。另外，他也面臨自由主義在二十世紀所受到的法西斯主義和共產主義的歷史性挑戰，必須作出新的系統的回應。因此，在很大程度上，《自由憲章》既是對密爾思想轉向的再扭轉，同時也是在遭遇法西斯主義和社會主義、共產主義之後二十世紀自由主義的基本綱領。

而他後來又對《自由憲章》的法治部分加以補充，寫成了一部三卷本的著作：《法律、立法與自由》，全面完成了他的自由哲學體系。

海耶克在《自由憲章》的序言中坦承，雖然，如果沒有經濟學和其他一些社會科學的進展，他寫不成此書。但是，這本書本身卻並不是論述事實及其因果關係的「科學著作」。因為該書旨在描繪出一個理想，討論如何實現該理想，以及實現該理想在實踐上意味著什麼。因此，很顯然，海耶克公開表明他的書是有其價值取向的，讀者必須自行決定是否接受他的價值標準。當然，對於一切已知的事實科學材料，他認為書中是竭力誠實加以運用的。

此外，他還特別交代了自己的奧地利與英國的基本教養、知識和心態的背景，提醒讀者與他寫作此書時的美國環境相對照和相區別。

《自由憲章》是一本原理式的通論式的著作。它以自由這一概念為中心，進行宏大的分析與論述，基本內容分成導言、一、二、三編以及跋。

第一編「自由的價值」，論述自由的概念，它的重要性及其功能。它涉及各種文化賴以生長的因素。本編包含哲學、政治學、倫理學和人類學的諸種內容，相當理論化。

第二編「自由與法律」，從哲學層面進入制度層面。這裡所謂制度，是指源流自西方其主旨用於保護個人自由的法規的一系列發展，這裡主要涉及法理學範疇，並從歷史的眼光研究與自由有關問題。但這裡的研究取徑，既非律師和法律專家的方法，也非歷史學家的方法。作者強調的是理想的生長。這一理想，大多時間都是晦暗不明，極不全面，甚至被權力遮蔽。為了回答當代的基本問題，必須對此有清晰的論述。

第三編「福利國家」，把一些原則應用於現代緊迫的經濟問題和社會問題，以便一一檢驗。作者所選擇的待檢驗的問題，局限於一定範圍。它試圖說明，當我們面臨多種選擇時，若選擇錯誤，則將置自由於危險的境地。這裡的討論想闡明的是，追求的目標雖然相同，但倘若方法有異，結果仍會不同：有的可能增進自由，有的則會摧毀自由。涉及此類問題，單單靠經濟專家並無法提供正確的政策導向，需要進入一個更為廣闊的架構內，才能獲得解決。這裡的問題極為複雜，數量亦繁雜眾多，不可能在一編的篇幅內進行詳盡討論。但為了該書主要目標的闡明，仍然需要縱橫交織的自由的哲學、法學和經濟學各領域的系統研究。

儘管海耶克承認本書有確定的價值取向，但他仍不願意把諸如「個人自由」的價值觀當做天經地義不容爭辯的前提，仍然對此類

價值作了深入的論證。他反覆申論，「自由」不僅是一項特殊的價值，更重要的，它還是大多數其他道德價值的源泉及其條件。自由社會向個人提供的，不僅是個人能否自由生活的問題，同時，自由人組成的社會蘊涵有無窮的創造力，提供出前所未有的優美事物與品味，而與扼殺人類創造力的不自由社會劃然而別。

應當看清楚的是，與《通向奴役的道路》一樣，《自由憲章》的基本問題是面對近百年來自由主義的被忽視與衰落，面對社會主義以及其他各種集體主義、民粹主義和完美主義的強悍進攻應運而生的。即是說，它是自由主義處於逆境時的一記反擊，一次奮發，一輪新生。

海耶克這一代人所具有的眾多新鮮經驗，是自由主義的前輩——麥迪遜、密爾、托克維爾和洪堡特等思想家——所未曾經歷沒有預見到的。特別是共產主義和法西斯主義這左右兩翼的集體主義極權主義，以天堂般的社會終極目標為號召，以巍峨龐大的理論體系為包裝，以經濟平等的訴求為口號，向自由主義發起了空前規模的進攻。可以不誇張的說，這是全人類命運所面臨的一次嚴峻的考驗。

而海耶克代表他的時代的自由主義，作了系統的理論回應，這就是《自由憲章》。

《自由憲章》包羅廣泛，結構謹嚴。以下討論的，是它在幾個核心問題上觀點及其論證。

第二節　自由：涵義的深化

雖然，早在《通向奴役的道路》一書中，海耶克就對於個人自由有嚴重威脅的種種思潮與政策作了深入的解剖，但那主要是從反

面闡述。而從正面著墨，闡釋自由真義的任務，就落到了《自由憲章》的身上。

海耶克首先定義說：「自由即人的這樣一種狀態，其中一些人對另一些人的強制 (coercion) 被減少到社會所能達到的最低限度。」這一定義顯然蘊涵著T. H. 格林(T. H. Green)最早提出，而由伊賽亞·柏林爵士 (Sir Isaiah Berlin) 精細發揮的對自由概念的著名劃分，即存在積極自由(positive liberty)與消極自由(negative liberty)兩種。而海耶克所認同的乃是消極自由，即他人壓迫之不存在。他所強調的「強制」，基本是指人為的因素。譬如他指出，若某人登山時墜入冰雪窟窿而無法自拔，則很難說他是不自由的。雖然其客觀境況使他無法脫身，但是卻沒有人在強迫他或禁止他做某事。

海耶克考察了歷史上常見的對自由的幾種定義。

首先，是所謂「內在自由」(inner freedom) 的概念。它指一個人只有在做他應當做的事情時才是自由的；若他憑衝動而非理性去行事，則他是不自由的。按此定義，即使沒有外人強制，某人也可能是不自由的。一個人之被奴役，不僅是強制的結果，同樣也可能是被感情操縱的結果。因為照柏拉圖的說法，一個人若被情欲所駕馭了，他就會做一些不僅可能是邪惡的，同時也是違背他自己意願的事情。若某人幹了他根本上不想幹的事，難道還是自由的嗎？

但海耶克認為，情欲和理性之間的上述衝突同自由與否並不是一回事。因為照前面定義，自由與被強制互相對立，而與「內在自由」對立的並非被強制，而是道德弱點。既然道德弱點與被強制並不相同，則「內在自由」與個人自由也不能劃等號。

但是，上述論證並不妨礙「內在自由」與個人自由有某種程度上的聯繫。事實上，如果某甲要求某乙去殺人，乙不願去並視之為

罪惡。但甲以斷交相要挾，乙被與甲保持友誼的欲望所控制，終於去犯罪了。這裡，乙是否受到強制？按海耶克，沒有。但乙卻有道德弱點，他喪失了「內在自由」，他的道德理性被情欲所征服，然而他仍是自由地作出的決定。

不過，倘若甲以槍威逼乙去犯罪，恐怕乙的行動就是不自由的了。這裡顯然是有程度的差別的。

要言之，「內在自由」與個人自由不同，雖然在某種程度上二者是有聯繫的。

其次，是把自由定義為政治自由。即，只有當一個人參與制定集體決策或政府決策時，他才是自由的。法國人盧梭是這一觀點的重要代表。眾所周知，英國本是公認的自由之邦，但盧梭認為，英國人只是在參加選舉那一刻才是自由的。海耶克反對這種看法，他認為個人自由與政治自由是兩碼事。他甚至說，人們可以用政治自由投票把自己選為奴隸，從而喪失個人自由。簡單地說，政治自由是回答「誰來統治」的問題，而個人自由則是回答「我被統治到什麼程度」的問題。

第三，是把自由定義為積極自由即肯定性的自由，即是做某事的能力和權力(power)。在海耶克看來，這一定義是晚近才出現的，也是他最為深惡痛絕，並集中力量抨擊的概念。他把這一定義與社會主義的出現聯繫在一起。因為這一概念與對財富再分配的要求有邏輯上的關聯。本來，按照我們的普通語言的邏輯，沒有人禁止你買汽車，則意味著你有買車的自由。但是，積極自由的信奉者則不以為然，他們認為上述定義僅僅是形式上的。他們說，若你錢不夠，買不起汽車，即使無人禁止你買，你仍然沒有買車的自由。這完全是偷換概念。然而多年來，社會主義就是如此宣傳的。社會主義政

權總是論證說：在資本主義社會，窮人有餓飯的「自由」， 有露宿街頭的「自由」等等，因此，他們沒有任何自由。在社會主義者的這種肯定性的自由概念中，自由是與權力、財富和能力相關的東西，自由成了做某事的能力，「成了能夠為所欲為的實在權力」。這是海耶克不能容忍的。他指出：

> 一個一文不名生活不安定的流浪漢比一個應徵入伍的具有完全安全保障和相對舒適條件的士兵更加自由。❶

海耶克後來在《法律、立法與自由》中更進一步指出，當代，「權利」(rights)這個概念正在逐漸被濫用。他甚至舉出響徹四海的聯合國「世界人權宣言」作例證。其中有一條規定指出，人們作為社會成員有權享有帶薪假日，共享科學進步以及由科學進步帶來的各種好處。然而，海耶克論證說，倘若某人有權享有某一種東西，那麼，另一個人就有義務提供這一東西，社會正義以及新的社會經濟權利，「其理論基礎就是把社會解釋成一個經過精心計劃的、其中所有成員都能夠得到雇用的組織。」❷但是在一個市場社會中，這些權利都是沒有意義的。因為在這種社會中沒有誰有義務來提供這些權利。而要想把這些權利變成實在的權利，社會就得由一個流動的過程變成一個無所不包的組織，因為只有在有人為某些事情負責

---

❶ F. A. Hayek, *The Constitution of Liberty*, The University of Chicago Press, 1960, p. 18.

❷ F. A. Hayek, *Law, Legislation and Liberty*, Vo2., Chicago & London: The University of Chicago Press and Routledge & Kegen Paul, 1976, p. 104.

的情況下，另一個人才談得上有權利。

很顯然，海耶克關於自由的定義是與我們對「強制」(coercion)的理解分不開的。他認為，強制既指施加危害的威脅，同時還指某人藉此實現某種行為的意圖。根據這一理解，暴力並不就完全等於強制。如，夜晚搶劫銀行保險櫃，就不一定是強制。而有些強制，也不一定訴諸暴力。例如，如果我們生存和行動的一切手段都操縱在他人手中，操縱者不施一刀一槍，就能使我們去做本來不願做的事。這也是一種強制。為防止此類強制，必須保障個人有其獨立的私人領域。私人領域就是個人所控制的包括私有財產在內的範圍。它是政治統治不能進入的領域。它保障了我們免於被他人強制，從而就保衛了自己的自由。

通過對「強制」的分析，海耶克把私有財產得到保障的市場秩序，看作個人自由的根本保障。他指出，就市場的雇傭情形而言，只要仍然存在其他就業機會，雇主就不能對雇員施行強制。而在社會主義國家，在國有制情況下，由於國家是各種服務和就業機會的唯一提供者，因此，它就擁有無限的強制權力。正如托洛茨基所說的：反對社會主義國家，就意味著飢餓。

因此，海耶克反覆要論證的結論是，自由是市場經濟固有的基本特徵，而非市場經濟則是內在的不自由的。

我們注意到，海耶克對自由的討論，主要著眼於經濟層面，從更大的範圍說，主要著眼於行動的自由。他的焦點，也著重在市場對於自由的巨大意義上。對於言論自由、結社自由和宗教信仰自由卻著墨很少。原因之一可能在於他作為一個經濟學家關注重心的職業傾向，此外，他所以屢屢強調行動自由的重要性，另一個原因也可能是他認為言論出版自由、結社自由和宗教信仰自由等內容，已

由前輩自由主義者作了充分的闡述，沒有什麼新鮮獨特的內容可以添加了。他只是在《通向奴役的道路》關於思想的國有化的部分對思想言論自由作過令人印象深刻的論述。當然，即使在那裡，這些思想也是在論述財產的國有化的邏輯後果時才呈現出來的。

第三節　自由與平等：兩難困局

眾所周知，自由與平等的衝突，它們之間的兩難局面，一直是政治哲學處理的中心課題之一。而近一百多年來社會主義思潮的洶湧，都與平等訴求的高漲緊密相關。雖然，追求平等的人們的多數，都否認他們要的是結果的平等或事實上的平等。但若仔細分析其訴求，最後可以發現他們難以避免其實質，即這種「一切人事實上平等」或「一切人事實上基本平等」的政治要求。而海耶克極力抨擊的，正是這種平等訴求。

（一）平等主義之危害

在海耶克看來，人性的變化是無窮無盡的。人類個體之間的差異性，乃是所有造物之中最大最顯著的。人類的尊嚴，正是建立在其個體的獨一無二的獨特性上面。如果人們之間的差異不重要，則自由也就不重要，個人價值就更不重要了。

既然人們事實上存在差異，則平等待遇的結果，法律面前人人平等的結果，必然導致結果的不平等即事實的不平等。而如果要使人們獲得事實上的平等，則勢必差別待遇，從而破壞法律面前人人平等的原則，最終摧毀法治。法律面前人人平等與事實上物質上的平等，不僅不同，而且相互衝突。二者只居其一。

其次，倘若強行實施結果平等的制度，將使整個社會喪失動力。如果人們知道，無論自己如何努力，最後卻並不影響自己與他人相對的社會經濟地位高下，則人們必定喪失工作和創造的動機，整個社會缺乏競爭，社會必趨懶惰，喪失活力，從而逐步貧窮化，最終走向衰亡。

第三，要達到「事實上的平等」， 邏輯上就需要一個超越法律的仲裁機構——掌握最高權力以便分配物質與精神財富的機構或個人。這就為超越法律之上專橫權力留出了空間。這種為製造國民的平等地位而強制使用的再分配的政治權力，是自由社會不能容忍的。

第四，今天的奢侈品，就是明日的必需品。現在，在北美、西歐和日本等地，即使是生活較貧窮的人，也已經能擁有汽車、電視、冰箱以及飛機旅遊的生活水準。這是由於，在此之前，一些收入豐厚的人已能負擔當時的所謂奢侈品（如上列各種）的開銷。正因為前人已開闢了這種生活方式，所以後人的跟進實踐，也就容易得多了。今天一些東西所以被視作奢華浪費，不過是因為它們目前只被少數人享用，而大部分人暫時還無力消費而已。但是，從長遠看，這不過是另一種生活方式的實驗而已，實驗的代價已經由今天的富人支付了，將來擴展開來則成為大眾的生活方式。激進的平等主義者只是空洞地譴責財富的不均，卻又提不出切實的改進分配的良策，只是一味地造反，否棄一切，從零開始，創造「美好的新世界」。其結果，徒然使國家和百姓元氣大傷，並且創建了史無前例的新暴政。

他們不知道，即將被試行的並於不久將被擴展的事物的範圍日益增大，加上經驗和實驗的積累，從而提供給大眾的享受，都是由過去的財富不均才可能創造出的奇蹟。在大眾能享用之前，開初的步驟業已啟動、實行，那麼前進的速度必將大大增加。很多發展和

進步，開初如果不在少數人中間使用，則其未來普及於大眾就更不可能。如果欲等到所有人的生活狀況都改善之後，才去創建使一切人均能享受的更新的事業，那將如等待天堂降臨一樣，遙遙無期，而實際的結果，則只能是永遠的普遍貧窮。

計劃經濟體制內，為求發展，亦不免有不均之現象，其唯一區別於自由社會者，僅為：計劃經濟的不均與不平等，是特殊的個人或機構的意志所造成的，而自由社會的不均與不平等，則是憑藉市場功能及機制產生的，大家開初的機會的不均等程度是遠小於其結果的。

在國際範圍內，有各國發展水平的差異問題，這往往引起情緒化的議論。其中「世界體系理論」、「依附理論」等是最為流行的代表性理論。富國與窮國的區別成了不道德和道德的分野。但是，試設想，倘若在現代文明興起之時，存在一個世界性的權威，嚴格禁止有人或一部分或國家較為領先，並保證每一步驟的物質利益需嚴格平均分配於世界各部或各國、各人，則整個世界將變成何種景象，那是不堪想像的。它導致一人或一機構有完全自由，其餘人則全無自由的境地，無人可以忍受。

富國之富，主要原因在於擁有較高的科技知識；反過來，財富又使之有能力從事新的昂貴實驗和開發，增加新知識。這是正反饋的過程。

但知識一旦確立，就成為「公共財」「自由財」，人人得而用之。且開發創新費用浩大，後起者欲達同一水準，費用則遠為低廉，這是不可否認的事實。

因此，國家之間有貧富差異存在，從總體上看，有助於所有國家和地區的進步。

海耶克一再承認，經濟的不平等確實是社會的弊病之一，但我們絕不能由此而採取差別對待的歧視性壓力或特權方式來糾正該不平等。他說，「重視某一特殊目標，並不足以導致必須使用壓力的理由。」反對通過使用壓力而達成「平等和公平」的分配制度，並非意味著對公平分配棄置不顧，並非對貧富兩極對立熟視無睹。但是，他認定財富的普遍增加能逐步減少物質分配的不平等。例如，在他的眼光中，美國的發展就是一個例子。即，他並不認為美國的貧富差距是人類的基本良知所絕對不能接受的。

此外，只要不侵害到自由社會的基本原則，他也不反對政府採取一些合法行動，以降低貧富不平等的差距。例如，在繼承法中，倘若某類規定，比較其他規定更有利於縮小貧富之差距，則該規定是有其更堅強的理由被採納的。在《自由憲章》第十七章中，他指出：

> 當今之世，已經沒有人把政府的活動限制於個人的最小範圍內。這一主張過去雖然曾有人讚賞，但從未真正實施，也並非古典經濟學家的主張。所有的現代政府都要對貧窮、不幸和殘廢的人們提供救濟，也要關切保健與衛生問題，還需注意普及教育問題，這些純粹服務性的工作應當隨社會財富增加而加強，這是毫無疑義的。

但上述功能絕不可走的太遠。他認為，「如果政府不僅圖方便使個人（在健康、就業、居住、養老等方面）獲得一定的標準，並認定使每人獲得此標準僅僅能憑藉一種方法，也即剝奪任何人的選擇與取捨的能力與機會，則這種福利國家必然成為一個大家族國家。在

該國內，家長有權力控制社會所生產的大部分，根據政府自己對國民的認定，代為決定誰需要，誰值得分配這麼多，並以定量、定形的物資分派於個人。人民從此變成家長豢養的對象。」　這顯然已逐步變形為類似共產國家了。

（二）關於機會平等

雖然主張市場經濟的人反對財富事實上的平等，但他們另外有一類平等主張，曰機會平等。這確實是個值得仔細澄清的題目。因為它對人們直覺的感染力是如此之強，並且長期被各種人士推銷，所以有必要深入討論。

海耶克本人反對所謂機會平等。他論證說這類平等仍然可能導致極權主義。他指出，一個人生活中的最初的機會是由許多物質和社會的境況決定的。為了保證每一個人的初始機會相等，政府就必須對各種境況進行控制。倘若政府無法向每一個人提供某些其他人能夠得到的機會，它就必須阻止那些「其他人」去利用他們的特有機會。這樣，政府就被賦予了對個人生活進行控制的獨斷專行的權力，並損害到市場秩序的基本運行。因為市場原理的基本點之一正是鼓勵人們運用別人可能得不到的機會的。

若要達到機會平等，就需要對一切行動和境況實施極其細致的控制。如果真做到這一點，將導致家庭生活的毀滅。機會的不平等很可能上溯到上幾代人的決定和行動。即使是選擇在何處居住也會影響到一個人的原初機會。何況，在某些情況下，父母根據對孩子的可能的影響的考量，作出了在某地居住的決定。如果追求機會平等，政府勢必代替人們作出決定。否則它就必須嚴屬控制，不使一個地區比另一地區致富的機會多。

（三）關於平等的受教育權利的問題

現代關於平等的爭論還有一個熱點，就是何謂受教育機會平等的問題。

是否應強制使受教育機會獲得平等？

如果實行強迫教育制度，如下的問題不可迴避：如何提供這種教育？對社會上所有的人提供多少強迫性義務教育？如何篩選應受更高等教育的人？誰負擔他們各自的教育開支？若採強迫教育制度，對一部分家庭，可能不堪負擔，因此必然要由公共經費開支，問題是，多少教育應由公費開支？應當以什麼方式供應？

更重要的問題是，政府在財政上支持教育與政府全盤管理教育是完全不同的兩件事，二者絕不可以等同視之。

海耶克特別舉了普魯士時代之後的歷史線索來討論國家教育問題。當年，因受那破侖侵略威脅之刺激，普魯士由國防之需要而欲建設一個強盛而有組織的國家，因而實行了全盤的國家教育制度，並一時風行，成為他國的模範。當然，這一方法，確使普魯士的教育水準普遍提高，並促進了它的經濟迅速崛起；之後，又使全德國的經濟興起。問題是，回顧歷史，普魯士這一政府主管教育的方式，使在以後的一段歷史時期內（特別是俾斯麥和希特勒時期），籠罩著濃重的軍國主義陰影，其國家控制的教育驅使國民毫無反省地服從國家命令並趨赴國家目標，最終給人民帶來了巨大的災難。

上述歷史，引人深思處還在於，提倡和研究上述普魯士全盤國家教育制度的，不是別人，正是早年極力反對國家教育的自由主義思想家洪堡特 (Wilhelm von Humboldt)。只是由於祖國面臨危機，就使他放棄了早年一直堅持的原則。這是很令人深思的一件歷史

事例。

　　當代有些國家,如本世紀八十年代之前的所有社會主義國家,都採取高度極權的政府管制教育制度的國家方針。比歷史上的某些執政者更有甚之。尤為嚴重的是,它們還在教育中灌入了強烈的國家意識形態色彩。這就給予政府機構以極大的權力以控制國民的心靈,它無疑已經超越前人,成為一種更為強烈的思想控制和文化專制制度。

　　除上述弊病外,如果實行國家教育制度,還有以下的困難無法解決:

　　對於一個多民族構成的國家,由誰控制教育制度及學校體制的問題,必將成為各民族激烈紛爭的淵藪。如在過去的奧匈帝國內部,就曾發生這種劇烈的鬥爭。

　　即使對倫理上較為一致的國家,也容易造成政府自身不受監督地全面控制民眾。

　　教育能控制人類心靈的程度越高,而且管制教育的權力落在一個壟斷性權威機構之手,則這裡的危險也就越大。實際上,為何教育能提供人們以各種各樣的發展機會,原因在於每個人的個性及稟賦不同。而我們迄今也對何種教育方式能導致何種成就知之甚少。鑒於個人的天才和創造性的不可窮盡性,因而教育的制度與方式也應當多彩多姿,才能創造某種制度之間方法之間相互競爭的環境。

　　現代出現的最危險的情勢之一,是來自心理技術領域的所謂控制人的心靈和鑄造人的品性的方法,而教育就是實驗此類技術的最大的實驗室。因此,在教育界,最重要的任務莫過於嚴格防止運用高科技以「改造世界觀」、「改造人類」,使國民「成為脫胎換骨的新人」。在這裡,基本的預防措施之一就是,防止政府成為教育的

主要提供者與管理者。

這實際上是非宗教的世俗時代的「政教（教育）分離」原則。

海耶克有關教育的基本結論是：除了提供財政支持外，國家不宜出面主辦和提供教育。而照顧兒童身心及其教育和福利的最佳角色，仍應當是其父母或監護人。強制性的國家教育，很可能成為政府愚民政策的工具。

眾所周知，機會平等的問題在很大程度上還涉及遺產繼承制度，海耶克的這些方面的基本討論我們留待到第七章關於遺產稅中去分析。

簡言之，關於平等，海耶克所主張的唯一平等是法律面前的平等，經濟上的分配平均化問題與正義並不相干。這雖然是古典自由主義的老話，但正是它，一百年來引起了眾多的爭議。首先，有學者就指出，「法律面前的平等」只是具有正當性的法治原則的初步，關鍵在於法律本身是否具有正當性。是否有「法律之中的平等」?這就把平等問題引導到立法的基本原則上了。因為「法律面前的平等」是講法律適用上的平等原則，是法律秩序固有的最基本的要求。而真正的平等問題，深置在法律的具體內容之中，實質上是一個價值判斷。它探討法律是否正義的問題。

第四節　社會正義的歧途

這就引起了有關何者為「正義」的現代政治哲學的重大辯論。

海耶克是用所謂「超立法原則」(meta-legal doctrine) 來回應法律正義性問題的，我們將在後面的法治部分討論。讓我們先考察一下其他學者的回應。

在本世紀七十年代，哈佛教授羅爾斯(J. Rawls)以煌煌巨著《正義論》(*A Theory of Justice*)重新闡述正義的涵義並修正了古典自由主義的基本原則。揭開了政治哲學基本原則討論復興的序幕。他雖然承認自由原則的優先性，但也把經濟平等的問題列入了他的原則考量之中。他的兩個正義原則可概括如下：

第一正義原則：每個人對與所有人所擁有的最廣泛平等的基本自由體系相容的類似自由體系都應有一種平等權利（平等自由原則）。

第二正義原則：社會的和經濟的不平等僅僅在如下兩種情形下方可容許：1.在與正義諸原則一致的情況下，適合於最少受惠者的最大利益（差別原則）；2.在機會公平平等的條件下職務和地位向所有人開放。❸

很顯然，第一原則為保障自由，並且該自由權利人人平等。第二原則則旨在縮小社會地位差距（的極大值），即在可能的條件下提升經濟地位最低者的利益。在二者僅居其一的情勢下，第一原則優先。

羅爾斯雖然對個人自由的排序為優先，但對經濟平等則網開一面。

哈佛的另一位教授諾齊克(Robert Nozick)接著在1974年出版了《無政府、國家與烏托邦》(*Anarchy, State and Utopia*)批評羅爾斯的關於分配平等的主張，認為由國家來實行財產再分配必定侵害到基本自由。諾齊克的基本原則是：個人擁有未經自己同意不受人身傷害，自由不被限制及財產不被剝奪的基本權利。基於這一原則，

❸ John Rawls, *A Theory of Justice*, Harvard University Press, Cambridge, USA, 1971.

人們可以奪回自己被偷搶的財產，有權保衛自己的人身自由。但是，他進一步申論說，問題在於，倘若每人在權利被侵犯時都訴諸武力，則必然天下大亂。鑒於此，國家對武力的壟斷權有其道理。他的結論是，國家的權限只能到此為止。此即他的「守夜人式的國家」的理論。因此，除了警察、國防等此類事情，其他任何事也不可做。他的論證精巧、複雜而雄辯，因此，顯得相當有說服力。雖然大家都知道，現實中國家做的遠比他所說的「守夜人職能」多。然而他理論上的前後一貫和機智巧妙仍給人以極深的印象。

在有關財產權方面，諾齊克所提出的是一種縱向性的歷史理論。即，他關心的是財產的轉讓方式是否公平合理，而不在乎財產的橫向比較，不在乎在此時此刻誰富誰窮，何人擁有多少財產。在他看來，若某人的財產是通過自願轉讓（如贈送、交換）獲得的，則他的擁有就是公平的，若是從他人那裡偷竊搶掠而來（或他人是偷搶而來），則其擁有是不公平的。橫向的貧富格局是無關乎公平與否的。他通過著名的「球星張伯倫致富權利」的精巧論證表明，如果為了「均貧富」的目的而干涉財富的交易，則必定會損害基本自由。

可以看出，海耶克與諾齊克的理論在原則上是基本一致的，都是把「個人權利」放到了絕對不容侵犯的地位，特別是在財產權利方面他們之間的共鳴更多。而羅爾斯則只是認為「個人權利」在排序上優先於「經濟平等」而已。雖然如此，我們還是可以看出海耶克與諾齊克的差別。在諾齊克那裡，邏輯清晰，概念明確，或是白色，或是黑色，沒有中間地帶，不存在灰色。在海耶克那裡，不僅有灰色地帶，甚至有人類理性不能穿透的深淵。這導源於二人哲學觀的不同。諾齊克是典型的理性主義者，海耶克則對理性主義持至

深的疑慮。諾齊克仍然企圖預設一個公理式的「公平原則」來指導
社會的生存方式，並壯大其根基。而海耶克則根本懷疑能夠以「公
平原則」來規劃社會的發展，他更加信任社會自發演化出來的秩序
和原則。

　　當然，與海耶克政治哲學距離更遠的仍是羅爾斯的理論。因此，
不難理解，在當代自由主義內部，海耶克是把羅爾斯當成自己的主
要理論對手的。他直接批評說羅爾斯的謀求社會正義在事實上是不
公正、不道德，並且也是徒勞的。如果有人企圖在一個市場社會中
尋求社會正義，我們只可能通過發放給他並非由市場決定的額外薪
水來滿足他。但能夠享有這種額外好處的必定是部分人。在一個充
分發揮作用的市場中，這是一種並非所有人都能得到的特權。於是，
政府就是用一種方式對待一批人，用另一種方式對待另一批人，形
成雙重標準。這顯然是不公正的。倘若某人想把市場的內部規則變
成一個無所不包的外部（指導）規則，以此來達成社會正義，那麼，
社會裡的人就不能運用他們的知識去爭取自己的目標了，他們必須
把他們對自己行動所應當負的道德責任讓一個負責進行指導的首腦
來承擔。由於擺脫了自己應負的道德責任，因此顯然是不道德的。
況且，即使一個過程（市場）被轉變了一個實體（社會指導機構），
我們同樣不能達成財富的公正分配。因為沒有什麼規則能使我們確
定所有不同行業的相對價值。即，當與一個農民、醫生、演員和教
師相比較時，有什麼規則能夠確定一個電工該掙多少薪水？

　　因此，海耶克認為，如果千方百計要想建立一個公正的金錢報
酬模式，它必定引導我們走向極權主義。所謂社會正義就是干預市
場以使某些人獲得某些（非市場提供的）收入。如此，必定使工資
和價格失去作用，這就導致個人活動的協調問題，而要協調眾人只

有通過集中管理的辦法。況且,政府一旦為了某些人的利益控制工資,根據公正原則,它無法抗拒地要為所有人做同樣的(控制工資的)事。而這,就是極權主義。

他還批判了一種流行看法,即自由市場之所以公正,是因為市場的確把報酬給了努力勤奮工作的人,肯定了自我奮鬥或自我犧牲這些個人道德價值。海耶克認為,收入高低不僅受勤奮程度影響,同時也受天生才具、運氣以及偶然因素影響。譬如,有兩個歌唱家每演出一次都掙一百美元。但其中一位是天生好嗓子,另一位則是通過長期勤學苦練、艱難奮鬥才練出好嗓子的。但付給他們的報酬並未考慮到他們是否具有勤奮工作的優秀道德品質,而是視其最後效果。因此,把工資和價格看做對於過去努力的報酬,這一觀察是錯誤的。價格的目的是要引導個人的經濟活動,如果想按個人道德價值去進行收入分配,其結果就是人們必須去判斷個人努力的程度,這樣的話,價格的功能將被扭曲,市場的自發性秩序就會被破壞。

簡言之,對於公正問題,海耶克是回到古老的直覺:只有競爭的方式才有公正不公正的區別,而競爭的結果是無所謂公正不公正的。

後來,他在自己的《致命的自負》一書中進一步批判了羅爾斯的《正義論》。

海耶克認為,要求自然的演化過程滿足正義的道德標準是完全不合適的——不管此種要求是針對以往,還是目前正在進行的變化。因為直至現在,演化過程仍在進行之中。人類文明不僅是演化的結果,它本身也是過程。這一過程創建了一套普遍適用的個人行為規範和個人自由原則,在這些原則規範下,文明本身不斷地演化下去。這一過程不僅不照人們的意願而運動,而且其後果往往令人失望。

在海耶克看來，堅持一切未來的變化都必須是公平的，無異於要求演化停止。而文明演化之所以引導我們，正是由於它產生了我們未曾料到的新事物。既然不能知道它們，我們又何從判斷其道德是非呢？

演化是無所謂正義不正義的。市場是無所謂正義不正義的。

除了通過市場，沒有人能夠判斷任何人對於全部產出的貢獻是多大；並且，假如不通過市場，也沒有人能夠判定，為了促使某人從事對產出最有貢獻的工作，應當給他多少報酬。

在海耶克看來，羅爾斯主義的世界，將不會得到文明。因為根據羅爾斯的主張，由於機緣僥倖而產生的個別差異都須鏟平，因此，大部分可能被發現的新事物將被封殺。而且，我們也再不可能得到那些讓我們自求多福的訊號，那些唯一能告訴我們每個人應該做些什麼才能維持和增加生產水準的訊號了。

（一）關於契約主義的問題

海耶克不贊成「社會契約論」。這與他的思想中強烈的演化論色彩有關。他指出，正義並非是由協議而建立起來的，相反，正義恰恰是存在於沒有協議的地方。注意，這是就社會總體而言的。與此相對照，在市場行為中，他特別強調誠實守信遵守契約是重要的道德規範之一。但是，這些規範是在長期演化歷程中出現和保留下來的，因為它們給了遵循這些規範的人群以巨大的生存利益。

在《自由憲章》第四章中，海耶克指出，休謨等蘇格蘭啟蒙哲學家反對「社會契約和睿智的立法者創立了文明社會」的觀念。認為這種觀念是「設計理論」的明顯產物。而「法國大革命的理論家塞依斯(Abbe Sieyés)曾經讚美『革命議會使人們第一次從自然條件

下脫穎而出，為簽署一項社會契約而努力。」」就是其典型表達。

　　仔細考察這裡的基本問題，人們不難發現，海耶克是從歷史事實的角度來反對契約主義的，這是「實然」的角度。而羅爾斯則是從正義理論的角度來主張契約主義的，那是「應然」的角度。因此，這裡，理論上的交鋒並未能正面碰撞。

（二）「烏托邦」的社會心理根源

　　「烏托邦」思想在歷史上源遠流長，傳統深厚，它本身也是歷史演化生長出來的現象。法國人孔多塞(Marquis de Condocet)曾說：「也許我們沒有人有可能生活在理想社會中，但是每個人都有想像理想社會的權利。」 因此，指出「烏托邦」主義的危險固然必要，但是如何正視並尊重這一事實，因勢利導，使之成為增進社會福祉的動力，而不是浩劫的淵藪，恐怕也是同等重要的。

　　海耶克自己亦深知價值理念的重要。他在《自由憲章》第二章裡指出：

> 一個人群是否會繁榮昌盛亦或是走向衰微乃至滅亡，依賴於該群體所遵循的道德準則以及抱有的美好和幸福的理想。因為這種理想乃是該群體行動的原動力，其重要性絕不亞於該群體業已學得的如何滿足自身物質欲望的各種技能。

　　行為的善惡不再視它追求的目標而定，而是取決於它是否遵守某些抽象的規範。就勸人為善而言，所有的道德系統都贊成利他行為，但全部問題在於如何實現利他的目的。利他主義者認為每人凡事都必須確定對於特定的他人會產生的可觀察到的有利效果。這一

原則不僅無助於形成延續的秩序，甚至與它不能並存。但是市場的道德（如對個別財產制度與契約的尊重），卻引導我們行善於人。延續的秩序超越了個人的無知，它達成了徒有善意無法辦到的事。

人際合作所以能擴展延伸到個人觀照得到的範圍之外，必要條件之一就是抽象的行為規範取代共同目標，用以約束越來越多的人際合作行為。

至於前面提及的「法律本身是否正義」的問題，在海耶克那裡，就是是否合乎「法治」的問題，具體而言，即是否合乎所謂「超立法原則」的問題。我們將在下節集中討論這點。

第五節　自由的守護神：法治

（一）海耶克法治原則的肯定與否定層面

前已談到，海耶克的《自由憲章》脫胎於他的開羅演講——「法治的政治理想」，因此不難想像，法治觀念在該書中占有的根本重要性。

海耶克賦予法治以自由主義核心的地位，視之為自由的基礎。他的思想基本上遵從自然法原則（但他不用「自然法」這個詞）。在他的體系中，法治具有超越性、普遍性和至上性。海耶克的法治要點有三：

第一，普遍性，抽象性。承認「元法」（meta-legal rules，即超立法原則）的存在。

第二，公開性與確定性。

第三，平等性。這裡的平等指且僅指在法律面前的平等。

海耶克批判了四種法學理論及其運動: 1.法律實證主義 (legal positivism); 2.歷史主義 (historicism); 3.自由法學派 (the free law school); 4.利益法理學派(the school of jurisprudence of interest)。

在海耶克看來,法治與「合法性」(legality) 是不同的概念。由國會制定出來的法律是有合法性的,但卻不一定符合法治。是否符合法治還要看該法律是否符合元法,即超立法原則。這就使他與法律實證主義劃清了界限。

法律實證主義影響很大,它是完全形式主義的法學理論,不承認自然法觀念,不承認任何超立法原則。實證法排除法律的任何道德涵義,而視之為形成社會秩序的純粹技術。它認定法律問題是一個中立的科學問題,而否定了其價值內涵。它確認,凡由立法機關通過的法律,即是眾所應遵守的規範,應予無條件認可,而並不過問該法律是否合乎道德價值。

海耶克認為,在自由社會中,法律基本上是被發現而非被製造的。他與自然法學派的共同點是,在一切現行的有效法律之前,早就有許多規律存在了。這些規律都不是出於任何頒布法令者或立法者之手。而現行法律的有效性正是來源於這些規律。它們不是被制定,而是被發現。並且提供現行法律是否符合正義的標準,提供它們是否使人信服的原理。如果一定要用「科學」一詞,他也執意要加進價值特徵,因此他認可薩維尼(F. C. von Savigny)的法律是「自由的科學」(the science of liberty)的說法。這裡的法律,其實是海耶克所稱的律則的法律化。海耶克在《個人主義與經濟秩序》一書中指出:

　　律則的作用,乃是作為人們做決定時的參照標誌。因此,律

則應當以長期的效用作為自己的原則。

　　他特別反對用權宜之計的命令來代替就正常情況而制定的具有長期性的法律。

　　利益法理學派與當代美國的法律實在論類似，並不重視法律條款的形式規定，聲稱反對繁文縟節，特別強調實際案件中特殊利益的評估。

　　自由法學派主要關切刑法。主張盡量使法官從固定的法律規定的約束中解放出來，根據自己的「正義感」判決案件。故與利益法理學派有精神相通之處。在海耶克看來，二者對開闢獨裁政治與極權主義負有重要責任。

　　歷史主義學派——（注意，不是歷史法學派。歷史法學派由薩維尼等人為代表，為海耶克所認同）——主張歷史有其發展的必然規律，我們能夠從對於未來的洞見中，獲得何者為當前所適宜的制度形態的判斷。他們不相信我們自己本身就是自己時代的產物，不相信自己在很大程度上被我們所繼承的觀念所束縛。歷史主義學派聲稱我們能夠超越上述限制，清醒地意識到我們的見解取決於現實環境，並且能夠運用這一知識以一定的方式重建適應於我們時代的制度。該派否定一切不能用理智證明的規律存在，也否定那種並非人為仔細設計的、然而又出乎意料的達成了某種目標的規律。因而它是反對自然演化原理的。在這方面，它與法律實證主義的主張是一致的。

　　海耶克與現實社會之間存在某種觀察距離，這使其眼光有長程的、宏觀的、直覺的和原則上的準確；當然，相應的，對於一些細節上的、技術上的、具體情景下的施政和司法考量而言，有時不盡

完全適用，需要實際政治家和法官作相機的處理。例如，海耶克所
強調的法治的抽象性和普遍性無疑是極其重要的，它反對法律針對
具體情況和特定對象作差別規定，對於行政裁量尤為忌諱，它被視
為破壞法治的人治獨斷的淵藪，這在原理上是無可厚非的。但是，
現代社會必不可免地會有一些針對特定對象的法律，如：兒童法、
破產法⋯⋯等等，不完全是一些純粹抽象的、普遍的法律。因此，
在立法時就不能完全假設「無知的帷幕」，而有對於對象群體的具體
考量；同時在立法上須預留某種彈性，以便執法者在處理時有具體
裁量的空間。這是理念與現實永遠無法完全彌合的差異。考查英國
（不成文憲法國家）與美國法律體系的運轉效果，證明這種差異和
彈性是不可免的，具體執行裁量的效果也是經受住了歷史考驗的。

（二）羅斯福總統案例與超立法原則

超立法原則是海耶克法治思想的核心。

它主要討論民主政治中對政府的絕對道德限制和對國會立法
的限制。這種限制源於海耶克思路中的「合法性不等於法治」的基
本觀念。在海耶克的思想中，存在一個法律體系的等級序列：「法
律在命令之上，憲法在法律之上，元法（超立法原則）在憲法之上。」
他認為只有這樣一種法律體系才符合法治。

海耶克曾經指出，希特勒所獲得的無限制的權力，是通過嚴格
的憲法程序獲得的，因此他的作為在法律意義上是合法的。但是，
誰能根據這個理由，稱希特勒的第三帝國是個法治國家呢？❹

在《自由憲章》中，海耶克特別指出，有一個超立法原則去控
制立法的概念，最初是由美國付諸實施的，這是美國對憲政主義的

---

❹ Hayek, *The Road to Serfdom*, p. 82.

貢獻。它強調立法機關制定具體法律時，必須遵循憲法所奠定的一般性原則。在這裡海耶克發展了過去曾於《通向奴役的道路》裡所寫的有關必須「限制立法權」的思想。他特別舉了1937年美國最高法院與美國政府衝突的案例，來說明該原則的意義及其極端重要性。

　　1937年，美國歷史上聲名顯赫的總統富蘭克林・羅斯福與擁護他的進步人士，領導了一場反對最高法院的運動，這是美國歷史上行政當局與最高法院衝突的最高潮。這次衝突，雖然最高法院也從極端的立場作了妥協，但是總的結局，導致了美國立國的基本原則再次得到凸顯與強有力的肯定，使美國傳統的法治更為持久穩固。

　　1930年代，美國所遭遇的嚴重經濟危機達到頂峰，美國總統又是多年來所罕見的眾望所歸富於魅力的富蘭克林・羅斯福。羅斯福總統深信他知道什麼是國家當時最緊迫的需要，他認為在危機時刻授予無限的全權給國家所信賴的人，這是民主政治的題中應有之義。他說：

> 縱然這一授權造就的新權力工具在別人手中或有危險，但在此時也不必考慮了。❺

　　這種只要目標合理，任何手段皆為合法的態度，與半個多世紀以來最高法院裁定案件的根據——立法的合理性，不可避免地發生了衝突。當最高法院全體一致推翻了羅斯福總統的「全國復興行政法」(the National Recovery Administration Act) 時，氣氛逐漸走向白熱化。此舉也許是最高法院最富遠見的判決，它不僅把國家從輕

---

❺　see *Essentials of Democracy*, I, first of three, "Town Hall Pamphlets,", New York, 1938, p. 21.

率設想的措施中拯救出來，而且是嚴格遵照「憲法權力」採取的行動。但是此後，最高法院中的少數保守派，根據一些並不可靠的理由，屢屢否決總統的措施，這使得羅斯福總統相信，執行自己措施的唯一辦法，在於限制最高法院的權力或者改組其成員。於是提出了著名的「最高法院裝箱法案」(Supreme Court Paking Bill)，使雙方的衝突達到頂點。1936年，羅斯福競選連任，獲得空前多數的支持。這一勝利使他感到自己大大加強了與最高法院周旋的地位，並且他也似乎說服了最高法院，使之認為總統的計劃已獲得廣泛贊成。往下，最高法院採取的戰略是，從最極端的立場退卻一步，不但在若干核心問題上轉變態度，並且在事實上放棄「適當程序條款」的運用，不再把它看作對立法的實質性限制。這樣一來結果嚴重了，因為總統也被剝奪了最強有力的辯詞。原因是總統也不能否定立法應當受到更高的超立法原則的限制，否則聯邦政府的權力也將受到削弱。最後總統的措施在參議院中被完全推翻，其實當時羅斯福所屬的民主黨在參院中還占有壓倒多數，但也無力回天了。正當羅斯福的信任度如日中天之時，其聲望竟然受到如此重挫，無疑是其政治生涯中的敗筆。

美國參議院司法委員會的報告，重申了最高法院的傳統責任，明確堅定而富於歷史感，堪稱美國對法治下的自由這一人類理想的重要貢獻，它一開始就強調了美國的憲法體系，並以此作為基本前提：

> 比起採用任何暫時的有益的立法來，這一點具有無比的重要性，……支持延續並維持法治的政府，以區別於人治的政府。有鑒於此，我們只能重申對美國憲法具有基本重要性的

各項原則。……如果負有最後解釋法律責任的最高法院必須
附和一時流行的情緒，這種情緒實際上是由政治方面造成的，
那麼最高法院必將屈從於一時的輿論壓力，這種輿論可能一
時包含大街民眾的狂熱激情，憎恨遠較寧靜久遠的深思熟慮，
……在最高法院處理與人權有關的自由政府的問題時，自由
政府的持久精深的哲學，不能求助於大政治家的一切著作和
行為，而必須求助於最高法院的判決。❻

　　立法機構對於限制自己權力的最高法院表達如此崇高的敬意，
這是史無前例的。美國人回憶起這段史實，均認為這一報告表現了
美國最為美好的傳統，同時也從根本上表達了美國大多數人的想法
和利益。後來，當海耶克從出租車的收音機中聽到羅斯福總統突然
逝世的消息時，出租車司機表達的哀痛感情令他永世難忘。該司機
在深情讚揚了羅斯福總統的卓越功績與偉大人格後，也公正地補充
說：「但是總統不應干預最高法院，他不應做這件事。」
　　美國憲政主義實驗的驚人成功，它所確立的立法受更高的超立
法原則約束的原則、司法複決權的運用以及在歷史上結晶下來的種
種成果，使得自由主義規範成為憲政主義，並使「成為法治政府而
非人治政府」的目標獲得堅強的保障，這也是1937年美國的護憲論
爭所凸顯的自由主義的意義。在這一意義上，美國經由保護憲法，
而確立了自由。

---

❻　75th Congress 1st. Sess Senate Report, No. 711, June 7, 1937, pp. 8, 15
　　& 20.

（三）法律的演化生成及英國的歷史典範

在海耶克看來，遵守這種超立法原則，乃是根源於個人之智能有限這一基本事實。政治人物傾向於重視自己當前的政治目標，如果沒有長期原則的制約，則容易走向專斷。

法律實證主義與海耶克的基本分歧就在於是否承認超立法原則（元法）的存在。法律實證主義根本拒絕在合法性之上還有更高的價值標準，他們的觀點是純粹形式的：只要立法機關授權，一切國家行動皆合法。而海耶克的觀點卻有明確的價值傾向，有確定屬性的實質意義，從而使立法權力受到了限制，而限制的根據就是所謂「超立法原則」。

既如此，具體而言，則海耶克的超立法原則究竟是什麼呢？

超立法原則（元法）是以自由為中心的一套價值體系，是「一個更高的法以控制立法的概念。它源遠流長。在十八世紀時，一般稱之為上帝法、自然法或理性法。」❼由此可見，海耶克的元法實際上就是西方歷史上一直存在的那套價值體系，與自然法、理性法在內容上和哲學架構上並無差別。Hugo Grotius 曾指出，自然法就是理性法，理性能夠指出一項行動本身的道德基礎，如「行善避惡」等。一切自然法學派都是從上述普遍價值信念出發，推出一大套完整恢宏的法律體系。因此，在海耶克看來，法律的基地和準則是一套既存的價值體系，但它並不是理性推出來的。法律無非是它的文字體現而已。據此，巴力門（國會）應當是「發現法律的機構」(a law-finding body) 而不應是「創造法律的機構」(a law-creating

---

❼ F. A. Hayek, *The Constitution of Liberty*, The University of Chicago Press, 1960, pp. 178–179.

body)❽。簡言之，在人類立法之前，法已經存在。所以，海耶克對立法(legislation)這一概念本身就是抗拒的。他說：

> 立法是人們有意地製造法律，可以說在所有的人類發明中，它帶來的影響最為嚴重，它的不良後果恐怕比火災或火藥有過之而無不及。立法與法律不同，法律並不是被發明的，而立法卻是人類歷史上晚近的發明。立法被掌握在人手中之後，成為巨大權力的工具，人類意圖藉它達成某些善，然而卻還未學到如何控制它以免鑄成大惡。❾

他在《自由憲章》裡指出：

> 普遍的律則是人人遵守的，不像真正的命令，它不必預設一個發令的人。此外，在普遍性和抽象性方面，它也有別於命令。……但是，……（近來）法律由於其內容日益特殊化，而逐漸接近了命令。❿

在海耶克眼中，立法是人造的、具體的、個別的和偶然的，而法律則是抽象的、普遍的、客觀的，並非理性預先設計的，而是由社會演化形成的自然規範，是被發現的。

在海耶克看來，超立法原則溯源於歷史傳統，溯源於人們在歷史中形成的普遍道德共識和共同信念。它是千百年演化的產物，絕

---

❽ 同上書，p. 163。

❾ F. A. Hayek, *Rules and Order*, p. 72.

❿ F. A. Hayek, *The Constitution of Liberty*, pp. 149–150.

非某天才或法律機構創造出來的。在這裡，英國的歷史特別具有典範性。早在中世紀時，法律的至高無上性就已經成了國王、貴族與普通市民的共同理想了。即使是在那樣久遠的年代，作為特權意義上的各類自由就已是任何人都不能侵犯的了。具有習慣法性質的《大憲章》(*Magna Carta*) 就已被稱之為「自由的憲章」(Constitutio Libertatis)，而它在事實上已成了限制國王權力、保障市民自由的根本大法了。《大憲章》於1215年創立，它特別強調了保護自由人的財產和人身安全的權利：「未取得王國內的一致同意，不得徵收兵役免除稅或捐助」以及「未經法律審判，不得加諸刑罰。」這就是《大憲章》的兩條根本原則。而在同一世紀形成的英國議會，原本就是維護憲章原則的護法機構。只是到了十六世紀王權的專制擴展，議會才變成了一個立法機構。一項行動是否專斷任意，並不取決於它的權威來源，而取決於它是否合乎早先已經存在的那些超立法原則。政府與國會的行動都受到法的限制。即，法律才是最高的權威，才是真正的國王。也正是因此，洛克才特別厭惡有一個最終權力的說法。「法的最高執行者除了法律的意志和權力之外，沒有任何意志和權力。」而歷史表明，防止權力濫用的最有效方式，就是權力的分立與制衡。捨此之外，別無他法。

（四）內部秩序與外部秩序

後來，在海耶克於七十年代出版的《法律、立法與自由》一書中，進一步闡明了他的法律起源觀。在他看來，人類社會存在兩種秩序類型：內部秩序(cosmos)與外部秩序(taxis)。外部秩序是人為創造出來的；而內部秩序則是自發性秩序，是經由根據抽象法則而相互作用的人們而形成的，而這些抽象法則是通過演化的方式產生

的。（cosmos、taxis是希臘文，海耶克藉此嚴格區分二者，同時也利於行文簡略。）

在史前時代，人類的行為法則與自然法則一樣，被看作是超然獨立於人的意志之外的。最初的國家並未創立法律，而是通過解釋、傳遞某種意旨（譬如神的意旨），推行某種先在的正義規範而使其自身合理化的。以後，鑒於法律不再被視為經歷演化而逐漸產生的，因而也就不再被看作獨立於人的意志而客觀存在的，因此它的客觀權威的性質也就不復存在，從而喪失了限制政府權力的手段的作用了。

由於規範人們的行為規則和組織管理政府的規則二者都被稱作法律，逐漸地這兩種不同規範就變得難以區別了。實際上，前者並非政府所創，後者確是政府所立。但界限混淆之後，人們逐漸以為行為規範的法律也是政府所創立的了。只有英國是例外，它的習慣法使二者涇渭分明。在歷史上，英國的習慣法，即內部秩序的規則，是法院在不受議會與國王干預的情勢下發展起來的。而議會與國王則專注於政府的組織管理，即公法。在海耶克看來，習慣法（即內部規則、演化法、私法、民法或判例法）的存在，使我們免於遭到不受限制的政治權力的控制。作為演化的結果，習慣法賦有某些特殊的稟性，使國民的自由免於被侵犯。因此，立法應當以習慣法為楷模。❶

私法的根本重要性，在於它有助於形成一種「耦合秩序」(catallaxy)。這是海耶克建議取代「市場經濟」這個詞所用的術語。

---

❶　F. A. Hayek, *Law, Legislation and Liberty,* Vol., Chicago & London: The University of Chicago Press and Routledge & Kegen Paul, 1973, P. 85.

「經濟」一詞原意是有某一目標的,而自由市場卻沒有單一的目標,它是眾多「經濟」之間的關係。在「耦合秩序」中,我們可能與別人的目標不一致,甚至根本不知道他人的目標,但我們仍與他們自由地、和平地合作。這種合作是有規則所循的。猶如在四通八達的公路網上駕駛,每一位駕駛員都有自己的目的地,目標各異,互不相知。但大家在遵守共同交通規則行為方式下,目標各各不同的汽車的運動,呈現出一種井井有條的秩序。同樣的,「耦合秩序」是一種創造財富的秩序,這種遊戲同一切遊戲一樣,有其「遊戲規則」。勝負是由技巧和機遇決定的。進入秩序的人,可能滿足了他人的某些需求,雖然連他本人也不知道這些需求究竟是什麼,但他依靠價格作嚮導,從而使自己走向提供最有用服務之地。

這樣,「耦合秩序」導致資源的有效利用,並為人類帶來最大量的財富。海耶克實際上是認為,在「耦合秩序」中,價格的作用相當於控制論中的負反饋,它被用於調整或取消你的活動方向。❷

海耶克關於法律形成的觀點,與歷史法學派吻合。該派代表是薩維尼,他雄辯地論證了法律並非立法者有意獨斷地設計製造的,而是由一種內在的冥冥操作的力量的產物。這種內在的冥冥操作的力量,就是人們的共同意識,表現為傳統與風俗習慣,逐漸演化生長成為法律。因此,與語言一樣,法律是緩慢、有機地、逐漸地生長形成的。這與英國習慣法的司法體系的形成的歷史是一致的。

此外,海耶克有關法律原則的起源和本性的觀點,也得到當代著名的自由主義理論家薩托利(Giovanni Sartori)的支持。後者稱海耶克這方面的分析是「極其卓越的」。❸

---

❷　同上書 Vol. 3, 1976, p. 125。

❸　Giovanni Sartori, *The Theory of Democracy Revisited*, New Jersey,

但是，海耶克何以又不用自然法這個詞來表達自己的「超立法原理」呢？在《自由憲章》中他說：

> 我們在討論這一重大問題時，所以有意避開自然法的概念，是由於在自然法的名下，有許多學派發展了各自不同的理論，如果要去分門別類，就得另寫專著。不過，我們仍須了解這些不同學派的共同點，⋯⋯所有的自然法學派，都承認有某種非由立法者有意製造的規律存在。他們一致同意所有的實證法是從某些規律中獲得效力的。這些規律並非人造的，而是被發現的，它們向實證法提供公正性的準則，以及人們為什麼需要法律的根本原因。至於這些規律來自何方，有的學者認為來自「神靈」；有的認為人類理性與生俱來的能力；有的則認為並非來自理性，而是非理性因素支配人類理智運用而產生的。而自然法的內容，有的認為永恆不變，有的則認為是可變的。❶

可以看出，海耶克之不用「自然法」這一概念，不是因為他不同意自然法的基本點，而僅僅是由於他不想陷入自然法派內部在其他有些問題上源遠流長的紛爭。

何以海耶克用很大力量來抨擊法律實證主義？一方面是由於它以其邏輯一貫的力量造成的影響至今仍然很大，另一方面則是它在現代歷史上造成的災難性後果。

他首先以現代政治發展的反面教訓來闡述該問題。由於法律實

Chatham House Publishers, Inc., 1987, p. 336.

❶ F. A. Hayek, *The Constitution of Liberty*, PP. 236–237.

證主義在上世紀下半葉的德國得勢，它逐步掏空了法治的實質性內容。到本世紀初，他們認為個人主義的理想已被民族及社會的理想所征服，只要有立法機關授權，國家可採取任何行動。一戰之後，凱爾遜(H. Kelson)教授使這一觀念超出德國範圍，他聲稱一切限制政府的傳統業已過時，個人的基本自由已讓位於社會集體的自由，他稱此轉變為「民主主義從自由主義中解放出來」，多數人的政府將享有無限制的權力。按照這一發展，絕不能限制立法權。如此，司法管轄與行政行動的區別也日益趨於湮滅。至二十年代末，它已蔚成風氣，以致人們竟認定：「固執自然法的理論，乃知識上的恥辱。」這種觀念，最終開啟了法西斯主義和共產主義勝利的大門。反法治的思想由希特勒最後在德國完成。當年，第三帝國、法西斯的意大利和共產主義的蘇聯，深信在法治之下國家（政府）沒有自由，國家成了法律的俘虜，為使國家能夠「正義」地行動，必須從抽象的規律的約束下解放出來，以便使自己的國民遵從國家的意志。

　　蘇聯的法律發展軌跡表明，個人自由被鏟除與法治的蕩然無存是一個硬幣的兩面，緊密不可分。蘇聯剛建立不久，其國內的法律專家已看出：

> 辨別行政管理與法律乃是不可能的事。兩者的對抗是資產階級的理論與實踐的幻想。**⓯**

這已明白昭示，共產主義與法治是水火不容的。一個共產主義理論家更清楚地指出：

⓯ 參見上書第十六章。

我們的立法原則及私法的基本原則是資產階級的理論家所絕
對不能懂得的，即：不得特殊許可，任何事情都被禁止。❻

注意，所有法律本來的基本原則是：法不禁者皆可為。這是法治的
本質涵義之一。也是政治自由的涵義。而在共產黨國家，完全顛倒
過來了。這種對自由的扼殺是史無前例的。到後來，就乾脆直接攻
擊法律概念本身：

共產主義不是指社會主義者在法律上的勝利，它是指社會主
義對任何法律的勝利。因為階級消滅之後，對抗的利益衝突
不再存在了，法律也就隨之消失。❼

這是蘇聯最高法院院長在一份私法的官方文件中清楚指出的。另一
位法學理論家則闡明，計劃經濟的全面控制型管理方式，其趨向勝
利的自然後果，就是消滅法律。要言之，在社會主義國家，絕對沒
有真正的法律關係存在的餘地。只有根據社會利益的管理，一切法
律將變形為行政，一切固定的規律將變形為社會效果的衡量與考慮。
　　蘇聯的侵犯個人自由的高度極權，首先是在法治蕩然不存的條
件下產生的。

（五）海耶克關於立法議會和政府議會的設想

　　但是，海耶克這一思路仍然存在一個基本困難，這就是「超立
法原理」在政治實踐和司法實踐上的困難：既然該原則是不成文法，

---

❻　同上書。
❼　同上書。

如果不通過政治過程，或不通過多數決的程序，誰來判定這最後的標準？既然海耶克認為，法律是自發秩序之規律的法條化，法律從根本上說是被發現的，而不是被製造的。問題是，這些法條是誰來發現，誰能確立，通過何種程序確立？如何來決定怎樣才符合「超立法原則」？誰或依什麼程序能判斷某一憲法或法律是符合超立法原則的？

如果給定了這一判斷的程序，則法治又成了合法性，這又變成法律實證主義的觀點了。

後來，海耶克在《法律、立法與自由》一書中，海耶克對自由與法律的關係作了進一步的，在某些方面是全新的論述。對於「超立法原理」在政治和司法實踐上的困難，他在該書中給出了如下解決辦法，即，重新安排立法結構。他提出應把立法機關依據功能劃分為立法議會 (Legislative Assembly) 和政府議會 (Governmental Assembly) 兩個機構。立法議會是宣布正當行為的一般性規則，如私法（包括刑法）方面，他對這一機構的超然性期許很高；政府議會則頒布政府行為規則，如公法（行政法）方面。這兩個機構如果發生爭執或衝突，則由一個超然的司法機構「憲法法院」來裁決。

立法議會的議員的任期，依海耶克的看法，以較長為宜，最好是十五年一屆；議員的年齡，應在四十五歲以上。總人數不宜太多，每年改選十五分之一，採間接選舉制，各地區委派代表互選產生。曾經在政府議會中或政黨中任職者，不得為立法議員。

海耶克的以上安排，是基於如下考慮：

1.不會因為「再選」的考量而遷就利益集團和所屬政黨的觀點與立場。

2.年齡上較為成熟，同時任期屆滿後已到退休年齡，在有退休

生活保障的情況下，已無後顧之憂，比較能夠獨立公正。

3.各地區為求當選，必派最優人選出馬。

4.排除曾在政黨和政府議會中任職者是為了避免受團體政治干擾而出現偏私和專斷。❶

在這方面，海耶克可能被質詢的問題是：是否可能排除利益集團代表者之間的利益衝突？還是在有規則的衝突中求平衡？

鑒於海耶克的考量主要從人選的素質入手，主要想排除利益集團和黨派偏見的影響，從而能夠公正立法。然而基本的問題是，如何保障？如果說以較長的任期（十五年）來排除因再選而被迫遷就利益集團，但若考慮到任何人都有自己的特殊利益，立法議員和法官當然也不例外；那麼如何防止因為不擔憂落選而專斷固執於自己的偏見和利益考量，而人們無法（用選舉）制約他呢？考慮到利益衝突總是不可避免的，因此，對任何權力機構和個人都必須有相應的平衡的權力。歷史表明，任何依賴人的素質的設計都難為長治久安之策，它沒有保障。而且，嚴格審查起來，海耶克的這一設想難逃「法律實證主義」的窠臼。因為究竟誰合乎「超立法原則」，最終還有賴於憲法法院的裁決，即是說，符合了這一法定程序的結論就是法治，即合法性就成了法治。就賦予程序以首要的地位而言，這正是法律實證主義的觀點。

海耶克一直對立法機構沒有足夠的信任，這裡涉及的主要是對所謂「（利益或壓力）集團政治」(group politics)的不信任感。

---

❶　F. A. Hayek, *Law, Legislation and Liberty*——*A New Statement of the Liberal Principles of Justice and Political Economy*, Vol. III: The Political Order of a Free People, Chicago: The University of Chicago Press, 1979, pp. 106–114.

然而，就現實政治而言，「壓力集團政治」恐怕是不可避免的。真正的問題是，這種利益集團通過活動遊說而影響立法是否就不公正，是否必然導致專斷呢？這裡需要透徹的討論。

事實上，社會分成各個利益集團毋寧說是正常的自然的現象。各利益集團對於公共事務當然也有表達自身意見並希望影響決策的權利，但是對公共事務的利益表達並非天生就是不公正的。如果法律對任何利益集團都沒有禁止或歧視，各個利益集團都享有向有關方面表達自己的法定權利，則這一「競爭規則」仍可以算是公平的。

海耶克提出的解決辦法是國會通過的法律都必須是公正無私具普遍性的符合道德原則的。但是，問題恰恰在於誰來決定、通過什麼程序來決定某法律是否是「公正無私具普遍性的符合道德原則的」？

鑑於上述，可以發現，海耶克關於立法議會的具體設計是有其過於理想化而非現實性的。

海耶克除了對限制政府的權力不遺餘力外，對「巴力門主權」（即國會主權）也滿懷警惕，只有對最高法院情有獨鍾。這來自他的理論脈絡和歷史洞見。

如果仔細分析，可以看出，海耶克對於權力部門的態度與該部門在實際政治中的權重大小相關，凡是權重大者，他的警惕性也就越大，所懷的敵意也就越深。這是一種經典自由主義立場的具體化。因為在實際的政治生活中，行政部門的權力與人們的生活關聯最深，而其權力擴張的趨勢也最為明顯。立法議會，原則上是權限最高的，但因其並不日日處理實際政治事務，其影響稍次於政府。最高法院則很少干預到普通人們的日常生活，其權重顯然不及前二者。

第六節 民主與自由主義的緊張 ⑲

這是在海耶克理論中引起廣泛爭論的主題之一。海耶克關於民主的基本觀點是：

㈠民主本身不是一個終極的、絕對的價值。它的價值取決於它對自由提供了多大保障。即是說，民主只是手段，而非目的。民主主義和自由主義的異同：共同點是，對法律面前人人平等二者都同樣有承諾。不同點是，前者關心的是權力產生的方式和法律制定的方式（多數統治 (majority rule)）。後者關心的是限制一切政府行使強制之權，無論是民主政府還是非民主政府。簡言之，民主政府的反面為權威政府(authoritarian government)，而自由主義的反面為極權主義 (totalitarianism)。民主政府可能運用極權，而權威政府也有

---

⑲ 本節評述海耶克關於民主的觀點可參見 F. A. Hayek, *The Constitution of Liberty* 第七章。除了像類似托克維爾的經典性的著作《美國的民主》之外，當代對民主制度問題和弊病的最新探索也有多種著作，如《民主的不足》(Michael J. Sandel, *Democracy's Discontent*, Harvard University Press, 1996) 認為當今的以權利為基礎的自由主義的民主制度已經不行了，應當代之以「社群主義」(communitarianism) 或「公民共和主義」(civic republicanism)，關於「社群主義」的討論請見本書第七章。另外如《民主的黃昏》(Patrick E. Kennon, *The Twilight of Democracy*, 1995, New York)一書，作者帕特里克·肯楠通過他二十五年來作為全球政治分析家積累的經驗和見識，以極端的語言指出：民主制度是失敗的。依靠大眾選舉出來的官員管理其事務的那些國家是愚蠢的──並且是災難性的。「對柏拉圖，甚至對托克維爾來說，民主制像其他任何政治制度一樣，有其自身特定的長處和弊病。它不能被認為是政治和社會演化的終結，它並非地面上的天堂。」

可能採取自由政策。

簡言之，民主主義關注的是，誰應當是政治權力的本源，以及應當通過何種方式獲得政治權力。而自由主義關注的則是，政治權力應當統治到何種程度，即不可侵犯的個人權利領域是什麼；以及如何保障任何政治權力都不可侵入的個人權利領域。

㈡現代民主理論產生於「同質的社群 (homogeneous community)」所抱持的理想（這裡的同質包括血統、人種、宗教、語言、風俗習慣、文化等方面的同一。）的逐步擴展。但現代國家已不像以往那樣成分單純，因此我們必須仔細檢討民主理論可能發生的某種缺陷。事實上，多數的權利 (right of majority)，只在一國的範圍內才被承認，不能擴展到國界之外，它是受到邊界的限制的。

㈢人民主權 (popular sovereinty)，是民主的核心觀念。但不宜受到過度強調，而應有某種限度。即，一時的多數 (temporary majority)，應受到某些長久性的根本原則 (long term principle) 的限制。民主政府絕不應是無限政府，其權力、責任、行為都是有限的。在民主政治下，個人自由必須有嚴格保障，如對人權的保障，如言論自由等等。如果過度強調人民主權，強調權力既在人民手中，則沒有任何必要限制其權力。如此，很容易演變成新的專橫權力，釀成暴民政治(demagoguery)，從而侵犯少數的權利。法國大革命後的雅各賓專政就是典型例證。

㈣海耶克對民主的支持，源於如下理由：

1.民主是人類有史以來第一次發明的和平變革及和平解決爭端的方式。

2.雖然民主本身並非自由，但比較而論，民主比其他政治體制更能維護自由，特別是針對禁止他人對個別人士的壓迫而論。但海

耶克對民主是否能保障個人對抗多數的壓迫，尚有疑慮。

3.民主制度對於增進對公共事務的了解，極有助益，它是教育公眾的唯一有效途徑。自由需要多數人下定決心予以支持和珍視，民主正是在實踐上提供了以行動支持該目標的可能。民主之優越處並不在能保證選出最優秀的政治家，而在於它是大多數人能參與國事的合法渠道。雖然在有時的暫時效率並不高，但從長遠效果看，其優點是不容懷疑的。

㈤民主的理想源於如下信念：影響政府的輿論，是經由獨立的、自發的程序產生，因此，它有賴於一個獨立於多數控制之外的、能自由形成意見的領域。人們能獨立於政府之外構成輿論至關重要，而民主正是基於這一途徑構成。但是，如果認為民主除了提供解決不同意見的方式外，還提供了標準答案，則是混淆了兩個問題：什麼是「現在被認定的法律」，什麼是「應該有的法律」。多數決僅表示「現在被認定」，並不必然表明「必然正確」；它只表示人們作決定的當時的意向，並不表示倘若他們獲得更多信息和更深知識後將有的意向。我們相信經由公開的討論，人們能改進自己的認識。而任何現在的少數意見，也有可能成為多數人的輿論。因此，先決條件之一，是必須維持言論自由的原則和制度，使新意見有破土而出的可能，使法律和政治有改進的機會。

㈥多數的決定並不具有超越的智慧，它必須有範圍，有原則，才可能免於蛻化墮落。因為多數的決議不能與風俗、制度、原則、規律的自發生長的程序相提並論。這是由於多數決定具有強制、包辦、排他的特徵。這種特徵足以摧毀自由社會賴以自我糾錯的各種力量和機制。此外，多數決定如若未能遵循歷史沿革下來的共同的基本原則，則常常產生未能預料的惡果。通常發生的情形是，多數

被自己先前的決定所束縛，被迫進一步採取行動，用新的錯誤來彌補先前的失誤，無法自拔，一錯再錯，逐步陷入無可解脫的深淵。

㈦政治人物處理現實問題時，必定要迎合多數人的意見，才可能取得或保持權力，因此，很難期望他們有創造性的引領潮流的思想和觀念。他們的任務，只是發現大眾的意見，並變成自己的主張去廣泛宣傳。他們不是新觀念的生產者，甚至也沒有時間注意新思想。本質上，他們是急功近利的。

政治人物和思想家具有不同的社會功能。前者專注於特殊的實際問題的應付，後者則從事普遍觀念的探索與創造，從而推動進步。二者角色不應混淆。這裡應有新的「政教分離」。新觀念常常靠少數人創發，漸漸傳播，普及於社會。

㈧政治既然是可能的藝術，則政治哲學就是使初看的不可能，變成政治上可能的藝術。理論家不必被多數人的意見所束縛，不能只表述當下的事實，而有義務展示可能的前景和一切後果，需要討論應然的問題。他必須選擇價值，並捍衛該價值。哲人反對多數的意見，恰恰最有利於民主的發展。

㈨民主政府必須首先服從自由主義的基本原則，限制自身的權力。從根本上說，個人自由的保障是民主政治運行的條件和土壤。由多數決定獲得的權力並不是無限的權力。倘若其運用權力逾越了自由主義所監守的範圍，則會產生極大的禍害。人們常發現，熱烈支持「多數」應擁有無限權力的人，往往是執政者本身。因為這種無限權力一旦被多數通過而確立時，事實上行使該權力的就是他們自己，而非抽象的「多數」。現代社會的經驗反覆證明，一當人們為了某種特殊的原因，授予政府以廣泛的鎮壓之權，那麼，這種權力就再也不是民主集會所能收回和控制的了，而執行該權力的決定

必定會流於專橫。希特勒的納粹政權就是一個典型的例證。

如果認為獲得正義或公平的途徑,就是正義本身,那時極大的誤解。民主政治並非一切正義的源泉。

如果民主政府想成功地保持並運用民主政治,先決條件之一是熟悉法治政府的傳統。

(一) 民主在海耶克理論中的地位

海耶克在《哲學、政治與經濟的探究》中指出:

> 自由主義雖然與民主相容,但二者並不相同。前者關心的是政府權力的界限,後者關心的是誰(通過什麼程序)掌握政權。假如我們從各自的對立概念看,二者的區分就更加清楚了:自由主義的對立概念是極權主義,而民主的對立概念是威權主義。就結果而論,至少在理論上可以存在一個極權的民主政府,和一個根據自由原理管制的威權政府。[20]

民主政府同其他一切政府形式一樣,也都能夠分為兩種類型:一種是受限制的,另一種則是不受限制的。

他並提出了「極權的民主」(totalitarian democracy)和「公民的獨裁」(plebiscitary dictatorship)這兩個概念來說明上述意思。[21]

當然,作為一種制度安排,比較而言,民主政治最可能達成一個自由的社會,自由主義在制度層面上是依賴民主制度並且是最能與民主制度相洽的。二者關係之緊密,非其他任何制度形態所能比

---

[20] F. A. Hayek, *Studies in Philosophy, Politics and Economics*, p. 161.

[21] F. A. Hayek, *The Political Order of a Free People*, p. 4.

擬。

　　但是即使如此，也絕不應有「無限的民主」(unlimited democracy)。這種「無限的民主」是非法的，它肯定會損害自由，正如其他的無限（權力）的政府形式一樣，它與自由主義絕不相容。因此，海耶克反覆強調的是，無論什麼政府，無論其權力來源如何，無論權力的合法性多強，其權力都必須受到限制，無一例外。他在《自由民族的政治秩序》一書中指出：

> 有一種可悲的錯覺，認為實行民主程序後，就可以放棄對政府權力的所有其他限制了。這種錯覺強化了下述信念，即，對政府的控制可以經由民主選舉的立法來代替傳統的限制。但在事實上，為了支持某些特殊的法令從而使特殊利益群體受惠的計劃而組織起來形成的多數，必定成為專斷與偏私的淵源，並出現與多數的道德原則不一致的後果。我們將會看到擁有無限權力的結果，是使得代議機構不可能根據普遍性原則來做決定。原因在於代議機構中的多數人為了繼續保持多數，必定會以特殊利益為酬報來爭取有關利益者的支持。**❷**

　　對政府權力的限制乃是自由主義最根本的原則之一，也是自由主義最早確立的原則之一。與之相較，權力的來源，多數原則，競爭程序的合理性……都是次要的。而對於極端的民主主義者而言，其重要性的秩序則是相反的。而民主主義的觀點自上世紀下半葉來逐漸占了上風。

---

❷ F. A. Hayek, *The Political Order of a Free People*, p. 145–146.

只是經過本世紀的法西斯主義和共產主義的實驗，自由主義這一原則的根本重要性才戲劇性地重新凸顯了出來。它被還原變成了凌駕於「多數原則」之上的更根本的原則。在這一點上，海耶克的識見是至關緊要的。遭受過二十世紀巨大災難的人類，絕對沒有權利輕忽這種經過歷史經驗反覆錘煉過的原則。

（二）當代民主制：一些隱憂

海耶克對於他身處時代一些國家的民主政體提出了尖銳的批評，他指出這些民主政體是非法治的、腐敗的、虛弱的乃至從根本上其實是不民主的。

所謂非法治的，就是指立法權力不受限制。這裡涉及法律的形式理論與實質理論的區別。海耶克反對實證主義法律學派，意味著他是反對法律的形式理論的。如前所述，他特別強調「超立法原則」的根本性、重要性。立法權力必須受到這些原則的限制。

現代流行的一種觀念是，在民主社會中，既然人民已經取代獨裁者，成為政府權力的來源，因而也就沒有必要限制政治權力了。對此，海耶克進行了堅決的反覆的駁斥，指出多數專制的危險，強調保護少數人免受多數人奴役的重要性。

另外一個流行觀念，就是關於政府功能的形式理論，即前面所述實證主義法學派所持的觀點，按照這種觀點，立法機關的一切法令就不可能不合理，於是它將擁有絕對的不受制約的權力，勢將造成嚴重的後果。

所謂腐敗的，海耶克所指的是政府成為遷就各種利益集團的特權發放所。當代，各種利益集團組織起來，向政府要求有利於自己的特權，否則，將不會在選舉中支持政客。既然政治家的地位靠這

類集團的支持，因此他們常常遷就各類並非正當公正的要求。如商會要求抬高關稅，勞工要求排除那些半熟練工人於市場之外……等等。總之，是在某種意義和某種程度上干預市場。海耶克認為遷就利益集團會打破市場的平衡，給公眾帶來損害。

不同意海耶克的意見認為，各種利益集團之間互相競爭對政府的影響力，本身就造成了某種平衡，它也類似於市場競爭機制。但海耶克認為，利益集團要發揮影響，必須組織起來，而那些最大的和最重要的群體是不可能組織起來的。如，消費者、婦女、老人、農場季節工人、白領工人、和平愛好者（與軍火商相較）、希望遏制通貨膨脹和經濟蕭條的人……等等。因此，這些人將由於有組織的利益集團遊說國會與政府而蒙受損失。

即使都可能組織起來，由於施加影響於政治權力這一過程破壞了市場價格體系的運作機制，整體社會的生產必將下降，從而損害了公眾的利益。

所謂虛弱的，海耶克所指的是既然政府未能服從法治，議會中的議員就將按特殊利益集團的意旨行事，其結果就是有很多由少數人構成的利益集團從不同的方向支配政府的意向，但卻完全不能採取一致的行動。從而政府的行為就不是考量全局的結果，而是討價還價的結果了。

所謂不民主的，海耶克所指的是當代的一些民主政體中，數量上占多數的人群往往擁有無所不包的絕對權力。即他們擁有兩種不同的權力：制定行為規則的權力，以及決定實現某具體目標而應採取的特殊行動的權力。由於該二權力的內在衝突，他們不能使自己制定的原則暢行其道。簡言之，無論是具體問題還是抽象問題都由同一批數量上的多數來決定，這是亂象之源。海耶克主張，利益集

團的討價還價必須在多數人認可的原則下進行。只有在原則支配下，才會產生出前後一致的總體秩序。

（三）民主主義與社會主義

近代世界存在一個由政治民主進而要求經濟民主的歷史軌跡，就此而言，民主與社會主義有某種歷史性的關聯。但是這種關聯只是歷史的關聯，並非必然如此。政治權力的競爭與分配同經濟利益的競爭與分配仍然有質的區別。民主政治與社會主義之間的唯一共同點是平等。但是，正像他早在《通向奴役的道路》就指出過的一樣，民主政治是在自由之中求平等，而社會主義則是在束縛與奴役中求平等。

至於自由主義，距離社會主義一直是很遠的。

關於民主主義與社會主義的關係，海耶克在《通向奴役的道路》中已經作了相當充分的論述。從歷史的漲落曲線來看，社會主義在第二次世界大戰時，已臻頂峰。當海耶克寫作《自由憲章》時，社會主義已開始走向衰落，其思潮在西方世界實際上於七十年代已經死亡；而在全世界，則是 1989 年之後，它的精神生命才完全結束。因此海耶克認為，將來的史家或許會把從1848年革命到1948年稱為歐洲社會主義時代。

鑒於民主與社會主義的上述歷史性的邏輯關聯，在民主國家內，如何通過強大的法治傳統來杜絕上述漏洞，使民主真正成為「自由民主」而不是「民主社會主義」，就成了一項重要的歷史課題。

海耶克在他最後一部著作《致命的自負——社會主義的謬誤》對社會主義作了全面的清理和深入的批判，深度與廣度都比在《自由憲章》中大大地發展了。

第六章　晚年總結：《致命的自負——社會主義的謬誤》●

第一節　弗賴堡歲月

在美國芝加哥的日子裡，海耶克雖然在智力活動上仍然豐富深邃，但他精神上總是茫然若有所失，恍若無根游萍，沒有一種居住在家園的歸屬感。此外，按照芝加哥大學規定，教授應於六十五週歲退休，並一次性領取一筆退休金，直至終老。就海耶克而言，六十五歲相對較早，而退休金亦不知幾何，因此他對晚年生活的保障問題也時有憂慮。

1961～1962年冬季，海耶克收到了德國弗賴堡大學(University of Freiburg)終身教授的聘書，同時，這一聘任還附帶有提供他退休生活保障的吸引人的安排。鑒於他在美國的上述心境，海耶克接受了這一聘任，於1962年結束了在芝加哥大學的工作，前往德國任教，成為弗賴堡大學的終身教授。從此時起，除了於1969～1977

● 本章所涉及的《致命的自負——社會主義的謬誤》的內容，請參見 F. A. Hayek, *The Fatal Conceit——The Errors of Socialism*, Poutledge, 1988, London.

年間他曾去奧地利的薩爾茲堡大學任客座教授這一段不愉快的插曲之外，海耶克的晚年一直是生活在弗賴堡，夏天則去奧伯谷爾格(Obergurgl)的山區度假消暑。

海耶克 1962 年移居到德國布萊斯高的弗賴堡大學後的八年生涯，寧靜而富有成果，他是很滿意的。在這裡他又是以經濟學家的身分任教了，並且還能集中精力講授經濟政策問題，在這一問題上，他感到有很多重要的話需要說出來。更重要的是，他的雄心勃勃的寫作計劃又可以不受干擾地進行了。他的最大心願就是補足《自由憲章》遺漏掉的部分重要內容，即撰寫我們在第五章涉及的那套三卷本著作——《法律、立法與自由》(F. A. Hayek, *Law, Legislation and Liberty*, The University of Chigago Press, 1973, 1976, 1979)。

同時,海耶克及其夫人在弗賴堡發現了一處很吸引人的公寓。他們特別欣賞其周圍被黑森林環繞的環境，作為一個思考、研究、寫作和頤養天年的居所，那是再理想不過的所在了。在那裡，他幸運地保持了他健康的身體、充沛的精力和工作的能力直至退休。雖然，不可抗拒地，七十歲以後，他的精力開始了明顯的衰退。儘管如此，他與夫人在這段時期外出旅遊的頻率反而大大增加了。僅僅是訪問日本就有四次之多，1965年那次還順道訪問了臺灣和印度尼西亞。在臺灣，他同中國當時處境艱難但意志倔強的自由主義者殷海光先生有愉快的交談。而在一次返回美國加州大學洛杉磯分校(其時他在那裡有五個月的訪問講學) 途中，他們還遊覽了南太平洋的一些島嶼國家。

1973年，設立於布萊頓森林(Bretton Woods)的國際金融機構解體了。這個機構是凱恩斯當年在布萊頓森林會議上力促美國建立的，為的是避免另一場災難和拯救戰後世界的需要。這一設計確實挽救

了英國的財政崩潰危機，但英鎊的價值卻已經跟隨大英帝國的衰落而跌落了，而隨後美元也從過去的金本位的最後遺跡中解放出來，跟隨英鎊浮動。儘管由於面對通貨膨脹與失業同時發生，因而凱恩斯所兜售的靈丹妙藥很快就失去了信用，但是社會主義的訴求並未表現出明顯的退潮跡象，特別是在大學校園之中，它仍有相當大的市場。這使得海耶克仍然強烈地意識到自己的使命遠未結束。

前面我們已看到，在《法律、立法與自由》一書中，海耶克進一步發展了關於法律與自由的關係的理論，把早期的法律思想作了進一步擴展和澄清，有些方面改變了早期觀點。同時，他強化了自己關於立法須受限制的思想，並具體設計了一套使立法能受「超立法原理」控制的制度措施。應當說，至此，他的自由哲學的理論大廈已經基本完工了。

但是，作為一位似乎不知倦意的學者，在自己思想日趨成熟的晚年，他反而在極力尋求突破，尋求新的昇華，並企圖使它以一種更凝練、更精緻、更鮮明的形式呈現出來。這就是他晚年思想的結晶：《致命的自負——社會主義的謬誤》。(*The Fatal Conceit——The Errors of Socialism*, Poutledge, 1988, London.)

第二節　一曲社會主義的挽歌

（一）《致命的自負》：緣起

1978年，海耶克已近八十高齡。

環顧當時的世界，社會主義已開始退潮，露出敗象：蘇聯的經濟已一蹶不振，在同西方的競爭中明顯失敗；而透過薩哈羅夫、索

爾仁尼琴等知識分子的揭露，作為「古拉格群島」（集中營）遍地的蘇聯社會，其奴役的本質業已昭然天下；在東方的中國，當時正從文革的浩劫中蘇醒過來，蹣蹣跚跚地開始了擺脫計劃經濟的歷史進程；而大多數東歐國家，也都嘗試用不同的方式走出社會主義「天堂」的陷阱。

回顧其一生，除經濟學和心理學的專業研究外，海耶克大部分時間，特別是後半生，都是在同社會主義思潮搏鬥。論戰遍及各個領域，深入每個層面，艱辛而富有成果。社會主義，這個二十世紀的主要幽靈，與海耶克的一生結下了不解之緣。

應該是總結的時候了。

就在此時，海耶克不顧高齡，雄心勃勃，欲與社會主義思潮作一個總清理總論戰。他設想舉行一場大辯論，或許設在巴黎舉行，預定的論題為：「社會主義是否錯誤?」論辯雙方分別由主張社會主義的理論家和主張市場秩序的理論家擔任。海耶克的主要想法是要澄清一種廣泛流行的誤解，即認為社會主義和自由主義的區別只是雙方價值取向的不同。而既然是價值偏好，那就沒有什麼好爭論的。他希望通過辯論說明，在事實上，在科學上，在邏輯上，社會主義都是徹底的錯誤，這是一個對與錯、是與非的問題，而不是價值趣味的喜好偏向問題。

但是這場預期應十分精彩的大辯論，卻受阻於一些技術性的困難，譬如，誰來充當社會主義方面的代表，如何推舉? 社會主義者是否會拒絕派出其代表? 如何評判辯論的結果? 等等。於是，這一富於刺激性的構想只好無疾而終了。

然而，該設想卻變成一個契機，促使海耶克把與此有關的自己一生的主要論點凝煉地表達出來。於是，在1988年，有了這本傳世

之作：《致命的自負——社會主義的謬誤》。

　　本書實際上是把海耶克早年的獨創性思想——秩序是如何創造出它自身的？——作了跨學科的發揮和深入的論證。它把視野擴展到了人類文明的整體，以全新的角度鳥瞰人類這一群體存在與演化的秘密。全書以此為主線，進行了縱向和橫向的宏大分析；節奏快捷，刀劈斧削，深刻準確。它以經濟和演化的方法為經緯，對比了社會主義和市場秩序。論證犀利透闢，凝練濃縮；遣詞造句，嚴謹考究；既大刀闊斧又細膩非凡，從而賦有極大的論證力量，是海耶克一生原創性思想的凝聚。它剛一出版，就受到知識界的廣泛重視。正在陸續編輯出版的《海耶克作品全集》(*The Collected Works of F. A. Hayek*)中，它被列於首位，而在很多大學的政治學系裡，也被列為必讀書。

　　特別引人注意的是，本書對海耶克自己原來的某些思想作了重大的發展甚至修正、改變。基本方向是強化了他自己獨創性發現的方向，更清晰地表達了他與其他一些自由主義思想家的差別，擺脫了他過去著述中的與他人相似的某些陳陳相因的部分，從而鑄造成了極具個性風格的海耶克思想紀念碑。

（二）核心論點

　　就正面論述而言，《致命的自負》的核心論點是：延續的秩序(The Extended Order)是人類群體生長出的奇蹟般的極複雜結構，它介乎本能和理性之間，對人類文明的保存和發展具有關鍵性的地位。這種延續的秩序是由一些中心價值和制度成規支撐的。其中最重要的是道德規範。

　　就反面的論述而言，《致命的自負》清楚地指出，現代最有影

響的政治運動之一──社會主義，是人類理智的歧途。對人類而言，不僅此路不通，而且導致深重災難，威脅到人類的基本命運。

（三）思路脈絡

本書的開始，作者主要論述道德演化論，他試圖回答：我們的道德是如何出現的？對我們的經濟和政治生活而言，道德形成的過程有何涵義？

這一道德演化論的結論是：我們的價值體系和制度，不純然由先前的種種原因所決定，而是某種結構和秩序類型在自然的自發生長過程中的一部分。

海耶克指出，基因遺傳（本能）和文化傳承（道德）的各種結果，都可稱之為傳統。但二者常常相互衝突。他把後者稱作道德，主要是指有關個別（私有）財產、誠信、契約、交換、貿易、競爭、利潤、個別隱私等方面的行為規範。它對大規模範圍內人類的存在和擴展，具有無比的重要性。這是和小範圍人群的規矩（具有集體主義傾向，如團結互助利他主義等本能）是很不相同的。因此，嚴格地說，早期的自然人及其本能並不適合目前的延續的秩序。

這一秩序的演化，一方面，是在本能的演化之外；另一方面，它也不是理性所能創造或設計的。它介於本能與理性之間。這種道德秩序，是以各自的財產權為基礎的。沒有財產權，就沒有正義。

「介乎本能與理性之間」，這是理解海耶克關於現代人類秩序規範，特別是道德規範的關鍵。在人們一般想法中，「本能與理性之間」應當空無一物。「不是本能，就是理性，二者必居其一」，心理學上這種本能與理性二分法，使人們忽略了二者之間的那一片極其重要的領域。那是文明積澱傳承下來的非理性非本能的結果。這

一見解，是海耶克的重要創見之一。

海耶克所說的本能，是為了適應早期人類常常遷移的小團體生活而發展出來的。早期人類在這種生活方式下生活了幾百萬年，比人類有文明以降的歷史漫長得多。現在人類的生物性結構就是在那段漫長的時期內演化而成的，是由基因傳承的生物性本能。這些本能，早在亞里士多德之前，就完全固定成形了。由於是小團體內的生存，他們不僅聽得到傳令者本人的話，通常也認識傳令者。故該本能傾向於相互間的合作、相知、互信，相互依賴，有共同的目標。他們的範圍是狹窄的。因此，倘若單獨行動，很快就會瀕於絕境，被環境所淘汰。很明顯，該本能是具有集體主義傾向的。因此，霍布斯(T. Hobbes)所謂原始時代的「一切人反對一切人的戰爭」純屬荒謬的虛構，不存在那種「原始個人主義」。

我們已經知道，在《法律、立法與自由》一書中，海耶克曾稱市場秩序為一種「耦合秩序」(catallaxy)。然而「耦合秩序」這一術語借用自物理學和控制論，而且也有其他學者曾把它用於經濟學中，單純指稱市場秩序；「耦合秩序」一詞比較缺乏歷史感，而且更重要的，是它似乎也能憑藉理性把它在理智中構造出來。為了以更大的歷史尺度觀察人類的演化，在此書中，海耶克使用延續的秩序這一術語，藉以表達它的自繁殖功能和歷史演化感，並且，它概括的範圍更為廣泛，早已超出了純經濟的範圍了。

事實上，如果人類不曾發展出目前我們這種延續的秩序的話，由於它（延續的秩序）是如此非凡，難於理解，以至於我們根本難以想像它竟然可能存在。正如亞當・斯密 (Adam Smith) 最先發現的，人類好像瞎貓碰到死耗子一樣，居然撞到了這樣一種能協調我們經濟活動的方法。它遠遠超過了我們的想像力和理性規劃設計的

能力。我們人類之所以發展成這樣龐大數量占據如此廣袤空間的一種生物群，並具有如此這般的一種社會結構，主要是依賴於一些逐漸演化出來的行為規範所達成。這裡主要是指有關個別財產、誠信、契約、交換、貿易、競爭、利潤、個別隱私等方面的行為規範。這些都並非出自部落性的本能，並非來自遺傳，而是經由學習與模仿，形成傳統並得以延續的。這些規範基本上是一些「禁令」，它們從反面告訴人們那些是不該作的，實際上是對人的某些本能的限制。這也表明，這些規範，並不來自本能。只是人類在長期擴展的過程中，通過嘗試、修正、仿效和總結，發現了唯有遵守這些規範，才可能導致大規模人群的繁榮，才可能締造文明。有了這些規範後，古代小群體中那些有意識地互相照顧，合作互利，統一認識、統一目標、統一行動的行為方式，就再也不需要了。像市場這樣的信息匯集的制度形態，使人們能夠利用如此分散且根本無法全盤觀測到的知識，形成某種超越人們想像力的秩序。當各種制度和傳統根據這樣的模型發展起來後，人們便不需要凡事都像原始人一樣去尋求共識，因為八方分散的各種知識和技能，現在都能自然地通過某種神秘的機制為各式各樣的目標提供方便的服務。

這種倫理學，其實是作為一種「遊戲規則」，提供了最有效的資源配置方式，創造了極大的經濟力量，保障了個人獨自擁有的自由領域，從而使採納這種「規則」的社群，在繁衍後代方面更加成功，更能包容外人，因此逐漸發展成為一種世界性的文明。在這種文明的秩序產生之前，實際上人類已經嘗試過多種秩序類型了。現在在世界占主流的這種秩序，不過是其中的一種。先前人們也並不知道它比較有效，不知道這種秩序方式會使自己得到成功的擴展。然而經過悠久歷史的淘汰和抉擇，終於使人類幸運地演化出了這樣

一種結構、傳統、規範和制度，並有效地傳播開來。

需要特別注意海耶克對「道德」一詞的用法。它與一般流行的用法略有差異。海耶克傾向於把上述的規範（即有關個別財產、誠信、契約、交換、貿易、競爭、利潤、個別隱私等方面的行為規範）稱為「道德」，而不把小團體內的本能性的團結互助利他主義等稱為「道德」。因為在他看來，道德必須與未經思考的自然衝動有區別，同時也與只關心特定效果的理性思考有區別。所以，他對當代的一些社會生物學家把一些利他衝動視為道德上的「利他主義」，很不以為然。他指出，倘按照這種說法，則交配就是最利他的道德行為。實際上，無論什麼道德行為，都離不開我們體驗到或意識到「應該」這種內心的命令。所以，他把「道德」一詞，僅僅用於讓人類得以擴展，並進入延續秩序的非本能性規範。

所以，在海耶克那裡，道德是具有抽象性和普遍性的人類行為規範，它既非本能，又非理性計算推導出的原則，而是在本能與理性之間，事實上它是一種演化出來的傳統，即，經大範圍內的人類長期演化成的習慣規範。它是介於本能與理性之間的傳統。有些時候它違反我們的本能，以致十七世紀移居英國的荷蘭裔心理分析學家孟德維爾(Bernard Mandeville)要把這些大原則稱為「罪惡」。其實，它不過是與我們的小團體本能衝突罷了。

有時候道德反應發生作用的方式是不能用語言描述的，它像真正的本能反應一樣，只是模糊地討厭某些行為。道德通常是告訴我們，如何選擇和避免各種天生的本能衝動。以致這種道德文化形式實際上是以一種非凡的手段延續了生物的遺傳演化過程。在這個意義上，由於學習而來的行為規則逐漸取代了天生的本能反應，人類才愈來愈與其他動物區分開來了。即是說，從動物到人的決定性轉

變，主要是由於因文化發展所決定的規範，對天生本能反應起了約
束作用才導致的。

在海耶克理論中，道德占有的等級順序與理性、理智是在同一
階梯上的。他認為：

> 追問人類意識到什麼理由才去接納自己的道德，就像是追問
> 人類意識到什麼理由才去接納自己的理性一樣荒唐。❷

這是對企圖用理性審判道德傳統的法國啟蒙思想家的辛辣反
駁。對海耶克而言，根本不存在所謂「以理性之光來檢驗我們的道
德傳統」這件事。理性與道德是平等的，沒有誰有資格以自己為標
準來評判對方、裁決對方。

即使有些文化屬性幾乎在所有的人群中都可以發現，但是也不
能說它們是由遺傳基因決定的。因為，或許只有唯一的方法可以滿
足延續的秩序所要求的條件。正像我們在生物界看到的，昆蟲、鳥
類和蝙蝠的翅膀各自有完全不同的遺傳基因來源。但既然生物飛行
的必要條件是必須具備翅膀，因而牠們具有的非常不同的基因方式
卻都發展出了「翅膀」，殊途而同歸。雖然，從內部結構演化脈絡看，
此「翅膀」非彼「翅膀」也；但是既然大家都同樣承擔了飛行的功
能，因而仍然可以都稱之為「翅膀」。

這裡涉及到了對風行一時的所謂「生物社會學」的批評。這一
個由威爾遜 (Edward O. Wilson) 創立的學說，把人類的社會行為的
人類社會的基本結構與特徵都歸結和化約為生物的遺傳本性，據此，

---

❷　F. A. Hayek, *The Fatal Conceit——The Errors of Socialism*, Poutledge,
1988, London, p. 64.

倫理規範、制度特點，……就都成了生物本能的附帶產物。按海耶克的理論，這裡混淆了遺傳本能與文化傳統（它介於該本能和理性之間）之間的差別，顯然是荒謬的。

第三節　貿易與社會秩序

（一）貿易早於國家

　　海耶克極其強調貿易活動對於延續的秩序的出現所作出的根本性貢獻。這種活動早於政治性的活動，早於國家組織的建立。

　　從地理分布來看，由於地中海沿岸的自然條件有利於長程貿易的發展，倘若允許人們自由交換，則這樣的社群逐漸強盛繁榮。因此，那裡成了人類歷史上首先出現的、人們有權在公認的私人領域內自主決定個別行動的地方。這種領域的存在是發展出延續的秩序的一個極其重要的關鍵。

　　現代考古學證實，貿易比農業或其他經常性的生產活動都早。如果不是從其他地方得到別的人群的（貿易）幫忙的話，大多數人類將發現，他們所住的地方不是根本不適於人居住，就是只能養活很少的人。考古也表明，貿易的市場在人類歷史上，也比政治性的結構出現得更早，同時也更為根本。

　　經濟史表明，並非有組織的國家的出現構成了遠古文明的頂峰，相反，人類貿易的出現遠早於國家的出現。而且，歷史上發生的屢次破壞人們自發改善自身生活的力量，並且迫使文化演化過程半途而廢的，往往就是那些被有些學者謳歌的強大的政府。例如，東羅馬帝國的拜占庭政府和古代中國政府就是典型。而歐洲中古時

期文明的非凡擴張，很大程度上要拜當時的無政府狀況所賜。

達成這種非凡的照顧到各個私人目的的交換秩序，有一個很基本的條件，就是要保障每個人擁有財產的權利。而當時地中海沿岸「古希臘─羅馬的世界，基本上正是一個私有財產權的世界。不管是面積只有數畝的土地，或是每個羅馬皇帝與元老們所占有的廣大領地，都是屬於私人的產業；那是一個私人貿易與私人製造業的世界。」❸

在海耶克看來，各自財產（several property，海耶克用這一說法替代私有財產權，他認為它比較精確。）是任何先進文明的道德系統的核心。而古希臘人是最先看出這一權利與自由的密不可分的關係。

海耶克也指出，財產權概念在歷史上是有變化的，它有一個逐步延伸和精細化的過程。從最遠古時代到今天它都在不斷地精密化。而且，在不同的人群之間，例如游牧民族和農業民族之間，財產權的發展步驟可能是千差萬別的。然而，無論何種形式，個別財產權的發展是貿易發展的先決條件。沒有各自財產權的發展在先，就不可能有連綿千萬里，而相互合作的大型結構與秩序。財產權發展的一個重要里程碑是古羅馬給全世界帶來的以純粹的個別財產權為基礎的民法法典。它造成了人類歷史上首次如此大範圍的延續秩序。當然，這一歷史過程也伴隨著對財產權的抗拒，在古希臘時代，最主要就是斯巴達人(Spartans)，他們否認個人擁有財產的權利，甚至鼓勵盜竊。這種典範後來在歐洲歷史上時有重演，但都歷時不久。

雖然歐洲文明的上述尊重財產權的傳統歷經滄桑最後仍頑強地傳承了下來，但在亞洲，情況就很不相同。海耶克認為，亞洲歷

---

❸ Finley, *An Anciant Economy*, 1973, London, p. 29.

史上，每當有類似的文明秩序的發展出現希望時，立即就會遭到中央政府的強有力干預而終結。他指出其中最著名的例子就是中國。正如李約瑟 (J. Needham) 發現的，古代中國各種邁向文明與先進工業技術的重大成就，總是誕生於政府控制力減弱的「多事之秋」，即分裂時期。但這些發展，不久就會被重新統一的大帝國扼殺掉，恢復到傳統的「重本抑末」即「重農抑商」的老路上去。

筆者認為，中國傳統社會中有關各自財產權的問題，是一個處於晦暗陰影下的謎，難於一言以斷，其在學術界未獲共識，是顯而易見的。誠然，不可否認，直至1949年共產政權籠罩中國大陸之前，在中國歷史上，各自財產權大體上是基本存在的，只是1950年代以後才如一切共產黨國家一樣，喪失了各自財產權這一文明社會的根本基礎，從而發生了慘烈的悲劇。

但是，即使在傳統中國，與西方歷史悠久的法律保障的深厚的財產權傳統相比，中國文化的主流——儒家不重視各自財產權的保障是顯而易見的事實。中國歷代政治力量對於個人的土地財產權從未給予堅定而普遍的保障和承諾。除了儒家等的經典論述外，最有力的證據莫過於中國歷史上從未有過「民法」（或稱「普通法」或「習慣法」）等類裁決財產權利糾紛的嚴密法規。雖然中國的法律體系相當早就發展得極其詳盡，但基本上都是「刑法」，即統治者裁決和懲辦刑事犯罪的法律。關於中國人的財產權從未獲得完整的保障這一點，如果看過中國小說《紅樓夢》中賈府被抄家一節就會獲得一點具體的感受。在西方私有財產保障制度下，某人犯了法，可以判刑，但絕不可任意抄家，犯人亦是人，而財產權是其重要的人權，是另有法律保障的。因此，中國傳統社會的財產權狀態究竟應如何評估，如何概括，恐怕是一個值得深究的有趣問題。而現代

中國之所以被共產主義與社會主義意識形態所掃蕩，除了眾所周知的中國現代史發展的一些基本脈絡和二戰之後的國際態勢外，與其財產權傳統是否也有一點相關之處呢？

我想，答案恐怕是肯定的。

（二）歷史上對於商業貿易的懷疑和恐懼

但即使在西方的歷史脈絡中，由於商業貿易要求的規範與遠古時代小部落時的規範有著內在的衝突，因此，自文明誕生以來就存在著對商業貿易的根深蒂固的敵視。

霍佛(Eric Hoffer)曾說：「對於商人的敵意，特別是讀書人對商人的敵意，和有文字記載的歷史一樣古老。」用McNeill的話來說，

> 自有歷史以來，商人便是被鄙視和咒罵的對象……，只有骨子裡就不老實的人才會低價買進高價賣出……。商人的行為違反了早期人類小圈子相互幫助提攜的行為類型。❹

原因之一，是人們認為，一種沒有創造出實質的、而只是將已有的東西重新安排的行動，居然「無中生有」地增加了可供利用的財富，總是帶有巫術的意味。

其二，是與「額頭上的汗水」的聯想有關。可見的、可觸摸的體力工作，早就被認為是美德的象徵。這種態度是人類經歷部落生活後，遺留下來的本能之一。上世紀和本世紀的「勞工神聖」的口號，也誕生於這一源遠流長的傳統。

---

❹ F. A. Hayek, *The Fatal Conceit ── The Errors of Socialism*, Poutledge, 1988, London, p. 90.

因此，一旦既非公開、又非可見的（商貿）知識介入競爭，成為決定成敗的重要因素時，原來所熟悉的公平感消失了，從而產生了對商業的敵視。

上述涉及經濟學的一個謬誤：「整個勞動的成果主要來自體力勞動」。包括自由主義思想重鎮密爾也懷有這種很表面的看法，因而他應對傳播此謬誤負有相當大的責任。他認為財富的大小純粹是個工程技術問題，和財富的分配方式無關。他說，東西一旦在那裡，我們即可隨心所欲處理它。

但是，事實上，這是謬論。因為除非人們在取得其各自那一份財富的同時，也發出了種種價格信息，否則，東西就不會在那裡。

簡言之，交易增加價值。

密爾的第二個謬見是，他與馬克思一樣，把價格僅僅看成人類行為的結果，忽略了它也是人類行為的原因。邊際效用理論對此已有精闢的說明。

人類厭惡商業買賣的傳統從來未曾間斷過。延續這種傳統態度的主要力量，也許只是出於單純的無知和抽象思考方面的困難，然而這種態度卻同人類早就存在的對陌生事物的恐懼渾然一體。一切迷信，包括社會主義在內，都奠基於這種恐懼心理。

（三）　關於邊際效用理論在經濟學中的核心地位

奧地利學派對邊際效用理論有重要貢獻，同時，他們也認為該理論是解釋市場秩序的鑰匙。這一理論的核心是認為，交易是有生產力的。它增加的是人類利用資源所得的滿足。準確地說，交易增加的價值是所謂效用的價值，即滿足人們需求的價值。這種價值是一種主觀判斷，是追求滿足的人們，對於他們有權處理的種種東西

所下的判斷；判斷它們對於自己的生命與幸福有何等的重要性。每種東西滿足眾多獨特個人的某些人某種需要的能力，是各各不同的、變動的，經濟價值表達的就是這種變動的能力。

價值，作為某物或行動滿足人類需求的潛力，要確定其大小，只有通過交換，使每一物品（或服務）替代其他物品（或服務）的邊際替代比率相互調整，直到對每一個人而言都相等的地步。價值不是物品本身的性質，它並不獨立於物品與人的關係之外，而是這種關係的表現。

每人都有自己的價值偏好的目標次序，並努力達成自己的目標偏好。透過種種交易系統，這些不可勝數、互不相識、各自為政的個人行為卻得到了協調。一個未經設計、並且比任何人為設想都遠為複雜的系統由此形成。

由於每一物品可以用來滿足許多重要性不等的目的，而各種物品或滿足目的的方法，常常可以相互替代，因此各種目的的最後價值，就會在單一的一套物品價值次序上——即各種物品的市場價格——得到反映。而這一價格次序取決於物品的相對稀有性，以及物主交易它們的可能性的大小。

邊際效用革命最重要的發現之一是，經濟事實是不能拿一些先前發生的事實來加以解釋的。

邊際效用理論讓人們真正了解，需求和供給是怎樣決定的，各種產品的數量又怎樣隨人們需要而調整，以及人人互動、彼此調整而產生的種種物資稀有性指標如何又回過頭來引導每個人參與互動的過程。如此，市場過程就是一個特別的資訊信息傳遞過程。

不存在「絕對的效用」。而且，儘管對每個人個別願意分擔多少成本以取得種種效用，大家或許會有一致看法，但這並不意味著

有「集體效用」這種東西存在，它最多只能看做比喻，實際上，與「集體心智」一樣，是不可能存在的。

　　邊際效用理論摧毀了以李嘉圖、密爾和馬克思的勞動價值理論。而馬克思主義的基礎正是建立在這種勞動價值論上的。海耶克在《致命的自負》第九章第二節討論人類互動問題的複雜性時指出：

> 值得一提的是，正如Joachim Reig曾指出的，當讀過William Stanley Jevons和孟格的著作以後，馬克思自己似乎就完全放棄了《資本論》的後續研究（參見Reig在龐-巴衛克所寫的有關馬克思的剝削理論的著作的西班牙譯本中的譯者序，1976）。倘若果真如此，則馬克思的追隨者顯然不如他本人明智。

　　海耶克把經濟學稱作「交換學」(catallactics)，同時也可稱為演化理論。某種意義上，這是一門「元理論」(metatheory)，即關於理論的理論。因為它研究的對象，就是理論的構成。因為在海耶克看來，演化理論絕不只適用於各種生物，在某種意義上，從原子層次開始，它就已經適用了。因為原子是由更基本的粒子發展出來的。鑑於此，我們就可以用種種演化過程，來解釋各種分子，到生物體，一直到複雜的現代人類世界。

（四）劃界：區分兩種秩序

　　延續的秩序在結構上不僅僅是由個人組成，在個人與延續的秩序之間，還有很多不同的層次。它們就是相互重疊的所謂「次級秩序」。在這些次級秩序裡，一些本能反應，如團結一致利他主義等，

仍然有其重要性。因為它們能促進次級秩序裡的協作和諧。某種意義上，人類目前的困難正在於，我們必須不斷地調整我們的生活、思想和情緒，才能同時按照不同的行為規範生活在不同的秩序當中。二者的互相「越位」，對雙方都是災難性的。用過去學者們使用的語言，人們本能上所喜歡的和學來的這兩種行為規範是衝突的，所謂「文明」，就是人們學會服從「壓抑性或禁制性的道德傳統」。

人類的一個基本問題，就是解決本能所喜歡的東西和學來的東西這兩種行為規範之間的衝突問題。而事實上，人文學科和社會科學內部的基本派別劃分與上述兩種不同的行為規範是有相當關聯的。

例如，盧梭就是極力推崇本能的一派，主張「返還自然」，回復遠古時代。而亞當・斯密和休謨則對後天形成的規範，譬如市場規則給予了更多的關注和重視，並理解了它在人類延綿發展中的極其關鍵的地位。

海耶克屢次強調要特別分清不同的秩序結構。不同尺寸和不同組合方式的人群，有完全不同的關聯和相互作用方式，切切不可混淆。如前所述，人類有懷念小社群生活的本能。小社群是「每人出生時所處的環境，這對他而言，永遠都有無窮的吸引力。然而任何把同樣的特色移植到大社會的企圖，不僅必然失敗，而且將會導致專制暴虐。」(Bertrand de Jouvenel: 1957, p. 136)

中國歷來有所謂「修身，齊家，治國，平天下」的理想。中國傳統的所謂「家國」，以「家」為中心，「國」是「家」的擴大和延伸，政治關係是家庭關係的延伸。國家統治者在一國的地位類似於家長在一家的地位。中國歷代組織社會的政治的辦法就是取自組織家庭的辦法。老百姓被稱作「子民」，官員是「父母官」，皇帝自然

是大家長。這是中國的「家長式專制統治」的文化根源，也是由於混淆了尺寸和組合方式不同的人群的秩序結構類型而造成的現代困局。

實際上，中國文化傳統中，家庭倫理是有其值得繼承的精髓的。譬如，「父慈子孝，兄友弟恭」等等倫理精神，對於維護家庭內部的親情、和諧與秩序，無疑是正面的。

但是，這種倫理不能把它任意擴展到整個國家與社會的範圍去。中國的傳統的危險的一點，正在於對於家庭與社會的倫理混淆，這是兩種尺度大小的人群中的倫理，應當清清楚楚地把它們區分開。

政治秩序與家庭秩序的根本不同的。模擬家庭秩序並把它放大進入政治秩序，這是中國政治長期未能上軌道的重要原因之一。

其中關鍵的區別在於：家庭（和小團體）的活動可以根據成員的共同目的或意志來協調，然而社會（或延續的秩序）卻是每位成員各自追求不同的目標，但遵守普遍的規範而形成的協調複雜的結構。在共同行為規範的限制下，大家追求各自目的所造成的結果，居然形成某種貌似被安排出來的有序！因此，常常被人們稱之為「社會的有機性」，似乎真有某個大腦蓄意組織好的一樣，這顯然是一種「詞語的誤導」。

社會主義思潮何以在一段時期內風靡中國？威權主義統治方式何以在中國社會持續相當長一段時間？答案之一正是混同了不同尺寸大小的人群的秩序類型。即，中國傳統中家庭秩序與政治秩序的混同對此是要負一定責任的。

第四節　社會主義的淵源

（一）亞里士多德的消極影響

即使在西方歷史上，對於市場秩序的理解也是晚近的事。譬如，在古希臘，對西方精神傳統曾具有極大影響的亞里士多德，卻從未懂得以交換為主要內容的市場秩序是怎麼回事，這是西方歷史令人遺憾的一椿悲劇。他認為那些純為私人利潤而進行的商業活動，必定是不好的、不道德的。他從未想到，如果自己的祖先只是安於自己的已知需要，則現有的大多數社群便不可能出現在世界上。而且，他也絲毫不具備任何演化的概念。然而，他建議的道德規範和唯靈論思想——只適合原始部落生活的規範，卻支配了兩千多年的哲學和宗教（主要是羅馬天主教），從而導致了歐洲中古時期和近代初期教會的反商態度，反對貸款取息，鄙視利潤的風氣，以及所謂公正價格的教條。新教之後情況才開始轉變。特別是十八世紀之後蘇格蘭啟蒙學派的影響具有關鍵的地位。例如休謨就發現，有一種秩序使得「即使是壞人，也會由於其本身的好處而採取對眾人有利的行為」。這才開始有了自發演化的秩序結構的概念。

然而，與之相平行，法國的啟蒙思想家卻發展出了一套很不相同的概念。

（二）理智的僭越

海耶克旨在打破法國啟蒙運動者對於理智的迷信。百科全書派的學者們，「把一切都放在理性的審判臺前來審判」。此種信念，風

靡一時，理性成了判別一切的最高準則。

海耶克反其道指出，理性、心靈本身是文化發展的產物，而並非引導文化發展的領航員。而心智的發展很大程度上有賴於模仿。

心靈和文明是齊頭並進，同時演化的。所謂心靈(mind)，並不像頭腦(brain)，心靈不是與生俱來的東西。它也並非頭腦所製造的，而是得自遺傳的頭腦協助我們從外界取得的東西。心靈的生長，除了來自大腦的協助外，還有從文化傳統獲得的東西。

本能比習慣和傳統古老，習慣和傳統又比理智古老；無論就邏輯、心理和時間順序而言，習慣和傳統都介於本能與理智之間。

演化理論並非達爾文首創，相反，事實上達爾文曾從亞當·斯密的經濟理論得到啟發。而演化這一概念則是從歷史悠久的文化研究那裡借用過來的(如赫德(J. G. von Herder)、魏蘭(C. M. Wieland)和洪堡特(Wilhelm von Humboldt))。

當然，文化演化與生物演化有重要的不同，如，前者有獲得性遺傳繼承特徵，後者則不可能有獲得性遺傳。前者繼承獲得的信息和習慣來自各種不同的前輩；後者則嚴格遺傳自父母及有血緣關係的祖先，同時其變異與基因突變有關。前者演化迅速，後者演化緩慢。前者經由群體競爭而演化，後者則主要是個體競爭(有無群體競爭尚不明朗)。

但是，二者共同處在於，都不存在所謂「演化法則」或「不可避免的歷史規律」。二者都仰賴於相同的選擇原理：生存或再生優勢。

歷史主義(historicism)來源於對「個體發育」和「種類發展」的混淆。

由於個體發育完全取決於種細胞內整組基因的內在機能，是被

先天限定的；而種類發展是關於物種的演化史，是一個漫長的受多種因素影響的歷史過程，與個體發育完全是兩回事，這裡並不存在先天決定，並不存在歷史的必然演化法則。馬克思與孔德的錯誤與上述混淆有關。

文化理論後來何以沒有取得重大進展，其實是因為一批所謂「社會達爾文主義者」幫了倒忙。因此，使得以演化方法研究文化現象的人，遭受到他人（由於對「社會達爾文主義者」的反感而連帶引發對演化方法）的敵意。

對於道德傳統演化過程的研究，海耶克也稱之為一種「理性的重構」(rational reconstruction)，當然，這種「重構」不是他常批判的「建構性的唯理主義」那種建構，而是一種歷史研究，探索為什麼某些規律會壓倒其他規律而被普遍遵循。這方面研究的著名學者不僅包括蘇格蘭傳統的各位哲學家，也包括一大批文化演化史的研究者，如：古羅馬語言學家、孟德維爾、赫德、維柯 (Giambattista Vico)、薩維尼（德國法律史研究者）、孟格等人。除了孟格之外，上述所有人都早於達爾文。他們都為各種文化制度的出現過程，提供了一個理性的重構、理論性的歷史或演化性的解釋。

海耶克本人，正是隱然以過去的文化演化史研究者傳人的身分自命，重新承接起這一歷史重任，結合當代新的科學成就，特別是經濟學、心理學、法學、倫理學、哲學、史學和語言學等方面的進展，構築人類文明演化的理論體系。在海耶克這一綜合性探究中，他已遠遠超出了經濟學理論的範圍。

（三）社會主義作為一種思想運動

海耶克用了大量的論據說明，當代最有影響的政治運動之一的

社會主義，是建立在錯誤的前提上。儘管它出自善意，儘管當代一些最聰明的人物作它的先鋒，社會主義仍然必定危害到現有人口中絕大多數的生活水準，甚至生命本身。

社會主義企圖全盤設計我們的道德、法律和語言，蕩平原有的社會傳統秩序，掃除那些所謂阻礙人類理智充分發展、人生完美、徹底自由與正義的冷酷無情的狀況，一句話，他們要設計和重建一個更美好的「新世界」。

一種在知識分子中廣泛流行的說法是，從英國1688年的「光榮革命」、美國獨立戰爭和法國1789年大革命發其端，經歷了反覆曲折的過程，人類社會基本上找到了一條「政治民主」的生存方式。而從上世紀興起的社會主義思潮，特別以馬克思主義為突出代表的國際共產主義運動，則標誌著人類進一步向「經濟民主」的生存方式邁進。在實踐上的產物則是俄國 1917 年十月革命及蘇聯的出現，以及第二次世界大戰後所謂「社會主義陣營」的興起。

但是，這種「政治民主」和「經濟民主」的二分法，在經歷了歷史性的考驗後，其絢麗的油彩開始斑駁脫落，顯出了它的觀察方式的表面和膚淺，也表明所謂「進步主義」是一種並不合法的樂觀信念。事實表明，以「經濟民主」相標榜的社會主義思潮及其運動，不僅沒有帶給人類以經濟民主，反而連這些社會原來享有的一些政治民主也被剝奪殆盡了，從而帶來了人類歷史上罕見的高度極權和普遍貧窮。

當然，產生了如此重大影響的社會主義思潮，也並非突然從天上掉下來，它也有其自身的思想脈絡。

社會主義的思想淵源與上述的法國十七、十八世紀思想家有關。

這種唯理主義第一個方向是來自笛卡爾。他聲稱，純粹的理智完全不需要傳統，它可以獨立無所依傍地審判傳統的一切，它可以獨自創建新世界、新道德、新法律、乃至新的完美純淨的語言。這種來自妄自尊大的理性和本能的對於自發秩序的反叛，俘虜了相當多的以使用理智為職業的知識分子。

第二個方向的對延續秩序的挑戰來自盧梭。他把自由定義為從各種各樣的「人為限制」中「解放」出來。他認為，按照人的原初的動物本能來生活，其效果比按照依傳統和理智生活更有秩序更美好。他是對於人類近代文明作出最大聲抗議的人，實際上要人類返還野蠻時代。他忘記了，政治自由，並非人類掙脫各種鐐銬而達成的，而是爭取範圍清楚的私人領域的人們，獲得了個人人身的安全保障而達成的。盧梭特別創造了一個詞：總意志 (general will)，代表集體意志，使人們「成為一個整體的生命，成為一個人」。現代知識分子的「致命的自負」大概主要根源於這種集體意志的迷狂。

對人類現存的道德規範的批判，特別是對私有財產權的批判，對所謂文明社會的「異化」現象的批判，如盧梭所呼喚的「返回自然」，返還到原始的所謂「公共財產」狀態，是這一思潮的核心論述。

因此，在自上世紀中葉起，私產制度成了一個貶義詞，私有財產成了罪惡的淵藪，對它的口誅筆伐成了一種時髦，人人趨之若鶩，處處風起雲湧，對私產制度的批判一百多年來席捲了以該制度為根基的文明社會。由於盧梭的著作充滿激情，因此很容易地獲得了大眾的支持，產生了撼動人心的效果。

在盧梭這種訴諸情緒的流行思潮的影響下，從十九世紀到二十世紀上半葉，似乎在知識界出現了一道禁令，禁止研究財產權的傳統制度與成規。而批判私有產權，居然成了這一段歷史時期「進步」

思想的天經地義和核心。人們逐漸覺得財產權有點惹人厭煩。當時，凡是懷有進步思想，相信人類社會的結構應當重建的人，都應當迴避財產權問題。

眾所周知，這種在理論上對於財產權合法性的摧毀，以十九世紀馬克思主義的出現為標誌，達到了登峰造極的地步。其影響如此之劇烈，以致曾一度扭轉了人類文明的方向。

在社會科學方面，這種迴避乃至譴責財產權的社會主義傾向，在上世紀首先對考古人類學產生了影響，在創立這門學科的某些學者著作中，對於人類文明發展如此重要的財產權問題，居然隻字不提。但受到這種思潮影響最大的，則是社會學。在海耶克看來，社會學本身幾乎可以被稱作社會主義的學問。就像過去德國一些哲學家試圖用自然哲學去取代各專門的自然科學門類一樣，這種後來產生的社會學，也想取代歷史悠久的法學、語言學和經濟學等類專門學問，成為社會科學的總體學問，並對上述各學科領域的研究成果，採取了不予理睬的態度。

前面已指出，盧梭的思想，不僅是十九世紀社會主義思想的基礎，並且還左右了上世紀到本世紀初的一些大思想家。從邊沁(Jeremy Bentham)，到密爾，又到後來的英國自由黨人，再到孔德及其創立「實證主義」， 這種實證主義認定倫理道德需由理智的證明來確立。流風所及，影響到美國的自由派(liberal)實際上也帶有相當的社會主義傾向。這裡需注意歐洲的自由主義與美國自由主義的區分。前者堅持經典自由主義的基本信條，如托克維爾(Alexis de Tocqueville)和阿克頓爵士(Lord Acton)，海耶克認為他們應被稱作老輝格(Old Whigs)。而美國自由派的自由主義，則攙了很多社會主義水分。

　　海耶克說甚至像羅素這樣了不起的人物，也受到社會主義的影響，竟然把自由說成是「沒有任何障礙阻撓我們實現自己的希望」。本來，歷經長期文明演化保留下來的道德傳統，對於延續文明的基本貢獻，就在於它克制了我們的本能衝動。然而自盧梭以來，在其理論的光環下，這些本能衝動又返還神聖，被認為是最高「道德」。並且，要以這種本能式的「道德」為準繩，來摧毀舊道德傳統，重新設計一種新的公平的社會，把社會財富「合理」地分配。在這一方面，弗洛伊德、馬庫塞(Herbert Marcus)是最典型的代表。

　　在蘇聯和東歐發生歷史性劇變之前，仍然有不少唯理主義者相信，社會主義的集體計劃經濟制度不僅可以實現社會公平，而且也可以更有效地利用各種資源。這個初看似乎很有道理的想法忘記了：計劃經濟企圖利用的那個全體資源，任何人都不知道它在哪裡，因而絕不可能被集中控制。

　　儘管如此，社會主義者仍然妄圖把成千上萬個不同的選擇強行集中，納入一個共同的計劃秩序。因而造成了人類歷史上空前規模的貧窮饑饉和政治強制。

　　某種意義上，在當代，「進步的」（左翼的）政治哲學和倫理，它們與主流經濟學之間的區別，就是人類本能與道德文明傳統之間的區別。經濟學的分析表明了遵循文明的傳統道德對人類的進展所帶來的輝煌成就，這種成就是任何人都無法漠然視之的。而社會主義在全世界的實驗卻屢試屢敗，給被實驗的國家帶來了大規模的難以想像的苦難和死亡。因此，海耶克指出：

> 侈談各種「社會正義」的理論，卻對於其災難性的經濟後果採取無動於衷的態度，乃是一種罔顧他人死活的殘酷心態。❺

在1989年的社會主義大失敗之前，他在《致命的自負》中已經明確地畫出了該總體圖景，並嚴厲地指責那些左翼知識分子說：

> 在社會主義已經有了七十多年的實際歷程之後，我們現在仍然能肯定的說，除親嘗過社會主義的東歐和第三世界之外，多數知識分子依然面不改色地漠視這些經濟學的教訓；面對社會主義每試必敗，次次都不遵循其思想導師的設想來運作的事實，他們不願去思索箇中道理。從蘇聯，而後古巴、中國、南斯拉夫、越南、坦桑尼亞、到尼加拉瓜等一系列似乎連綿無盡的「烏托邦」，這些知識分子反覆不斷地尋找自己心目中真正的社會主義，不斷地理想化那些社會，又不斷地失望。❻

這正是一部難以理喻的人類悲劇之現代歷程。

而在理論上，正是海耶克，給這一導致悲劇的意識形態畫了一個最引人注目的句號。

（四）被毒化的語言

作者並分析了在社會主義者影響下，我們的語言如何被變形被毒化。我們應如何應付，以免受這種語言的牽引而進入社會主義思考的陷阱。

例如布勞代爾就曾說：

---

❺　同上書，pp. 85-86。

❻　同上書。

我們當中，誰未曾說過階級鬥爭、生產方式、勞動力、剩
餘價值、相對貧困化、實踐、異化、基礎建築、上層建
築、使用價值、交換價值、資本原始積累、辯證法、無
產階級專政⋯⋯？ ❼

人們回過頭來仔細琢磨，不難發現，這些術語其實都不是單純
陳述事實，而是有關事實的解釋與理論。即是說，你一旦使用這些
詞彙，你就不知不覺地已經進入了理論體系預設的前提和假設中了。

1.「資本主義」這個詞蘊涵的隱喻

在海耶克看來，「資本主義」從字面看，就已經暗示了一個為
資本家特殊利益服務的制度，暗示與工人階級的利益相對立。但這
種暗示卻與它實際指謂的那個延續秩序的性質毫無關係。但是，一
旦接受了這個稱呼，你就接受了資產階級和無產階級的你死我活的
階級鬥爭這個（實際並不存在的）預設前提。

而實際上，「資本主義」這個詞，連馬克思都從未使用過，並
且直至1867年尚不知曉該詞。它只是在宋巴特(Werner Sombart)的
聳人聽聞的著作《當代資本主義》問世後，才「突然出現在政治辯
論中，變成社會主義的當然對手。」❽它甫一問世，就已經打上了當
時論辯中的胎記，帶上了貶義色彩。其實，欲消解這種詞語的魔幻
作用，有一符靈丹妙藥：那就是，訴諸活生生的個人。無論是在當

---

❼　這些大多源於或流傳自馬克思：見 Fernand Braudel (1982b), in Le Monde, March 6, p. 108.

❽　見 Fernand Braudel (1982a), *Civilization and Capitalism: 15th–18th Century*, Vol. II, The Wheels of Commerce, Harper & Row, New York, 1982, p. 227.

時還是今天，你只要去問一下那些在邪惡的「資本主義」社會中的工人，問他是否願意到「工人階級」自己當家作主的「社會主義」國家生活時，答案就一清二楚了。

顯然，由於受到懷特海過程哲學和普通語義學的啟示，海耶克指出

> 現代人的政治語彙之所以無法令人滿意，重要原因在於這些詞彙乃源於柏拉圖和亞里士多德。由於他們缺乏演化的觀念，因此或者把人間秩序看成全知的統治機構對不變的一群人所作的安排；或者是像大多數宗教和社會主義那樣，把秩序看成超凡的心靈設計而得的結果。❾

試回顧一下懷特海對亞里士多德的批評及其著名的過程原理：

> 「一個現實實有是如何生成的」也就構成了「那現實實有是什麼」；以致對一個現實實有的這兩種描述不是獨立的。它的「存在」就由它的「生成」構成。❿

二者對於「演化」「生成」的強調，其精神上的聯繫是不難發現的。

海耶克專門援引中國古聖人孔子的話，「名不正則言不順，……則民無所措其手足。」來論證社群的秩序與使用恰當命名的緊密相

---

❾　F. A. Hayek, *The Fatal Conceit —— The Errors of Socialism*, Poutledge, 1988, London, pp. 109–110.

❿　A. N. Whitehead, *Process and Reality*, p. 174.

關性。

他堅持使用「各自財產」(several property) 代替「私有財產」(private property)一詞，以便更精確地表達他的理論。

關於「自由主義」這一名詞被濫用的情況，則更觸目驚心。現代很多社會主義者都喜歡以自由主義自我標榜。這是因為自由主義的論敵也意識到僭用自由主義的標籤是一個聰明的辦法。眾所周知，當代美國的所謂自由派 (liberal) 實際上帶有很強的福利社會主義色彩。

2.作為人格化的名詞——「社會」的迷思

海耶克特別仔細地分析了「社會」作為一個人格化的名詞所起的意識形態作用。

現代人以「社會」一詞代替國家 (state) 或強制性組織的用語習慣，也歸功於馬克思。當他使用「社會」這一字眼時，他實際所指的是國家這種強制性的組織。他利用「社會」這個替代詞暗示，我們能夠用比強制手段更溫和、更親切的引導方法，按我們的意思讓眾人的行為就範。

崇拜「社會」的社會主義者不過是泛靈論秩序觀當中最新的一個而已。社會主義者想像一切秩序都是經過規劃的結果，他們因而斷定只要優秀分子提出較好的規劃設計方案，秩序必定能夠改善。

但是，「社會」是無法行動的。「它」是沒有目的的。

使用這套已被毒化的語言的實際效果是：

⑴顛倒黑白。暗示一個錯誤概念，以為：在延續秩序中，不具人格的自化過程所產生的那些結果，是人為造成的。

⑵以上述錯誤觀念為支撐，膨脹了人們的野心，去設計他們絕對無力設計的東西。

⑶使被它修飾的名詞的意義空洞化。

第五節　兩項因素的考察：人口與宗教

（一）關於人口與市場秩序

　　此外，作者還反駁了一種廣泛流行的人口理論，該理論認為人口爆炸將使市場秩序的理論失效。即：市場秩序這個導致了眾多人口，同時也由眾多人口所生成的制度，人口的進一步的發展，將是對人類福祉的嚴重威脅。

　　馬爾薩斯(Thomas Malthus)人口理論的基本假設是：人的勞動大概可以被看作是一種同質性的生產要素。在當時，這一假設與事實相差不大。因而，可以合理地推論出報酬遞減法則（即，人口增加，邊際生產力降低，每人所得減少）。

　　然而，何以現在沒有，以前也沒有任何的實際資料，顯示人口無論在數量還是密度方面的增長，對生活水準有負面的效果呢？海耶克指出，此後的發展出現了新格局：勞動不再是同質的了，它變得日益專業化、多樣化。事實上，由於人類無與倫比的多樣性和可塑性，在擴大人口的同時，擴大了他們之間的差異性，亦即增大了其多樣性和豐富性，他們隨時調適自己，展現出一種更為複雜的秩序，極大地延伸了人類的生存樣式和可能性「空間」。同時自發出現這種秩序下的（對自己最有利的）生育倫理。

　　這表明，人口增加現在反而是人口進一步增加的重要條件。當然，重要的不僅是有較多的人，而是有較多的不同的人，生產力才得到提高。

但是，海耶克並不否認人口增多導致平均所得降低。然而導致這一結果的原因在於當人口大幅增長時，往往是貧窮的階層而非富有的階層人口增加較快。即，每一個既存的人大體上都變得較前為富，但由於有眾多的窮人家嬰兒加入現有人口，故平均值可能下降。

由於資本的擴張創造了就業機會，它創造了一些條件，使得那些無法從遺產中得到土地與工具以維持生計的人，在他人幫助下，也能使用土地與設備，從而維持了自己的生計。因此，它既對窮人有利，也對富人有利。海耶克同意馬克思的這一觀點：「『資本主義』創造了無產階級；它賦予他們生命，無論是過去還是現在。」

以為資本必須以「犧牲他人為代價」才能累積的觀點，實際上是經濟觀念的倒退。在海耶克看來，計較市場價值，實際上就是計較生命。因此，市場秩序對於延續和擴展人類生存及其範圍，是極其輝煌和有效的。

另外，人口問題必須從區域性的角度觀察，不應視其為純粹的全球性問題。

真正的問題應當是：某地區的居住人口，無論其原因如何，是否會比該地區的資源（包括可以用於交換的資源）增長得更快。

在海耶克那裡，在我們關心的並可以預見的未來，根本不存在全世界人口增長大於原材料資源成長的危險。相反，有充分的理由相信，早在上述情況發生之前，一些內在的力量就會發生作用，遏制這一過程。

（二）宗教的功能

海耶克本人並不信仰任何宗教教派。他討論宗教問題，首先是區分不同的宗教對道德傳統的不同影響。指出歷史上各式各樣的宗

教中，唯有那些支持財產和家庭制度的宗教目前仍然存在。自然選擇已經淘汰了那些不適生存的宗教信仰，共產主義也難逃此命運。

首先，作者指出，社群競存的演化導致遵循現行道德傳統的社群存活與擴張，它雖然是現行道德傳統所以存留的基本原因，但這一過程並不足以完全說明這一道德傳統何以被採納。既然該傳統不是基於理解，則它從何而來？並且，在人類本能的頑強抵制和唯理主義的打擊下，它何以站穩腳跟？

部分答案正是宗教。

神秘信仰並非理性產物，而是人們傾向於用泛靈論觀點去解釋秩序現象派生出來的。起先圖騰限制也許只是作為社群內部成員間辨識的標籤，後來人們逐漸認為違反禁忌會遭神靈懲罰，會使我們諸事不順，於是禁忌得以保存。

另外，文化特徵需要好幾代的傳遞，才能形成傳統。這一強制性傳遞的形成，常常須借助神話一般的信仰才能發生。特別是在行為規範與本能衝突時，更需借助宗教信仰的力量。

並非所有宗教都在本質上與現存道德價值聯繫的。在過去兩千多年中，有不少創教的教主是反對家庭與財產制度的。但他們的宗教教派都很快消失在歷史的煙塵中去了。只有支持家庭與財產制度的宗教才持續保留到今天。

共產主義以反對家庭與財產制度聞名。就其實質而言，它本身也是一種宗教，它難逃歷史上那些反對家庭與財產制度的宗教的共同命運。事實上，我們正在目睹它的衰落與消亡。

雖然在海耶克寫作的當時，尚未出現1989年那場共產主義大崩潰。但是，海耶克在書中已經寫得非常清楚，共產主義的衰落與失敗主要發生在已經實施過共產主義的地方，在那裡，這種理念已經

徹底幻滅。1989年及其之後的事變輝煌地證實了他的預言。

但是，在西方世界和處於延續秩序邊緣的第三世界，共產主義仍有市場。在這些地方的左翼知識分子以黑格爾的所謂辯證哲學為武器，仍然保有其愈益飄渺的共產理想。譬如，馬庫塞的哲學以及第三世界的所謂「解放神學」就是如此。它們已帶來了更多的災難和混亂。但是，由於它們並未成為「國教」，未曾獲得機會利用國家暴力強制推行該意識形態，因此那裡的人們對於由此而遭受的巨大苦難和奴役並無切膚之痛，因而對這種意識形態的拒斥態度就緩和得多、輕鬆得多。例如，一生以批判西方現存主流文明秩序為職志的著名語言學和哲學家喬姆斯基(N. Chomsky)，倘若是生活在前蘇聯或毛中國這樣的國度，人們可以絕對斷定，他必定不僅不會是反西方主流體制者,而且肯定是激烈批判共產制度的持不同政見者，並且早就被投入監獄，或已死於非命，而絕不可能像他現在這樣享有批判理論家的榮光的。他是只有身處在他所批判的文明體系中，才能充分發展和發表他的這些思想，才能享有如此盛譽。因此，他所批判的制度，正是保障他自由地思想的最佳生存環境。他自己的直覺是充分意識到這一點的，因此，他是絕不願意離開他所抨擊的「地獄」的。謂予不信，試拭目以待。

在海耶克看來，宗教是人類莫名其妙地獲得的（非理性）工具，用以呵護和支持那些極其重要的維護延續秩序的道德與習俗。這些宗教（特別是幾個主要的一神教）雖然缺乏理性根據，但信奉它的社群確實因之「生養眾多，遍滿地面，治理這地」。就海耶克私人而言，對於上帝的有無，他是一位不可知論者。但他認為他自己與篤信宗教的人是殊途同歸的。因為他們雙方所信奉的倫理價值系統是一致的。只不過，多數宗教的信仰者把這種價值和秩序的來源寄

託在現實世界之外，而海耶克等人則把它歸結為現實世界本身的特徵。當然，這是個極其複雜的特徵，其複雜性使任何人都不可能想像到其外觀或形態，如此而已。

第六節　海耶克對流行思潮的批判

（一）四大哲學批判

　　總括起來，在《致命的自負》中，海耶克集中批判了四個基本的哲學概念：唯理主義、經驗主義、實證主義和功利主義。過去幾百年間，這四種信條一直是科學的時代精神的代詞，是啟蒙時代以來人類的基本信條。唯其如此，海耶克的批判就顯得特別引人注目。此外，它令人不安之處還在於，在這幾方面，某種意義上海耶克同他最為深惡痛絕的所謂「後現代主義」似乎有了某種精神共鳴。

　　在海耶克看來，這四個基本的哲學概念主要蘊涵了如下一些預設前提：

　　1.遵從那些在科學上說不出所以然或以無法觀察到的證據證實的東西，是不合理的。（實證主義、經驗主義）

　　2.遵從那些自己無法理解的東西，乃是不合理的。（唯理主義）

　　（海耶克承認，他本人過去也曾持有這一觀點。而與他同調的哲學家卡爾・巴柏也一度主張思想家「不會盲目地服從任何傳統」。其實，這是不可能做到的。它實質上導致完全不遵守傳統。卡爾・巴柏後來又正確地指出：「我們從來不知道自己正在說些什麼。」）

　　3.除非事先清楚表明行為的目的，否則任何行為都不能算是合

理的。(唯理主義、功利主義)

　4.除非預知全部效果,而且除非這些效果是可以被觀察到的、是大家喜歡且有益的,否則做任何事情都不能算是合理的。（功利主義)

　　如果根據上述四條原則,可以看出,我們的主要道德傳統(即圍繞著私產制度和貿易而發展起來的道德規範), 既無法證實,又不能保證人人喜歡,因此沒有理由接受它們。但是, 令人無法迴避的事實是:不受這些道德約束的結果就是貧困與饑饉。

　　海耶克承認,現代文明的道德系統的確是一種負擔,對許多人而言,它確實礙手礙腳。但是我們必須負責任地評估我們拒絕或接受這一基本價值體系分別導致的後果。

　　他認為不必羅列文明的數不清的所有好處,他只想提出人們意想不到的一項:自由。

　　這裡主要涉及有關「自由」概念的涵義問題。有些唯理主義者恰恰指控上述的道德傳統壓制了人類的自由,因此必須予以取消。問題是, 他們所指的是何種「自由」? 他們指的,其實是所謂「解放」,即他們認為自由就是指從一切約束下「解放」出來,「想做的,都能夠做到,這就是自由。」即如邊沁所說:「每一條法律都是罪惡,因為每一條法律都是對自由的一種侵害。」 然而, 這種毫無拘束的「自由」是可能存在的嗎? 在那種情形, 每一個人的自由, 難道不會因其他人的無限自由而受到侵犯遭到挫折嗎?

　　因此, 真正有意義的問題是:如何確保每個人享有最大可能的自由。歷史表明,一套行之有效的辦法,就是以同一套抽象的規範,去限制每一個人的自由,不准任何人侵犯到他人的自由範圍,不准任何人任意強制他人或被他人所強制。一言以蔽之, 就是:以共同

抽象的規範來代替共同具體的目標。被強制服從共同具體的目標，必定是奴隸；而服從共同抽象的規範，則可以提供自由的空間，並創造多元迸發的世界。海耶克在這裡所說的自由，如前面的章節所述，仍是康德的在「法律之下的自由」，也即前述的柏林(I. Berlin)式的「消極自由」，即一種用否定的方式所定義的自由，意指「免於外力的強制和束縛，不被強迫做某事」的權利。這裡的關鍵是，需要以一套普遍的抽象的規範，去限制每一個人的隨心所欲。不是共同的目的，而是共同的規則；不是針對某些人的，而是平等地針對所有人的。而最為奇妙的是，在這種規則下，個人愈是個性紛陳，世界愈是有秩序。

實際上，通過遵守抽象的規範而來的自由，是「秩序的母親，而不是它的女兒」。

（二）異化理論批判

所謂「異化理論」(theory of alienation)，是現代對於延續秩序提出的最重要的批判理論之一。它被很多理論家——特別是黑格爾——馬克思主義流派的理論家——採納，用以抨擊當代社會的主流生存方式。

海耶克特別仔細地分析了異化說是如何反對現代文明的。

海耶克指出，大部分現代生活的所謂「異化」(alienation)或稱之為疏離感式的不快樂，源於兩種情形：其一對知識分子有影響，其二對富人有影響。

在第一種情形裡，是「理性的」預言家自我應驗的不快樂。實際上，在任何不能按唯理主義理想刻意加以控制的「體系」裡，這種預言家一定不快樂。如，從以前的盧梭到現代法國德國思想界的

一些人，福柯(Michel Foucault)和哈貝馬斯(Jurgen Habermas)等認為，任何未經人們同意，便把某種秩序「強加」於他們身上的體系，都難免產生強烈的異化感。因此，被這些理論家說服的人，通常會感到文明是無法忍受的。——這等於是說，根據人們自己設想的定義，他們受不了文明。

在第二種情形，是由於利他主義和團結一致這類原始本能揮之不去，從而使在延續秩序裡按照「人情冷漠」的規範生活的人，患了「良心不安」的時髦病。或基於同樣理由，以為物質成功必然帶來「罪惡感」（或必然違背「社會良心」等等諸如此類的東西）。因此，在富裕的秩序中，不僅有生於貧窮邊緣的不快樂，也有一種想像衝突的不快樂——一種因為本能情結或理智過剩，都與既非本能、也超越理性的實際秩序相互衝突，而在前兩者身上產生的不快樂。

這就產生了種種要求從文明的負擔「解放」出來的理論。這種「解放」理論，強烈要求從講求紀律、承擔責任、承擔風險、克己儲蓄、誠實無欺、信守承諾、禮貌待人和不徇私情等基本的道德操守中擺脫出來。此類求「解放」的衝動和訴求，就其厭惡遵守傳統道德來看，其實古已有之。歷史和現實（如南美羅馬天主教內的「解放神學」）屢次顯示，這種以「解放」為名提出豁免遵守文明社會基本規範的義務的要求，首先將陷社會於無政府無秩序的弱肉強食的「野蠻叢林」的混亂之中，進而將導致一個憑藉武力高度極權控制的社會。簡言之，它將摧毀自由的基礎，摧毀文明秩序。

而人們難以想像的是，自由產生的秩序居然比極權控制下的秩序大得多，高得多。

（三）羅爾斯《正義論》批判

海耶克認為，要求自然的演化過程滿足正義的道德標準是完全不合適的——不管此種要求是針對以往，還是目前正在進行的變化。因為直至現在，演化過程仍在進行之中。人類文明不僅是演化的結果，它本身也是過程。這一過程創建了一套普遍適用的個人行為規範和個人自由原則，在這些原則規範下，文明本身不斷地演化下去。這一過程不僅不照人們的意願而運動，而且其後果往往令人失望。

在海耶克看來，堅持一切未來的變化都必須是公平的，無異於要求演化停止。而文明演化之所以引導我們，正是由於它產生了我們未曾料到的新事物。既然不能知道它們，我們又何從判斷其道德是非呢？

演化是無所謂正義不正義的。市場是無所謂正義不正義的。

除了通過市場，沒有人能夠判斷任何人對於全部產出的貢獻是多大；並且，假如不通過市場，也沒有人能夠判定，為了促使某人從事對產出最有貢獻的工作，應當給他多少報酬。

羅爾斯主義的世界，將不會得到文明。因為根據羅爾斯的主張，由於機緣僥倖而產生的個別差異都須鏟平，因此，大部分可能被發現的新事物將被封殺。而且，我們也再不可能得到那些讓我們自求多福的訊號，那些唯一能告訴我們每個人應該做些什麼才能維持和增加生產水準的訊號了。

海耶克並不贊成「社會契約論」。他指出，正義並非是由協議而建立起來的，相反，正義恰恰是存在於沒有協議的地方。注意，這是就社會總體而言的。與此相對照，在市場行為中，他特別強調誠實守信遵守契約是重要的道德規範之一。

行為的善惡不再視它追求的目標而定，而是取決於它是否遵守某些抽象的規範。就勸人為善而言，所有的道德系統都贊成利他行為，但全部問題在於如何實現利他的目的。利他主義者認為每人凡事都必須確定對於特定的他人會產生的可觀察到的有利效果。這一原則不僅無助於形成延續的秩序，甚至與它不能並存。但是市場的道德（如對個別財產制度與契約的尊重），卻引導我們行善於人。延續的秩序超越了個人的無知，它達成了徒有善意無法辦到的事。

人際合作所以能擴展延伸到個人觀照得到的範圍之外，必要條件之一就是抽象的行為規範取代共同目標，用以約束越來越多的人際合作行為。

第七節　疏離經驗主義

（一）海耶克與巴柏異同論

在《通向奴役的道路》中，海耶克高度評價了英國的經驗主義傳統，然而在他最後的著作中，卻批判了作為哲學界主流思潮的經驗主義。其中的原因和脈絡何在？

首先應當指出，海耶克所批判的經驗主義其實是實證主義和科學主義，即經驗主義在本世紀的一個派別，一支發展，而且是近年來已經衰落了的思潮流派。但是，他對經驗主義的源頭——蘇格蘭啟蒙運動，特別是對其中那位傑出的哲學家休謨，終其一生保持敬意。

但是，綜觀海耶克前後期著作，可以發現他的神秘主義不可知論的色彩在後期（特別是在《致命的自負》中）愈益濃厚，對經驗

主義和科學主義的質疑也日益加深，這也是明顯的事實。對經驗主義在本世紀的主要表現——實證主義和科學主義，海耶克在《科學的反革命》一書中就展開了尖銳的批判。特別對孔德的實證主義的批判更是不遺餘力，同時，他也批評了維也納學派的實證主義觀點：即認為經驗材料乃是知覺以一種純粹的方式呈現給我們的，這些材料代表了外在世界的事實。海耶克認為：

> 知覺總是一種詮釋(interpretation)，把來自感覺經驗的對象歸入一種或幾種不同的類別(classes)之中。一種從未發生過的全新事件，在第一次進入大腦時，將無法被知覺。**⑪**

可以看出，海耶克的上述觀點是與康德平行的，特別地，它與當代的詮釋學在精神上的貫通和呼應是顯而易見的。

他對科學主義(scientism)的主張是全面拒絕的。尤其是在他的名著《科學的反革命》一書中，他仔細批駁了如下的科學主義基本論點：自然科學的方法能夠普遍應用於人文和社會科學領域。他稱之為「工程師式的心靈」(engineering type of mind) 和工藝型心理(polytechnic mentality)**⑫**。對於聖·西門和孔德的所謂「社會物理學」他更是給與了毀滅式的批判，指出那是一種對科學方法和語言的奴性模仿(slavish imitation of the method and language of science)，從而變成了科學主義的偏見(scientistic prejudice)。海耶克認為社會科學的對象帶有對象本身自我認定的主觀特徵，這與自然科學根本不同。在《個人主義與經濟秩序》書中，他說：「要言

---

⑪　Hayek, *The Sensory Order*, p. 142.

⑫　F. A. Hayek, *The Counter——Revolution of Science*, pp. 105–128.

之，在社會科學裡的事物，人們認為它們是什麼就是什麼。貨幣就是貨幣，語言就是語言，化妝品就是化妝品。」即是說，「所有這些對象都不是依據它們的『真實的』性質來下定義的，而是根據人們對它們持有的見解而下定義。」⑬

眾所周知，海耶克多次表明他對卡爾・巴柏思想的欣賞，並且直接引用巴柏的「試錯原則」來強化自己的論證。而後者也多次表達對海耶克的敬意，巴柏說：「在英國早期我求教最多的人是貢布里希、海耶克……。」⑭

海耶克最早知道巴柏是在從倫敦回訪維也納的火車上，當他與友人哈柏勒(Haberler)討論維也納學派的實證主義時，他表示馬赫式的實證主義不合自己的口味。哈柏勒告訴他說：「哦，維也納實證主義者中最近出現了一本很好的新書，討論科學研究的邏輯，作者叫卡爾・巴柏。」這使海耶克成了該書最早的讀者之一，因為它剛出版幾週。看過之後，他發現哈柏勒的介紹有誤，因為該書雖然在上述學術圈子中傳閱，但巴柏確實攻擊了實證主義的整個體系。海耶克說：

> 我很滿意此書，因為它證實了我以前已經根據經驗而形成的與巴柏很相似的確定觀點。巴柏比我年輕四、五歲，所以我們並不屬於同一輩學人。但是我們形成自身學術觀點的環境是一樣的。這一學術氣圍被兩項大規模的討論所支配，一項是同馬克思主義者，另一項是同弗洛伊德主義者。
>
> 這兩派人都有一個很明顯的特點：他們都堅持自己的理論在

⑬　F. A. Hayek, *Individualism and Economic Order*, p. 60.

⑭　Karl Popper, *An Intellectual Autobiorgraphy: Unended Quest*, p. 127.

根本上是不可反駁的，我特別記得有一次當我同弗洛伊德主義者辯論時所突然開始看到的他們的荒謬。他們解釋到：「哦，對，這可根據死亡本能理解。」我說：「但這是不能根據死亡本能解釋的呀。」「哦，那麼，這可以根據生存本能理解。」自然，倘若你有了這兩種選擇以備用來解釋事情，那麼就沒有任何辦法來檢驗該理論究竟是對是錯了。於是，那件事讓我懂得了後來巴柏獲得的主要的系統性觀點：檢驗經驗科學的標準是他能否被否證，如果任何體系聲稱它是不可否證的，那它就一定不是科學。我並非受過訓練的哲學家，我沒有系統精心地闡述它，而只滿足於認識到這一點即可。但當我發現這一點被巴柏清楚地論證和辯護時，我立即接受了巴柏哲學對於我經常感覺到的東西所作的詳細說明。從那時起，我被巴柏所感動，我們最後成了親近的好友，雖然我們以前在維也納時並不相識。在很大的範圍內，我都同意他的見解，雖然並非馬上達成一致。儘管巴柏自己的興趣後來又有發展變化，但是在哲學問題上，我與他的共識還是遠超過其他任何人。**⓯**

　　但若仔細深究，海耶克與卡爾·巴柏的思想其實還是有重要差別的：

　　1.在對唯理主義的態度上

　　海耶克批評對理性的崇拜，特別反對所謂「理性的建構主義」(rationalist constructivism)。但他所謂的理性是指完全脫離習慣和傳

⓯　F. A. Hayek, *Hayek on Hayek*, The University of Chicago Press, 1994, Chicago, pp. 50–51.

統的玄想思辯，而不是以習慣和傳統為前提的理性，後者即完全被
實踐的技藝訓練出來的批判性參與者。

而卡爾・巴柏則自稱為批判理性主義者(critical rationalist)，海
耶克雖然在較早時曾經認為卡爾・巴柏的批判理性主義為英國傳統
的理性主義潮流，提供了一個新的重要的哲學基礎❶。然而，畢竟
它仍然是唯理主義的一支。巴柏自己在其《思想自傳》的第一百七
十三條注中也說：「我十分不必要地常常用『理性主義』這個令人
討厭的詞，……我想理由是（不是一個好理由）我正在為維護『理
性主義』而爭辯。」

但海耶克在後期的本書中，事實上是全面地批判了唯理主義。

2.在對自然科學成就的態度上

海耶克反覆強調自然科學的方法不能推廣到社會科學和人文
學上。

卡爾・巴柏則對自然科學的成就充滿敬意，他的方法論乃至哲
學都受了自然科學特別是愛因斯坦的巨大影響，自然科學及其歷史
是他哲學靈感的主要來源。

二人的區別在很大程度上是來源於各自不同的專業背景。

3.在對待演化論的態度上

仔細閱讀海耶克的著作，不難發現，海耶克一生的學術，圍繞
著兩個基本概念──「自發秩序」(spontaneous order)和「演化」
(evolution)──旋轉。由此可見海耶克是如何激賞演化理論在學術
發展中的軸心作用了。雖然他並不認為達爾文是演化論的首創者，
而是受到亞當・斯密理論的啟發。他並且指出，演化論早期研究的
著名學者不僅包括蘇格蘭傳統的各位哲學家和一大批文化演化史的

❶　F. A. Hayek, *Studies in Philosophy, Politics and Economics*, p. 94.

研究者，如：古羅馬語言學家、孟德維爾、赫德、維柯、薩維尼（德國法律史研究者）等人，他們都早於達爾文，他們又都為各種文化制度的出現過程，提供了一個歷史的或演化性的解釋。但是，儘管如此，海耶克仍然認為達爾文對演化論的現代傳播與精確形態的形成功不可沒，因此仍對達爾文的貢獻給予了很高的評價。

然而眾所周知，巴柏自己的知識成長理論雖然與達爾文主義非常相似，雖然他承認達爾文理論可以作為應用境況的邏輯，但眾所周知，他否認達爾文學說作為自然科學理論的地位。因而總體而論，他對達爾文演化論相當不恭。他在其《思想自傳》中指出：

> 達爾文理論——在廣義上，是試探和排除錯誤的理論——的科學地位問題就成為一個有意義的問題。我已得出這樣的結論，達爾文主義不是一個可檢驗的科學理論，而是一個形而上學研究綱領——一個供可檢驗的科學理論用的可能的框架。❶

4.關於對愛因斯坦、羅素的評價

對上述二位在本世紀廣有影響的科學家和哲學家，海耶克與巴柏的評價是有很大差別的。思考該差異產生的原因，從這裡可映照出海耶克（對唯理主義的懷疑態度）與巴柏（的批判理性主義）的分歧。

巴柏以讚賞的口吻說：

> 在那次會議上，也許是康德以來最偉大的哲學家貝特蘭·羅

---

❶ Karl Popper, *An Intellectual Autobiorgraphy: Unended Quest*, p. 168.

素講了話。**⑱**

而海耶克對於羅素，常常是持批判態度。他稱羅素為傾向社會主義的知識分子。對於愛因斯坦，海耶克在稱許其科學貢獻與智力成就的同時，指出他受社會主義潮流的影響而對社會主義、對所謂「為需要而不是為利潤生產」的盲目讚揚而走錯了方向。

（二）海耶克的反智傾向

在六十年代，海耶克曾經批判過保守主義者的反智主義。然而，越近晚年，他自己對知識分子的疑慮也越來越強了。在本書中列專章指出「知識分子欠缺經濟知識」（涉及專業與觀點的聯繫），並且認為越是對自己的智力自視甚高的人，越容易反對「延續的秩序」並鄙視貿易。他在另一章裡更明確地說：

> 那些有教養的人士 (beaux esprits)──就是我們前面涉及的知識分子……──對我們這個時代的種種不滿，其實與原始部落中的人們所感到的不滿差不多，鑒於此，我把他們的各種主張和理想，一律稱為隔代遺傳(atavism)。……從亞里士多德到羅素，從愛因斯坦到巴西的卡瑪拉主教，形形色色的類似「為使用而不是為利潤而生產」的高尚的社會主義口號，我們已經聽了不知多少遍了，但是這些口號不過是透露了呼籲者的無知。**⑲**

---

⑱ 同上書，p. 109。

⑲ F. A. Hayek, *The Fatal Conceit ── The Errors of Socialism*, Poutledge, 1988, London, p. 104.

　　知識分子何以容易傾向於社會主義？愈是受過教育的人愈不甘心屈從於一個難於理解的引導過程——例如不甘屈從於市場的引導就有如下結果：他們偏向於抗拒的那個過程，恰好是讓自己更為有用的過程。對一般知識分子而言，自己不過是隱匿的市場力量的一個工具的感覺，幾乎無異是一種人身屈辱。他們的上述排斥心理也有助於理解為何知識分子對市場秩序懷有敵意，為什麼他們容易相信社會主義，容易傾向於「陰謀論」。

　　　在智商的階梯上，我們越是往上攀登，便會發現博學鴻儒越多，也越容易接觸到各種各樣的社會主義。唯理主義者往往都是聰明的愛智者；而聰明的愛智者又往往是社會主義者。當我們考慮到智力高的人往往會過高估計智力的力量時，那麼，我們就不會因為開初發現智力高的人很多都是社會主義者而詫異了。智力高的人，常常會傾向於認為文明帶給我們的好處與機會，一定都是精心設計的結果，而不是由於我們遵循一些傳統規範而達成的。同時，他們也認為，憑藉我們的理智能力，餘下的一些文明缺陷，只需要更多、更聰明的反思，就可以徹底解決。他們傾向於認為，倘若我們的各種努力有更準確的設計與理性的協調，則世界就一定會變得更為完美。這種思維方式，自然而然地傾向於認同中央經濟計劃與統制等等社會主義核心原則。他們很難相信，除了像自然科學那樣有刻意的實驗安排，會有其他的方式也可以產生有用的知識。當然，他們也很難相信，除了自己所信仰的那個理智傳統（唯理主義傳統）外，還會有其他的理智傳統。……唯理主義傳統中的知識分子忽視了理智在理論上的限

制，結果使他們對各種生物科學和經濟學等一無所知，並使他們繼續誤解我們的傳統道德規範的源起及其作用。❷

　　海耶克以其充分自信及其難以辯駁的理據，批評了本世紀眾多影響巨大聲譽卓著的思想家、科學家和學者。這些人或是傾向於社會主義思潮，或是傾向於政府干預經濟的福利社會，或是傾向於批判或是瓦解傳統的道德規範。其中包括現代最偉大的天才愛因斯坦(Albert Einstein)、哲學家羅素、以及著名經濟學家凱因斯、著名生物學家和現代分子生物學創始者莫諾(Jacques Monod)、科學家兼科學哲學家波恩(Max Born)、哲學家福柯(Michel Foucault)、哈貝馬斯(Jurgen Habermas)、羅爾斯(John Rawls)、馬庫塞(Herbert Marcus)等等，也批評了柏拉圖、亞里士多德直至上世紀著名自由主義思想家密爾(John Stuart Mill)；同時，也包含了海耶克坦率的自我批判。

　　仔細審視海耶克的反智主義，不難發現其中蘊涵有強烈的蘇格拉底式的自知其「無知」的傾向。然而，正如眾所周知，蘇格拉底顯然比被他所追問的聰明人更加聰明，具有更高的精神與智力境界。因此，這種反智主義仍然邏輯地蘊涵有對自身智力的高度估價。因為他比其他賦有高度智力的學者更有反省能力，更能洞察智力的限制，更加清醒。所以，真正的反智主義基本上都會面臨一種邏輯上的困局。

（三）海耶克留下的問題

　　海耶克在《致命的自負》第五章指出：

　　雖然這些常規確實逐步造就了延續的秩序，但只有在這個秩

---

❷　同上書，p. 77。

序形成之後，我們才可能著手針對這些常規進行回溯與殘缺
不全的原則性解釋。

　　但是，這裡的問題在於，既然我們能夠進行「回溯與殘缺不全
的原則性解釋」，我們就在某種程度上理解了這一秩序，即我們獲
得了理由為之辯護，而這也正是海耶克所作的主要工作。如果他不
想訴諸人們的理解，也就不會有如此之多的雄辯的作品產生。因此，
理解既存的傳統，就並非毫無意義之事了。它有助於我們選擇和堅
持有關各自財產、誠信、契約、交換、貿易、競爭、利潤、個別隱
私等方面的行為規範的傳統，而擯棄小範圍人群的行為規矩傳統（如
團結互助利他主義等），特別是擯棄已流行了一個多世紀來的社會
主義傳統。原因是，按照海耶克的理論脈絡，我們也並不是在一種
傳統的籠罩下生活的，這就必定面臨一個選擇的問題；而選擇，就
意味著理解各種傳統秩序的優劣高下。

　　因此，我們也不必過分強調盲從傳統。無論如何，這裡面仍然
存在某種理解，某種選擇。當然，這只是事後的理解以及在此理解
基礎上的選擇而已，這裡絕無設計未來的涵義。

　　當然，海耶克也談及人類是如何對規範進行取捨的。他認為是
那些長期性的後果起決定作用。而那些立即可見的短期功效卻不甚
重要。然而如何發現、判定這些功效並進而選擇導致該功效的規範，
其中的機制並不清楚。

第八節　總結

　　海耶克在本書中，圍繞「延續秩序」這個中心概念，總結並發展了他一生的基本思想，修正了他過去的一些論點，特別是剔除了原存在於其思想中的經驗主義成分，從而完成了他的獨特體系。他清楚地指出共產主義正在迅速走向衰落，而這一現象特別發生在已經實施共產主義的地區，只有在那些地方才有機會使種種不切實際的希望幻滅。

　　他在1988年的這一觀察之犀利，到此書出版一年之後就戲劇性地兌現了。這就是1989年開始的共產主義大潰滅。

　　這在歷史上是罕見的巧合。這也是對海耶克終身奮鬥的報償。

第七章 保守主義還是自由主義?

第一節 海耶克與保守主義

（一）保守主義乎?

聚訟紛紜，毀譽交加，海耶克是本世紀爭議最多的思想家之一。

有一個長期流行於部分知識圈子的定見，即，把海耶克歸類為保守主義者；緩和一點的說法是，海耶克在自由主義陣營中屬於保守的一翼。但是，海耶克本人並不同意這一指稱，他並不自認是保守主義，並強調這是嚴重的誤解。

這就引起了一個耐人尋味的問題。本來，保守主義並無褒貶色彩，無非一個相當大的思想流派的名稱而已。用海耶克的說法，保守主義本身乃是對於激烈變遷的合法反對態度，它有其必要性。以海耶克對於標籤的無所謂態度，對於他人加諸自己的歸類，他本可以一笑置之，不予理睬的。但海耶克在《自由憲章》一書的跋中，卻專門以〈我為什麼不是保守主義者〉為題作了詳盡闡述，把自己的思想屬性與保守主義作了明確的區分。這就表明，顯然，海耶克認為自己的思想歸屬，並非一個單純無聊的稱謂問題，它涉及一些

基本的政治原則，不容混淆。原因在於，所謂保守主義，它在思想史上有一些特定的涵義，這些基本涵義的內容與海耶克信奉的政治經濟哲學大異其趣。如果混為一談，則理論混亂將不可避免；此外，它還可能為一些以反對「保守主義」為名的、打著「自由主義」旗幟的、實際上是屬於社會主義的思想流派開啟綠燈。這一現象，在二十世紀西方民主國家中在在皆是，相當普遍。

海耶克指出，「明晰地分辨本書（《自由憲章》）所採取的立場與久已著名的『保守主義』的區別有極大的重要性。」實際上，海耶克在這篇著名論文中，首先是想要澄清在「自由主義、保守主義與社會主義」這些概念的使用上所出現的混亂。例如，眾所周知，在美國，其立國傳統的維護者，被稱作保守主義者的共和黨人，正是英國意義上的自由黨人。而歐洲型的保守主義者，與美國的保守主義在不少方面是格格不入的。與之相對照的是，今天在美國以自由派(liberal)自命者，其實已帶有很強的社會主義或激進主義色彩，與歐洲經典的自由主義其實已經南轅北轍了。而即使是歐洲的自由主義學說，由於包含相當強的社會主義色彩，已經成了社會主義的前驅。這與密爾後期思想的轉向是有密切關聯的。

澄清了上述概念後，在〈我為什麼不是保守主義者〉中，海耶克指出他與真正的保守主義的區別，從而從反面勾勒和界定了他的基本政治哲學，這對於釐清其思路具有重要導向作用。

簡言之，海耶克仍自命為「自由主義者」(liberalist)，或「老輝格」(Old Whig)，他維護的是自由主義在十七、十八世紀的經典涵義。他指出，在如下的基本方面，他與保守主義有原則上的不同。

1.保守主義沒有明確的方向和主張。保守主義與激進主義的對抗，只能影響激進主義發展的速度，而不能改變其方向。自由主義

則提出了自己獨特的方向和不同於激進主義的目標。因此，這裡涉及的不單是一個速度或節奏的問題，更重要的是方向的問題。

2.在絕大多數問題上，激進主義（或社會主義）、自由主義和保守主義並不是在（左、中、右）一條直線上，而是呈現一個三角形。

當然，在社會主義的唯理主義與保守主義的神秘主義之間，在保守主義的宗教狂熱和社會主義的反宗教主義 (antireligionism) 之間，自由主義確實持某種中間的溫和路線。

3.保守主義對變動有根本的恐懼，不敢信任任何新事物，同時常常傾向於用政府的力量去遏止變動。自由主義則樂見演化與變動自行其道，認為世界急需去除「自由生長」的障礙，即使不知其確切的後果，亦有其由長遠經驗支撐的信心。自由主義當然希望保持某些基本價值，但這些價值的值得保存，並非因為它們歷史久遠，而在於其符合自由的理想。

4.保守主義崇拜權威，認為秩序是由權威的管理和強制形成的。它並不一般地反對壓制和專斷的權力，只要這種壓制和專斷是用於它認為的正確的目的就行。保守主義相信只要政府掌握在正派人的手中，就不應當由死板的法律作太多的限制。保守主義者本質上是缺乏原則的機會主義者，它主要是期望聰明和善意的統治。自由主義則對權威保持一種健全的懷疑，並認為（法治下的）自由恰恰形成了自發的秩序。

5.保守主義對經濟的力量缺乏了解，恐怕其力量毀壞了秩序，這點與社會主義殊途同歸。而信賴經濟的機制正是自由主義的精華之一，它是現代秩序和繁榮的主要源泉。

6.保守主義把當代的弊端歸之於民主政制，但海耶克式的自由

主義反對的是無限政府，而不是民主政制。他認為民主相對其他體制而言仍有較大優越性，尤其是作為權力的和平轉移方式和政治教育方式這兩方面。他所關切的，不是誰來統治的問題，而是什麼類型的政府更適於處理他所認為的根本重要的問題。

7.在人類知識進展問題上，保守主義對新知識一概有排斥的傾向，自由主義雖並不認為一切變動都是進展，但深信知識的擴展是人類努力的基本目標，並期待知識的成長能解決人類的諸多問題和困難，故在心態上隨時準備接受新知識。海耶克稱保守主義對新知識的畏懼為蒙昧主義(obskurantism)。因此，在智力方面，海耶克是反對保守主義的。

8.保守主義傾向於國家主義(statism)或民族主義(nationalism)，並常使之成為達到集體主義(collectivism)之橋梁。而自由主義的國際主義傾向較為強烈，這主要是出於追求國際經濟分工之利從而導致共同經濟繁榮之考慮，以及避免由國家的經濟利益衝突而導致戰爭。保守主義的國家主義常走向帝國主義，這是獨尊本國利益與文化，並強行推行到他國，使之「文明化」的心理根源，它與自由主義所提倡的民族間自願而暢通無阻的交流是大異其趣的。

在1967年出版的《哲學、政治與經濟的探究》一書中，海耶克再次指出，在其家長式作風、民族主義以及權力崇拜方面，保守主義都常常是比真正的自由主義更趨近於社會主義；除了很短一段消除幻想的時期，保守主義都固守其傳統主義、反智主義以及經常的神秘主義傾向，反對訴諸年輕人以及其他那些為使世界更好而渴望變革的人。

（二）傳統：無罪推定

後來，在八十年代後期，海耶克在其《致命的自負》裡總結說：

> 雖然我的論辯確實是針對社會主義而發，但是我與柏克(R. Burke)一樣，都不能算成托利黨式的保守主義(Tory-conservative)分子。實際上，我思想中的保守成分，僅僅限於堅守道德領域的核心。我完全贊成嘗試實驗。事實上，我所贊成的自由程度，比保守主義的政府通常所允許的要大的多。對於我將要談到的那些唯理主義知識分子，我所反對的，並非他們敢於實驗，恰恰相反，他們實驗太少。並且，他們自認為是新奇的一些嘗試，其實大多是一些陳詞濫調──因為，各種各樣回歸本能的建議，在歷史上多次被反覆提出，就像天要下雨一樣不足為奇。迄今為止，它們已經不知被實驗過多少次了。我們實在不知道它們還有什麼資格被稱作實驗。我所以反對這些唯理主義者，是因為他們宣稱，他們現在提出的那些實驗建議是理智的結論；是因為他們以假科學的方法，把那些實驗建議包裝了起來；同時也是因為，憑藉此類聲明，他們就可以一方面吸引一些有影響力的新生力量，並且讓一些珍貴的傳統規範（它們都是好幾代人試錯實驗演化的結晶）受到無理攻擊，而另一方面，則可以讓他們自己的實驗逃避檢驗，受到掩護。❶

要言之，海耶克贊成對於演化保留下來的規範持批判態度，但

---

❶　見 F. A. Hayek, *The Fatal Conceit ── The Errors of Socialism*, p. 53.

是，對於原有規範的弊端，改革者要負舉證的責任，而保留者方面則不必舉證。這一點猶如法律上的「無罪推定」原則。因此，在改革者尚無充分證據證明舊規範比新方式的弊端更大的話，他們絕對沒有理由和權利去動員大眾推翻舊規範。這一點是考察研究海耶克關於傳統的態度的極其關鍵之點。

保守主義的基本哲學是，通過歷史的研究途徑能夠最充分地了解社會現實。在我們知道自己置身於歷史中的位置之前，我們不可能知道自己身處何處，更不知道自己將去何方。

保守主義與進步主義的一個基本差異是，二者看待事物的角度與態度不同。保守主義傾向於把現在看作是過去在一個連續不斷的發展中達到的最近一點；而進步主義則把現在看作未來的起點。

但保守主義與進步主義存在的共同問題是，保守主義對於何以要堅守現狀，進步主義對何以要改變現狀，他們雙方同樣都沒有更為基本的標尺。

而海耶克則訴諸更為原初的衡量標準：是堅守還是改變現狀，端看個人基本自由是獲得增長還是受到損害而定。而按照這一標準對各項傳統進行的審查，應根據法律上行之有效的通行原則——無罪推定。

綜上所述，很明顯，海耶克並非一位無條件的極端保守主義者。

因此，如果一定要涉及海耶克與保守主義的關係的話，他自己的界定大體上是符合實際的，即，海耶克先生只是一位道德保守主義者，而這是深刻地蘊涵在他的基本理論原則之中的。即是說，他之獲得這一觀念並非普遍的保守主義的當然延伸，而只是他的有關秩序的演化理論前提的邏輯後承而已。

有趣的是，海耶克的朋友巴柏，自認在藝術和政治上欣賞保守

主義，但特別厭惡智力上的保守主義。

巴柏曾說：「在智力（也許與藝術或政治相對照而言）問題上，沒有比保守主義更缺乏創造性，更陳腐不堪的了。」❷這一點，他與海耶克是有共鳴的。

但是，無庸置疑，海耶克的政治哲學中，確實有些傾向容易與保守主義相混淆。鑒於海耶克的思想及風範中顯而易見的某種精神貴族的特色，故我們必須認真審視其中極易與保守主義混為一談的那部分基本特徵，闡發其獨特的蘊涵，清理出他精神中獨具個性的風格，並作出基本的評判。

（三）海耶克精神上的貴族色彩

任何同海耶克有過交往的人，幾乎都能感受到他身上的某種難於言傳的精神貴族氣質。與他接觸過的殷海光先生稱他為「言行有度、自律有節，和肅穆莊嚴的偉大學人」❸。不難想像，這與他渾身浸染的奧地利和英國的文化傳統顯然是有關係的。

但是，如前所述，這種精神貴族的氣質與思想上的保守主義是不能劃等號的，二者絕不能混為一談。

讓我們舉一個簡單的對比例子來說明這點。眾所周知，英國社會的貴族傳統相當久遠深厚，現在仍保留君主制，而似乎英國人也素來以秉性保守、尊重傳統而著稱於世。然而，如果我們深入思考一下，就會發現事情遠非那樣簡單。流行的這種印象與觀念其實是經不起推敲的。試想，是哪個民族，引發了工業革命，改變了傳統

---

❷　Karl Popper, *An Intellectual Autobiography —— Unended Quest*, London, 1976, p. 125　（巴柏，《無窮的探索 —— 思想自傳》）

❸　《殷海光全集》第六冊，桂冠出版社，臺北，1990，第6頁。

的農業社會，締造了現代世界的主流生活方式？正是尊重傳統的英國人。是哪個民族，改變了人類大多數人的傳統生活方式，創造了現代世界主流的政治與經濟制度形態——代議制民主制度和市場經濟制度？正是尊重傳統的英國人。是誰，在人類歷史上第一次創立了一個龐大周密的自然科學體系，從根本上改變了人類對自然界的傳統看法，開闢了現代科學的嶄新時代？是英國人牛頓。類似的例子，不勝枚舉……。英國文化，內蘊著一些奇特的對比，是一樁值得深思的文化現象。

在英國人那裡，人們看到的是某種「二律背反」：越是敬畏傳統，越能超越傳統；越是壁壘森嚴，越能步步推進，並能在歷史上保存創新的成果。

而法國人則是另一番氣象。他們以標新立異、花樣翻新為能事。隨時準備與傳統決裂，時時都在開創歷史的嶄新時代，並用自己的浪漫自信和籠罩古今的理性去審判以往的一切。在政治領域，他們曾經在歷史上掀起過可歌可泣的偉大事變和革命，在思想領域，他們也崇尚前衛和時髦，熱衷於引領風騷，至今一仍其舊，不改其風采。譬如當代世界最出風頭的思想家，很多都出產於法國，如，拉康(Jacqes Lacan)、福柯(Michel Foucault)、德希達(Jacques Derrida)、德勒茲(Gilles Deleuze)、李歐塔(Jean J. Lyotard)等等。無疑，法國這一傳統對人類文明的貢獻也是有目共睹的。不過，與它的那些令人眼花繚亂的戲劇性效果相比，經過歷史的沉澱後，倘若你仔細地認真檢索，不難發現，在他們的創舉或奇想中，目不暇給的過眼煙雲者不少，但真正凝結在歷史上、牢牢地進入悠久文明成為經典的並不太多。在法國人那裡，人們更多地看到的是大起大落式的振盪循環，如節日煙火般的眩目壯麗，如動盪不安的股市起伏。但是經

過長程歷史變遷後再來最後結算，人們發現往往是：煙花早已消逝，而股票經歷大起大落的擺動後仍回到與當初原價相差無幾。

英國人對傳統採取的確實是類似「無罪推定」的態度。英國式的進展是步步為營的方式，由於它相當審慎地跨出步伐，正如前述，因而一旦跨出，這一步凝結在歷史上的可能性就很大。

顯然，海耶克的精神貴族氣質，是屬於英國式的，而不是法國式的。

如果進入更大的視野來觀察，以西方整體作參照系比較中國，我們又可以看到另一番圖景。從海耶克身上，對比中國，我們不難發現西方——特別是歐洲社會傳統的一種「極化」的特點，以及它的利與弊。這裡勢將涉及關於精英文化與大眾文化二分法的問題，也涉及源遠流長的貴族傳統對於文明進展的意義這一重要問題。

在西方社會生活的切身經驗，使筆者獲得的深刻感受之一是，其社會和文化的分層遠比中國社會明顯和確定。各個領域的精英層面與一般層面的水準的區別是極其鮮明巨大。在這裡，精英文化與大眾文化的二分是有其歷史淵源和現實依據的。而在中國，二者的區分卻是相當模糊和任意的。

這裡涉及到雙方悠久的傳統。雖然經歷了啟蒙運動以來兩百多年的平等化世俗化浪潮的沖刷，歐洲的貴族制度在社會層面大體上業已解體了。法國大革命「把各種不同的公民混為一談，從而使之成為同質的大眾；然後，政府又把已被混合的大眾分成缺乏凝聚力的各界人等」。（柏克 R. Burke）大眾這一聚集體並不由其數量，而由其缺乏內在社會結構，缺乏有機整合力的傳統和共有的道德價值觀念為特徵。現代極權主義的誕生與這一基礎有著重要的關係。

雖然啟蒙運動有如此廣泛的社會後果，但是由於保守主義傳統

的平衡作用，因而貴族制度在西方精神上仍然留下了深入骨髓的烙印。事實上，考察一下西方文化現代仍被尊崇的經典作品，其中絕大部分都是在貴族時代誕生的。其作者或本人是貴族，或是被貴族或君主、教皇供養起來的音樂家、畫家、雕塑家、作家、詩人等各類藝術家以及學者。總之，他們教養深厚，不是大眾化平均化教育的產物；在生活上他們不虞匱乏，不像今天的部分藝術家一樣，為市場而刻意迎合顧客的趣味。一些藝術家和學者「公然認為君主的宮廷比自由城邦更可取，只是由於他們可以期待從那裡得到較高的報酬」❹。

中國的情況卻不同。雖然在魏晉朝時代及其之前，貴族與平民的劃分也是森嚴有序的。但是中國自從實行廣泛考試科舉取士這一重要的制度之後，森嚴的門第界限逐步打破，社會的上層和下層之間流動的可能性增大，其間的劃分不像西方貴族制那樣世代世襲嚴格僵硬，平民的子弟有可能通過「十年寒窗」的苦讀而「金榜題名」，升到中上流社會。因此，這種文化傳統使讀書識字獲得受人尊敬的地位，並使教育普及到並非異常狹隘的社會階層。有鑒於此，雖然中國文化有大傳統與小傳統之別，但比較而言，中國社會的精英文化和大眾文化並沒有深嚴壁壘的區分，而常常是互相貫通界限模糊的。

對這兩種不同的傳統作價值評估是很難客觀而中肯，它依賴於你所持有的基本參照系。如果以文化的精進作為最重要的考量依據，恐怕自然形成的文化分層會更有利於高深的文明之進展。但如果以平等主義作為最優先的價值排序，則會傾向於泯滅精英文化與大眾

---

❹　雅各布・布克哈特，《意大利文藝復興時期的文化》，商務印書館，北京，1981，第218頁。

文化的劃分，而且大眾文化在這一歷史進程中將愈益占據優勢地位。

取捨之間，很難有兩全之道。

（四）為富亦仁：少數富人的貢獻

無論在何種文化和民族國家中，中國的一句老話「陽春白雪，和者甚寡」都是放之四海而皆準的。歷史事實表明，依靠社會大多數人來支持高深學術和精緻藝術產品的可能性很小。然而歷史也表明，這類精緻文化產品對人類總體的精神和物質進展的貢獻是難以估量的。因此，對於上述精緻文化和慈善事業、理想主義運動，少數富裕者的支持和獎助是至關重要的。社會的道德價值和風尚的變遷正是由此而起。歷史上，孤獨的開拓者獻出自己的生命和財產，啟迪大眾的悲天憫人之意識和精緻的審美趣味，經歷千辛萬苦，長期奮鬥，終於獲得公眾支持。此類史實，不勝枚舉：廢除奴隸制，改良刑法，改善監獄條件，禁止虐待兒童和囚犯，善待精神病患者，以及在音樂、美術和文學、哲學等領域的經典性成就，……等等，它們最後演變成現代的具有穩定性的法律和垂之萬世的古典文化寶藏，是與少數富有階層人士的支持和贊助密切相關的。這個基本的歷史事實，不應當被近代世界的富於強烈情感色彩的平等訴求所抹殺。

循上述脈絡思考推繹，不難發現，國家之間有貧富差異存在，從總體上看，有助於所有國家和地區的進步。

當然，關於藝術及各種非物質方面的進展與物質進步之關係，並非簡單的、線性的。人們發現，物質進步神速時代，常常並非藝術輝煌時代。重大的藝術和智能成就，常常出現於物質進步開始減緩之時。但是，從根本上看，各種精神價值的創造和爆發，是以經

濟狀況的預先改善為基本前提的。

（五）閒暇階層存在的意義

多年以來，在「勞工神聖」的口號下，有閒有錢，隨興而思，隨興而藝，逍遙自在的社會階層已成為罪惡的代名詞，幾近絕跡。而整個現代社會行色匆匆，絕大部分都成為被雇傭階層，做著緊張的機械的嚴格遵循規範的工作。這一特點對人類文明的未來意味著什麼？

在海耶克看來，一切知識、道德、藝術的領先人物如果全都成為雇員，尤其是其中如果大部為政府所雇傭，是現代的一大危險。今天在很多國家內，這些知識界的領導人物，已經喪失其獨立地位，成為雇主階級或政府的文化奴隸。這點對文化的發展不是好兆頭。

這一重要的變化肇始於十九世紀。當時，尚存在獨立的、非雇員的學人和文學家，如：紳士學者達爾文、麥考萊（Thomas Macauclay, 1800～1859，英國歷史學家、文學家和政治家）、格羅特（Johr Ggote, 1811～1866，英國哲學家）、洛波克(Lobbock)、莫特列（John L. Motey，美國歷史學家）、亞當斯（Henry Adams, 1838～1918，美國歷史學家兼作家）、托克維爾(Alexis Tocqueville, 1805～1859，法國作家和政治學家)、施里曼(Heinrich Schliemonn, 1822～1899，德國古代文化史家）等等，均為文化學術界的一時之選，享有很高的名望。即使是反主流的馬克思，也能獲得財主恩格斯的資助，可以從容地進行自己的研究，並進而影響了世界歷史的進程。

今天，獨立的文化階層已然消逝，貴族精神在全世界都日益淡薄，命若游絲，尤其在美國最為明顯。全世界的財產富裕階層皆為經濟事業經營者，如果比較傳統社會的有產貴族，可看到，現代的

富裕階層太過匆忙，文化深度不足，缺乏知識和教養的引領。在歷史事實上以及在應然的原則上，富裕階層所包含的有閒人士的比例，應當超越其他階層之上。然而現在已完全不是這樣了。當前世界存在一種流行趨勢，即：阻止有閒人士的出現和生長，阻止擁有財富的獨立人士運用獨立精神達到經濟之外的影響，而在有產階層內匱乏文化菁英分子已成一種時髦現象，並已擴展到了歐洲。究其原因，通貨膨脹以及高徵稅制度已摧毀了有閒暇、能思考的階層，並且還在防止這種階層的出現。

歷史事實是，有閒暇人士創造的有價值的精神產品的比例，大大超過了學人（教授記者等就業人士）以及公務人員所創造的。閒暇人士因為其顯著的閒暇、驚世駭俗的觀念以及特立獨行的舉止，通常被批評為一種浪費。然而這種「浪費」在歷史上大大增進了自由的力量。而實際上，現在流行的生活方式，也往往是出於過去的閒暇人士開創的當年「浪費」的生活藝術、娛樂用品、體育器材研究的結果。如果沒有當時那些富裕的業餘愛好者，不計報酬，僅憑興趣，率先開創，那麼，今日的那些職業網球、高爾夫球手和博物館管理員（作為私人收藏者的繼承者）會在哪裡呢？生活藝術以及精神價值的創發常常來自不專注於物質利益者。這已是長期的歷史經驗提供給我們的基本事實之一。

（六）就業人士與獨立人士

近二百年的發展，使被雇傭的人員的增長大大超出人們的想像。這一現象具有重大的政治涵義。幾乎在所有的西方國家內，選舉人的大多數即是他們。國家政策的動向日益被操於這些就業人員即雇員之手，而獨立開業的雇主反而漸居下風。這是過去從未出現

過的現象。

如果雇員的大多數沒有遠見，不能認識到保存足夠的雇主數量為雇員本身同時也是社會的長期利益，則產業的衰落無法遏止，同時自由也必將受到嚴重損害。

自由之所以受到威脅，乃出於占社會選舉人多數的就業人員傾向於把自己的見解甚至意識形態強加於整個社會。就業人員站在自己的地位，很難看清自己本身的自由有賴於雇主開辦實業的自由，因為雇主創業與否的決定並不直接與就業人員發生關係。就業者自身未曾遇到作這類決定的機會，所以低估獨立人士進行工商業活動所必須的自由的重要性，也低估了少數人甘冒風險而獲得的利益和社會地位，乃是對於增進社會普遍福祉的貢獻。

自由的最基本的涵義就是在各種各樣的生活形態和謀生方式中進行選擇的權利。每種形態總是有利有弊的。被雇就業，不冒風險，較為安定，少擔責任，這是其有利的方面；弊病在於，報酬相對較低，較為平凡，較少挑戰性。而獨立開業，則報酬相對優厚，富於刺激，成就感較強，這是其有利之處；弊病則在於，風險較高，生活動蕩，責任太大，壓力沉重。

世界上沒有十全十美的選擇，全依賴你自己對上述的利弊看法和自己獨特的對優先排序的評估。並且，一旦作出了選擇，你自己就必須承擔它的後果，尤其是必須準備接受其不利的方面。

出售勞務以獲報酬的人，條件就是必須出讓自己的時間和技能，去完成他人安排的任務。因此，按照他人的意旨工作，乃是題中應有之義，是欲獲得你所要求的利益的必要代價。有時，雇員會感覺工作繁重，疲憊不堪，但一般而言，這並非意味著被剝奪自由，承受壓迫。因為雖然他不喜歡此工作，但衡量放棄此工作的風險及

經濟損失，他仍願繼續，這是權衡各種利弊之後的選擇問題。這類選擇對所有人都存在。如對雇主而言，上述情形並不比雇員輕鬆，實際上更為嚴酷。

在競爭社會，除非是普遍失業的蕭條時期，雇員並非都處於一個特殊雇主的擺布之下。這是一件在實質上很重要的事情。值得注意的是，法律不承認永久出賣勞動力的契約，並且一般不得強制執行為特別的工作而締結的契約。任何人都不得被迫在一個特殊的老闆之下工作，即使契約中有此規定，在有爭議時該條款也屬無效。這就是說，在正常的競爭社會，雖報酬難盡如人意，但可供選擇的替代工作機會，總是存在的。很明顯，雇主的種類和數量越多，雇員選擇的自由也就越大。用中國的諺語來說，即：此處不留爺，自有留爺處。

相反，倘若僅有一個雇主，通常就是國家，這時，被它雇傭而就業就成了謀生的唯一手段。而壟斷性的雇主的必然邏輯是：不服從，即餓死。這樣的一種控制是全面而徹底的，你「無所逃遁於天地之間」。無論它的行為是直接還是間接，它將擁有絕對的權力壓制社會的每一個人。

這正是在原社會主義（計劃經濟）國家發生的事情，也就是它們被稱為「極權主義」（或全權主義(totalitarianism)）的主要原因之一。

由於其數量眾多，就業階層必然在政治上占有壓倒優勢，故社會正義和公正的概念就在很大程度上就逐步擺向他們的平衡點，逐步適應他們的要求（這也是本世紀社會主義思潮興起的原因之一）。同時，作為人口多數的就業階層，他們可以在立法方面發揮支配性的效果，從而使創制的法規與政策向他們的利益傾斜。福利國

家和西方的大多數公共政策，均與此有關。

掌握有充足的私有財產的人不僅有利於經濟競爭體制，更有利於非物質方面的成就。遺產制度對社會的貢獻是：即使不考慮才能的遺傳，也可發現，被該制度授予特殊利益的人，受有良好的教育，其特殊環境使之對日常習慣的物質利益較為輕視，物質生活不是其滿足的主要源泉。暴發戶式的快樂，對他們缺乏吸引力。他們常常選擇更高的目標，因而有助於增進社會的精神財富。

海耶克認為，遺產制度為我們已知的最優越的選拔方法。

這裡表明了海耶克的帶有貴族色彩的看法，試比較一下羅爾斯(John Rawls)的兩個基本原則，就可發現它們與海耶克觀點是有相當大距離的。

事實上，所有社會主義者和相當多的自由主義者，幾乎都對遺產制度持否定態度。其基本的論證是，遺產制度使得人們一出生就處於不平等的競爭起點上，從而違反了機會公平的原則。而且，它使社會的一部分人無功受祿，不當地獲得財產利益，也是不公平的。

但是，從具體社會效果看，倘若實施取消遺產制度或徵收極高的遺產稅的政策，在實際上必定鼓勵有產者生前對財產不必要的過度揮霍浪費，使得社會總體用於再投資再生產的財富受損。而有些人則以贈予的方式在生前就把財產轉給了其子女，實質上同樣達到了遺產制度的結果。更為嚴重的是，有人則利用自己生前的財富和權勢，千方百計使自己的後代及時升至高位，獲取權力。此種權力的私相授受，為害更烈。如果去觀察在中國和許多原社會主義國家，發現在取消遺產制後，所發生的高官對其後代的高幹子弟權力傳遞以及後者的無法無天行徑，就可以驚人地證實海耶克的預言。因而從法律上取消遺產制，其實就客觀社會效果觀察，是無助於社會的

公正與平等的。因此，認為遺產制度會導致人們競爭起點的不平等的人，無法找出一個更好的替代制度。只要放棄那種認為人類可能達成一個完美無缺的制度之幻覺，我們就可以體認到，經歷世世代代的演化淘汰而保留下來的遺產繼承制，內中是蘊涵有不易察覺的道理的，它可能是弊病較小的一種制度安排。

這裡歸根結底的一個問題是，每個人對自己的私有財產是否有充分的處置權？

眾所周知，在現代經濟學界，對於財產權的討論可以說是汗牛充棟，相當詳盡。人們注意到，財產權其實是「一束權利」，它們包括占有權、使用權、轉讓權、分割權、（因付出財產而）獲利權……等等。但是，這裡面的種種權利並不是平等重要等量齊觀的。其中占有權和轉讓權是根本的。剝奪了其轉讓權，財產權就不再是一項完整的權利了。

因此，按海耶克的看法，遺產制度是各自（私有）產權制的邏輯結果。

此外，海耶克指出，眾所周知，家庭在一代一代地傳授道德、智能、興趣和知識方面，承擔了重要的功能，但何以就不應當傳遞物質財富？事實上，若要使道德、知識等的傳授成為可能，那麼保持一定標準的物質生活方式，是有其必要的。道德、知識等的獲得和長進，不僅有賴於精神因素的傳承，而且也有賴於一定的物質條件環境。而某人出身於富家，他的雙親賢能顯達權勢顯赫，絲毫無關乎他本人的德行操守正義與否。而實際上，有人從較為優裕的物質環境中成長發展，有人從較高的智能環境或道德教育環境中起步發展，以其對人群的貢獻衡量，確是有利於社會的總體進展的。

而且，還有充分的例證表明，有些極有價值的素質品性，很難

在人生一代的期間內發育成長起來，往往要花幾代不斷的努力才能成就。由歷史看，一個社會、一種文明的文化遺產，常常有賴於一些家庭或家族的多代傳承才養成的。中國有所謂「詩書傳家」「書香世家」、「家傳絕活」和「傳家之寶」之說，歐洲則有「貴族家風」和「貴族風度」之謂。各種文明的經驗在在表明：1.家庭是陶冶個人性格的主要因素，2.家庭也是構成社會的基本細胞，3.家庭不僅是生理素質的血緣通道，同時也是文化遺產的重要傳承紐帶。

財產的血緣傳遞勢必仍將導致政治哲學基本倫理的激烈辯論，它顯然依賴於財產權定義的變遷。在可以預見的將來，它恐怕仍將會左右擺動，財產的血緣傳遞的程度將在相當大的成分上反映在遺產稅徵收比例的高低上。

對於海耶克的上述帶有「賢人政治」、「貴族政治」色彩的政治傾向，有部分學者提出了強烈的批評。仔細分析這些批評的基本理據，不難看出，批評者所恃的基本價值資源與法國大革命一直發展到俄國布爾什維克革命乃至中國 1949 年革命甚至毛氏文化大革命的資源並無二致。不可否認，近三百多年來，人類社會的歷史確實存在向平民化和平均化方向發展的基本潮流。但是，眾多跡象表明，這種情感強烈的平等浪潮有壓倒其他價值的趨勢，它已經發展過度，越過了它的峰巔。而在把這種理念推至極端而付諸實踐的地區，已導致了空前的災難。因此，這股潮流目前已是強弩之末，正處於被重新全面檢討的歷史過程中。而曾經創造了人類經典文化的貴族時代，其歷史地位的重估，也激起了廣泛的興趣。事實上，在學術界，「詮釋學」的勃興，也多少反映了這種基本社會心理的變遷。因此，對於海耶克在這方面的傾向，將會得到歷史的如何評判，並非一件簡單的可以一言以定之事。

而正如海耶克自己已經清楚闡明的，他的上述傾向的內涵，是絕不可以用眾所周知的「保守主義」命名的。

第二節 海耶克型的自由主義

有鑒於此，自由主義(liberalism)，仍是海耶克思想的最接近實質的命名。雖然也有論者以極端自由主義(liberterianism)作為他思想的稱謂，但並不為他所認同。

然而，如所周知，近代世界以自由作為自己旗幟的思想流派可說是五花八門，形形色色。那麼，海耶克型的自由主義立場與其他各種自由派有什麼基本的區別呢？這是需要仔細梳理的問題。

（一）自由主義的其他主要派別

概括掃描一下與海耶克不同的自由主義流派，如果僅舉其犖犖大者，大體上我們可作如下分梳：

1. 唯理論的歐陸自由主義(the rationalistic continental liberalism)

海耶克與該派的主要分歧在於，該派把理性置於至高無上的地位，把萬事萬物都置於理性的審判臺下，評判高低，決定取捨，並企圖把這種「唯理類型」(rational pattern)推廣至全球。而海耶克則並不過分相信理性，他承認自己的知識極其有限，不諱言常常要從並非來自理智的制度、經驗和習慣中去尋求幫助，特別希望以上諸方面都有充足的機會「自由生長」(free growth)。他特別強調，理性、理智本身是隨著人類文明的發展而發展的，不存在超越文明發展的高高在上的不變的「理性」和「理智」。

2.英國功利主義的自由主義 (the English liberalism of utilitarians)

以費邊社的主張為代表。帶有很濃的社會主義色彩。功利主義代表人邊沁 (Bentham) 的基本口號就是：最大多數人的最大幸福。海耶克與該派的基本分歧在於，該派認為政府能夠知道最大多數人的最大幸福，從而能為人民作計劃和安排，不相信市場的力量，因而帶有社會主義傾向。海耶克則不相信任何個人或機構有這種全盤設計的能力，而且相信一旦實施這種「設計」， 必將嚴重侵犯個人自由，從而走向奴役。

3.美國的自由派或解放派(the liberals)

該派帶有明顯的社會主義色彩，在美國政治光譜中，該派偏左，傾向於較多的社會福利，較大的政府和較強的政府干預。他們之中較為極端的部分是一些新馬克思主義者，強烈地反「資本主義」，受到德國法蘭克福學派的很大影響，特別是哲學家馬庫塞(H. Marcus)的強烈影響。他們對於傳統極其蔑視，他們是六十年代左翼文化騷動的產兒，甚至與中國六十年代興起的文革有精神關聯。這批人是後來所謂「後現代論」者的精神先驅。海耶克顯然與上述主張是格格不入的。

（二） 海氏自由主義的核心與貢獻

要理解並概括海耶克型的自由理念的核心，須從人類的「無知」入手，進行規模宏大的分析。

海耶克對文化的分析之核心在於，人的心智體系，乃是人自身不斷適應周圍環境的結果。人雖然成就了文化，但這是幾百代人的行動的產物，絕對不是人們有意設計而產生。文化演變中的各種具

體狀態，都不是個人能夠獲知的。這種「無知」狀態，是不可避免的，而且在研究社會和文化時，又是極其重要的。唯理主義(rationalism)和唯智主義(intellectualism)的基本謬誤在於，它認為人的理性是獨立於自然之外的，能離開經驗而具有超越的推理、判斷和裁決的能力。法國啟蒙運動者聲稱「站在理性的審判臺前裁判一切」，就是這種心態的典型代表。它認為人能創造文化，控制文化的走向。這是一種「致命的自負」。

正如文化人類學者懷特(Leslie A. White)所說：

> 正因為我們對文化太無知，而這種無知的範圍又極其廣泛，因此我們才堅持自己能控制文化並能指引文化發展的信念。❺

基本上無知或所知極少的人們過去的經驗，已經融匯起來並有機地生長成了風俗、習慣、語言、道德、信念、法律體系等等，它們有助於文化的形成，並已成為文化的一部分。任何對於未來的探索和知識的創新，都必須在上述基地上進行，而不可能憑空「創造」。

個人所持有並能運用的知識，僅為知識的極渺小部分。個人行動的成功，除了從自己有限的知識出發外，還大大有賴於環境條件以及他人知識的共同作用所達成。而這種協同的方式亦非我們所知道的。

另外，環境條件的一點變動，將會導致所謂「蝴蝶效應」。即，環境條件的變動，將引起資源方面的變動，於是人們的工作與活動

---

❺　White, *Man's Control over Civilization: An Anthropocentric Illusion*, Science Monthly LXVI (1948), p. 238.

方式、生活習慣也將隨之變動，而與之有關的其他方面，也必將調整以求適應，這樣，變動就彌漫到了整個社會，從而誕生了新的社會問題。而社會上單個的人對此整體的社會問題常常渾然不覺。這就是由一點極細微的微觀變動導致整個體系巨大的宏觀變遷的所謂的「蝴蝶效應」。而解決問題的過程，絕非某人有意識有目的地經營而成的。它是無數平凡之輩，為因應他當下情況的些微變化。在原來慣常的做法上，採取了一點一滴的應變步驟，樹立了前例，從而延續流傳下來的。這樣經過社會各部分天長日久的調整後，該問題才逐步獲得解決。應當看到，過去的那些微觀的變動，已經在歷史的洪流中淹沒了；將來的變動細節，更無法預知。要言之，這是社會的無法預言的自然自發的變遷。

按原則上說，連貫一致的知識僅為個人所擁有。人們所謂的「人類的知識」、「社會總體的知識」只具有比喻的涵義，不具有具體實在的內容和意義。一切個人知識的總和，並非一個有意義的統一完整連貫的知識整體。所謂「所有個人知識之和」，雖然存在，但卻是零散、分立、局部的，有時甚至是互相矛盾衝突的。任何人都不可能擁有此種系統的知識整體。此即「方法論和認識論上的個體主義」。

概括地說，海耶克對現代自由主義的主要貢獻，舉其大者，有如下幾項：

1. 沒有共同目標的社會秩序是可能的與合理的。

2. 企圖指導社會一齊趨向某一特殊的目標是徒勞無功的。

3. 知識是通過社會機構制度和行為準則而交流傳布的。

4. 政治自由對和平共處是必須的。

5. 習慣與傳統締造了文明；離開了文明，人類是野蠻的，其行

為是不可預測的。

6.自由締造秩序。自由的秩序使社會形成並存在下去。

7.在種種不同的文化形式多樣性中正義都是清楚明確的。

此外，海耶克思想中蘊涵的一個重要要素，是價值相對主義。即，對不同的人和群體而言，價值（善與美）是可變的。價值與事實是有其相關性的。不存在判斷價值高下的絕對標準。

這一點，當然不是他的獨特貢獻，恐怕著名的思想史家柏林（Isaiah Berlin, 1909年6月6日～1997年11月5日）分析得更為透徹。柏林的多元論的核心，是旨在解析，人類追求的價值目標是多樣化的，並且常常相互衝突。這些多樣化的價值無法形成一個高下有序的等級結構，事實上也沒有判定它們高下等級順序的公認標準。價值的衝突不僅存在於各派組織和群體之間，也存在於個體之間，同時還存在於人類的不同活動領域，甚至延伸到了人們的心靈深處。這是不能求助於一個超越性的裁判來獲得解決的。

第三節　挑剔海耶克

（一）基本成就及弱點

在歷史上，割裂人類的分界線中，恐怕沒有任何東西能比柏林牆更野蠻和醜惡了。這一昭然於天下的簡單事實竟然延續了二十八年之久，才成為世界公認的真理；而該牆的碎片殘磚，也才因此而進入了博物館。這一事實再一次表明人類理智力量的軟弱。

在海耶克看來，最終改變了這一切的基本力量，主要來自自由的市場經濟。正如他清楚地闡明的：經濟學理論的任務是真實地解

釋我們如何實現對於不可知的事物的適應。我們應當思考，他說：

> 代替強迫性的平衡力量，作為類似一股水流的經濟學，我們
> 應該相當精確地根據決定流水在不規則河床上流動的那些因
> 素去思考（市場經濟的作用）。❻

　　海耶克經濟學的哲學基礎是，在方法論區分「真個人主義」和
「假個人主義」，充分闡發奧地利學派的邊際效用原理的政治哲學
涵義。他指出，「真個人主義」是與「社會主義」、「集體主義」相
對立而存在的。它的知識傳統始於洛克，尤其是孟德維爾 (Bernard
Mandeville)和休謨；而在杜克爾、弗格森、亞當・斯密、柏克等的
著作中成形，在十九世紀的主要代表人物是托克維爾和阿克頓。而
「假個人主義」則源於笛卡爾的唯理主義，其知識傳統為法國百科
全書的撰稿人、盧梭、重農學派等。這種「個人主義」預設一些孤
立或自足的個人之存在，邏輯上反而趨歸於與個人主義相反的方向：
社會主義或集體主義。「凡是把個人看作起點而以為他會以他所特
有的意志用一正式的契約就可聯合別人組成社會的那些哲學家們，
絕不可能相信自然產生的社會效果。」❼此即假個人主義。它還強
調，必須使社會過程為人的目的服務，而要如此，只有把這些過程
置於人的理智的控制之下，這就無可避免地走向社會主義。
　　方法論的個人主義，作為海耶克等自由主義經濟學家所採行的
方法論基地，反對把集體性的對象，如，社會、階級、文化⋯⋯等

---

❻　F. A. Hayek, *Hayek on Hayek*, University of Chicago Press, 1994,
　　p. 147.

❼　James Bonar, *Philosophy and Political Economy*, 1893, p. 85.

作為經濟分析的基礎，諸如「社會的思想」、「階級的精神」等大話，都在擯棄之列。只有個人，才是他們展開精細的分析的原點。從這個原點出發，經過精深宏大的分析推論，導致了其經濟學的基本建樹。

海耶克的成就是，他表明，經濟學理論，正如任何其他社會行為理論一樣，是一種演化理論。鑒於這種理解，他對社會行為的演化理論追根溯源，探索它的基本歷史脈絡。他從威廉・瓊斯爵士(Sir William Jones)對語言演化的研究開始，通過研究亞當・斯密的《國富論》如何激發了達爾文去探索通過自然選擇而導致的演化性改變的可能性，並以這種演化途徑來解釋生物物種的分化。有時人們忘記了，達爾文相信，灌木叢在稀疏貧瘠的地帶，通過它們後代的變異而顯示出來的適應能力的事實，駁倒了馬爾薩斯認為人口膨脹將壓倒人類生存能力的悲觀預言。馬爾薩斯得出他的令人沮喪的結論是人們自身的繁殖能力不可避免地超過物質產品的生產力，從而在愛爾蘭島上人們的命運是悲劇性的。里卡多(Ricardo)追隨馬爾薩斯並將其方法運用到經濟學上，他說，在概念上，經濟體猶如一個小島，在島上，無論用什麼方法都只能決定收入的劃分而已。

把經濟學理論的主題堅持理解為局限在一個「島嶼」內的習慣，實際上是預設了一個封閉系統，在這個條件下，人們很方便地借用來源於力學理論的均衡假設，並且更離題地運用物理學，在這樣一個系統裡，可預言性是其當然的目標。

可悲的是，就經濟學理論的發展脈絡而言，它忽視了達爾文對馬爾薩斯的反駁，反而追隨了里卡多。否則，早先那些年代的發展要順暢得多。直到後來，人們才醒悟到，所謂愛爾蘭人所居住的無前途的危險的國家是位於愛爾蘭島之內的，不幸的是，愛爾蘭島又

是位於大英帝國之內的。在美國，愛爾蘭人的數量引人注目，然而各個種族都過得豐衣足食，雖然在這個新世界的人口密度超過了愛爾蘭島。如果一個社會，或一個系統的界限發生了改變的話，社會的行為方式也會變化。這些界限也許有任意多種維度，譬如：時間與空間當然是，但是知識的維度是無窮的，無論是在系統內還是系統外的因素導致我們的知識的任何變遷，都會引起整個系統的重新調整。人類歷史上發生過的多次「末日將臨」的警號，事實證明都是低估了人類知識創新的潛力和難以想像的適應力造成的。我們生存的極限在哪裡？現在預言，為時太早。

（二）通向更高理解之門

二十世紀的悲劇在於，數量龐大的人口在精神上的荒蕪和寂寞，成為海耶克所稱的「社會主義的致命的自負」的受害者——這一自負的社會主義企圖去設計和控制社會的命運。在前蘇聯和其他共產主義社會，那種設計的不可避免的失敗，導致加強控制，這就意味著控制知識和封閉社會。正如吉本(Gibbon)曾經寫的，它並非愛爾蘭的命運，而是古巴的命運。它容易導致遺憾悔恨而難於進行描繪敘述。人不是一個島嶼。人們也不是群島。

種種事件已證明海耶克論證的正確。他通過抨擊控制的可能性的認識論基礎來反駁控制社會的建構主義理想。他闡明並顯示出在經濟和社會系統中，對變遷的反應模式是不可預料的。只有借助於像自由市場那種自發秩序的演化，對於變化著的環境的適應性的分化才有可能。雖然相當長的一個歷史階段，看到、聽到海耶克論證的人並不多，而在那漫長的歲月裡，全世界的社會科學教授們願意講授馬克思的仍然比願講授海耶克的多。

但是，冷酷無情的事實是，歷史仍然把勝利的果實奉到了海耶克的講臺前。

事實上，海耶克的結論現在已經無可否認了。但是，一個反對預言的論證認為，一個論證，它反對去預言對於社會或經濟的條件的任何變遷的確定反應，那麼，它同樣不可能證明去計劃或控制一個社會過程的任何嘗試都注定導致失敗。可以說明，該計劃成功的機會是極小極小的。我們不能預言計劃將會成功，然而我們也不能絕對預言它不會成功。那是休謨早就指出過的。不過，明顯的是，這裡存在的是一個機率的問題。既然設計和建構一個「新社會」成功的機率接近於零，一個負責任的政治家或學者有什麼權利去嘗試呢？

建構主義者的邏輯漏洞是巨大的，而海耶克的漏洞相對而言則是很小的。

海耶克的多數著作是一個劃界的過程。他有效地證明了，我們的大多數社會習俗和制度，譬如語言、貨幣和普通法體系，既不是人類蓄意發明的產物，又不是像風和重力那樣的自然環境的要素。在《感覺秩序》中他證明，社會秩序發源於演化的過程，該過程從可觀察的有規則現象的分類到形成規律，這些規律包容了分類複雜性遞增的系統內部要素的互動。該演化過程是潛在無止境開放的，並且在任何給出的時間內其效果將是不確定和不能預言的。

海耶克是在脫氧核糖核酸(DNA)發現之前撰寫《感覺秩序》的。以現在的眼光，當然容易忽略他的概念的原創性，但是，現在也更容易理解他的概念了。通過基因複製而演化的生物生命的始基，是遵循海耶克式的原理進化的。由個體基因控制的蛋白質生產根據的法則類似於語言發生發展的「法則」。固定數目的氨基酸的可能組

合導致了無限多種類的蛋白質。在更為複雜的秩序中這些東西依次地相互作用，形成了根據吸引和排斥的「法則」依次相互作用的器官。在這一過程中的某些點上我們也許可以在自然「法則」和法則的演化之間劃一道線，而這些法則的演化產生了自發的社會秩序。問題在於：我們在何處劃那一道線？

在兩個關鍵點上海耶克離開了達爾文的理論。他論證說自發秩序的形成是通過群體選擇而不是經由個體突變，因此文化的獲得性特徵是能遺傳的。與這兩個主張引起批評性解釋的同時，它們也未能逃脫一直存在的對演化理論的主要責難，即認為該理論具有同語反覆的特點：生存的唯一辦法就是成功的適應，而成功的適應當然就是生存。但是，若仔細推敲，可知生存並沒有提供任何成功適應的辦法。沒有東西的成功像生存一樣——今天猶在此地，而昨天已經逝去。你若還有疑問的話，去問問大恐龍好了。

然而，海耶克的理論揭示它自己是生存法則，而不必然是與這些法則相一致的群體形成。如果你運用這一理論方法去確證自發秩序（它既非自然秩序，也不是設計出的秩序）時，有些困難就會避免了。

在海耶克晚年的工作中，使用生存法則去為道德傳統辯護是其重要特色。他認為當一些群體生存能力強於另一些群體時，就證明前者的道德傳統比後者的道德傳統優越。這裡引起的一個疑問是，上述思路容易陷入中國文化中所謂「成王敗寇」的古老陷阱；並且，這種價值和功利的相關性與海耶克所激烈批評的邊沁倡導的「最大多數人的最大幸福」的功利主義的價值觀似乎也難於劃清界限了。誠然，海耶克是在更高的更深遠的層次上看待演化的成敗的。的確，正如前面提及的，在海耶克觀念中，價值與事實是有其相關性的。

關於什麼是善，什麼是惡，什麼是美，什麼是醜，並不是取決於個人的智慧，而是取決於下一個層次的事實：即抱有「錯誤價值觀」的人群，終於衰敗，甚至被淘汰了。這一事實，對大多數人產生了警戒和啟發的功用，即：任何一個社會中，某些群體或興或衰，是根據它所追求的目標及其所遵循的行為準則是否有效益。成功的群體的目標和準則，將泛化到整個社會，成為普遍的目標和準則。但無論其檢驗的層次如何高，成敗仍是成敗。它與康德倫理上的「絕對命令」恐怕是難以協調起來的。凱恩斯在回應《通向奴役的道路》時也指出了海耶克上述論證的危險。他認為，適當的道德辯護必須引入經濟和政治的考量，否則就是難以接受的。任何為道德主張辯護的嘗試，都容易招致循環性的邏輯論證。而「成王敗寇」的辯護方式，則是與道德的前提相違背的。

這是海耶克留下的另一問題。

當然，上述功效是隨歷史而變遷的。這就需要有多種價值的競爭。競爭並非與合作或組織處於絕然對立的兩極。實際上，合作或組織本身也是競爭的方式之一。自由主義絕非反對組織，只是反對排斥一切的、享有壟斷和特權的組織，並反對運用強制力量迫使他人放棄自己獨特實驗的做法。另外，形成組織還必須是自願的。

海耶克的另一主張，即心靈不可能了解自身，導致他在自己的辯護中有時放棄理性。我們在討論他《致命的自負》中的逐漸強化的非理性主義已經注意到了這點。不過，非理性主義的悖論在於，即使它有很多話可說，一旦開口論辯，它就立即自我否定了。因為論辯之規則，就是理性；遵循此規，即是否定自己。因而非理性主義看來只有沉默一途。好在海耶克在對理性的問題上，總體仍是中庸的。他雖然討厭無限誇張理性的（法國）啟蒙式唯理論者，雖然

他深知理性與道德傳統等均為演化而成的功能，二者無分高下。但在海耶克內心，在對自我理性的評估上，我想他恐怕還是自認比那些唯理論者的理性更健全。

因此，當我們回到基本假設，在生存法則和演化理論上，如果接受了複雜系統理論的訓練，則我們會發現，海耶克所指出的自發秩序的特徵的確是無處不在的。他打開了通往人類更高程度理解的大門。

第四節　挑戰自由主義

（一）來自環保主義的挑戰

當代對自由主義挑戰的方向之一，是在自由主義體制內部，把自由主義的原則極端化和泛化，特別是把自由主義的核心概念——權利——泛化。前面的章節我們已注意到海耶克對於泛化權利內容這一危險的清醒認知，當代的一些進一步的發展證實了他的先見之明。這種泛化是沿著兩個維度展開的。

先是，擴大權利的內容，把古典政治哲學所稱為基本權利的東西——生命、自由、財產和隱私等，無限制擴展。於是，形形色色的「權利」，如「池塘生春草」一樣，蓬蓬勃勃地出現了：受教育權、工作權、雇傭權、旅行權、休息權、墮胎權、性偏好權、不足齡兒童權……等等，不一而足。分析這些權利，不難發現，有些是定義不清的，有的則互相矛盾，更多則是某種福利，即它邏輯上是要求他人提供某種東西作為必要條件的。譬如，工作權，是必須有人建立了企業，而且老闆有義務必須給你提供工作，這才能實現「工

作權」。 但這無疑就侵犯了他人（老闆）的自由。他有什麼義務一定要去開辦公司？特別是，他有什麼義務一定要雇你？事實上，這些新「權利」的無限泛濫，其內容的無限擴張，將有可能削弱《獨立宣言》以及海耶克等思想家反覆伸張的那些基本自由，並使「權利」變成一個空洞無物毫無意義的詞語，甚至成為偽權利。

其次，在另一方面，當代還有一種典型的做法是：拓展權利的適用範圍。把權利擴展到一切動物，進而一切生物，再擴展到一切物體的身上。在這方面，極端的環保主義者的觀點是相當有代表性的。

這一方向的發展主要源於三大潮流：

第一是現代自然科學與社會科學的發展，使得過去具有「萬物之靈」地位的人屈尊俯就，成為由猿猴進化而來的、與其他動物僅有高低程度差別的「高級動物」。 而且人也與動物一樣，受自然法則與社會法則的支配，是環境的產物。而根據物質與生命演化的科學推論的徹底的邏輯後果，在冥頑不靈的石頭與天地之尊的人類之間並沒有根本的差別，二者之間不過只是存在著一個連續不斷的演化系列而已。

第二則是近代以來不斷強化的平等主義思潮。這一激情先是瀰漫在人類社會的各等級間，繼之則是在各階級間，再是在各種族間，兩性之間，進而發展到人與高等動物之間。動物保護主義者申辯道，狗、馬、猴子、老鼠、海豹……既然與人一樣，都能感覺痛苦，也有相當高的智力，為什麼不應有牠們自己的權利？殺人有罪，殺動物難道無罪？這一權利的適用範圍還可以繼續往前拓展，原則上並沒有一個「到此為止」的最終邊界。既然人有尊嚴，動物何以就沒有尊嚴？萬事萬物何以就沒有尊嚴？人比萬物更為崇高的「身價」

是如何確定的？平等主義發展到頂峰就是這種萬物齊一論。這種價值相對主義實質上是消解了任何價值高下比較的可能。而令人驚異的是，這種「平等」地廣泛地施與同情和博愛的理論竟然會導致一個麻木無情結論：因為，既然天地萬物與人一樣都有同等的尊嚴與價值，那麼，在中國的大躍進後的「饑饉年代」餓死幾千萬人與幾千萬病毒被殺死都是同等的事件了！這不能不是駭人聽聞的冷漠與殘酷！然而它正是上述那種徹底的平等主義者的邏輯後承。

第三是環保主義注意到，生態的權利無法還原為明晰的私有財產權。它蘊涵了社會或社群作為道德主體的地位，同時它也就蘊涵了生態保護事業極端艱難性。

顯然，上述結論都與近代的哲學危機有關。這就是，長期以來，人類苦思冥想所謂「人的本質」，但是毫無結果；無數哲學家探索「人是什麼？」答案紛呈，五彩繽紛，然而沒有普遍一致的共識，實際等於沒有答案。不過，即使這種狀況還會繼續下去，即使上述問題永遠沒有結論，那也並不必然意味著我們無法為人道主義辯護，不必然意味著康德的「人是目的」已經過時，不必然意味著福柯聳人聽聞的「人的死亡」已經降臨，也不必然意味著我們找不到捍衛具有道德自覺能力的人的尊嚴的平衡點。

它只是意味著，我們在探求基本生存狀態的改善時，除了向前瞻望，也需向後回顧，歷史昭示給我們的災難性的道路尤需謹記。它只是意味著，除了迸發奇想，也需尊重常識，奇想只適合局限在實驗室與書齋中，斷斷不可用人和社會做實驗品；切切牢記人世不可能成為天堂；持續不斷的銳利批判與點滴改進乃是正途，而常識則往往是可靠的嚮導。

它只是意味著，對於傳統與現狀，你有權厲聲批判，但歷史法

官的原則是無罪推定。除非你掌握了確定的證據，除非你在既存的各種生存方式的比較中，獲得了確定其優劣的依據，除非在公開的論爭中，在必要性與可能性的訴求上，獲得了勝訴。否則，還是把自己局限在純粹的批判的地位為宜。

重砌爐灶，以知識創新的衝動設計並追求新社會，是二十世紀重大災難的淵藪。

如果我們訴諸上面這種平衡的考量，無論在學理上還是實踐上，不難看出，自由主義憲政體制與環保主義是不難找到共存的空間的。

（二）當代社群主義、文化多元主義和後現代主義的挑戰

前面已經談到，海耶克是價值多元論的支持者。但是，這並不意味著他否認社會的存在有賴於某種共同的「價值標準」(standard of values)。但是此標準若過於嚴苛，則必然損害自由，損害社會的多元化；然而若沒有任何共同標準，則社會無法和平共存。重要的是，在海耶克看來，這種標準是在歷史中自然形成的。

關於社會的共同價值標準問題，是當代爭論最為激烈的領域之一。尤其是像美國這一類國家，在當今移民與少數族裔迅速成長的情況下，如何建立社會的共同的「價值標準」的問題，恐怕會遇到一些新的日益嚴重的挑戰。其中，一個重要的問題是社群主義 (communitarianism) 與自由主義的關係問題，或者更特殊地說，目前的焦點更集中在文化多元主義 (cultural pluralism) 和自由主義的關係上。

社群主義對自由主義的挑戰的基本點是：他們聲稱更喜歡「善」

的概念，並用以代替自由主義的「權利」概念；更喜歡用「德行」
來代替自由主義的「利益」； 更喜歡用「目標」來代替自由主義的
「程序」。❽

　　但是，如果仔細解讀他們用「社群」或「共同體」作為權利的
單元的論證，不難發現他們並未超出歷史上特別是中世紀人們對於
「共同體」和「組合」等概念的經營。這些經營誠然是複雜、機敏
和富於啟發性的，但是不可否認的是，他們被後來的以個體主義為
中心的自由主義超越和替代了。而且，不可忘記的是，這些概念所
以在中世紀的教會內大體上能夠運作，是因為該「共同體」是相同
（基督教）信仰者的團契。這裡，「信仰相同」是其關鍵。在那種
情況下，才談得上「共同體」作為一個「主體」單元，才談得上「共
同體」的意志與行為。而現代社會，恰恰缺少這樣一個共同信仰的
基地，於是那些論證就完全落了空。在其他方面，他們的論證，也
沒有超出像盧梭的「公意」(general will) 以及馬克思的階級意志與
階級利益等集體主義方式的論證。首先，他們在實踐上無法提供一
個以「社群」或「共同體」為法律單元的現實制度框架，以代替當
下的以個人為基元的憲政秩序。其次，他們也沒有嶄新的令人心服
的論證足以反駁自由主義對用道德代替利益，用目標代替程序的尖
銳批評。

　　當然，當今的社群主義仍有豐富的有啟發性的思想資源，社群
本身也有某些不容化約的獨立價值。肯定社群的某些獨立權利，既
可為個人權利和價值提供背景，又能豐富個人權利的內容，同時，
還能為限制國家統治權力提供援手。不過，它只有在這種輔助和協

---

❽　參見 Michael J. Sandel, *Democracy's Discontent*, Harvard University
　　Press, Cambridge, USA, 1995.

助當下憲政體制的態勢下，才可能發揮上述正面功能；倘若想把它作為自由主義個人主義憲政體制的完全替代品，那將十分危險，並難逃以往集體主義體制失敗的覆轍。

人們注意到，事實上，當今的社群主義者所思考的具體「社群」單位主要是指文化共同體或民族，所以我們不妨具體討論一下文化多元主義的問題。

文化多元主義，主要是把承載價值的基本權利單元定義為文化。它的不容質疑的原初邏輯起點是：所有的文化都具有平等的價值。它在這個意義上是反對個人主義的。他們把自稱擁有普遍性品格的經典自由主義稱為「非文化性的現代性理論」，並痛加批判。指控這種自由主義是西方中心論的文化霸權主義，是一種冒充普遍主義的特殊主義。文化多元主義嚴厲批判自由主義的普遍主義忽視差異，從而把人納入一個虛假的同質性模式中。加拿大哲學家泰勒(Charles Taylor)把這一點表達得十分尖銳：

> 無可爭辯的事實是，今天有日益增多的社會成為不僅包含一種文化共同體的多元文化社會，這些共同體都要求保存自身的特點。僵化的程序性自由主義在將來的世界上可能很快就行不通了。❾

這裡對自由主義的主要指控的論據是：自由主義對差異的漠視源於其價值中立的假設，而自由主義把該假設作為不同文化背景的

---

❾　Charles Taylor, "The Politics of Recognition", in *Multiculturalism: Exchange the Politics of Recognition*, edited and introduced by Amy Gutmann, Princeton University Press, Princeton, N.J., 1994.

人平等交往的保障。自由主義強調公私領域的區分和政教分離，目的是把差異安放在非政治領域。但是，伊斯蘭教根本不存在政教分離，而在中國文化中，公私領域難於區分。因此，無論是美國哲學家麥金太爾(Alasdair MacIntyre)，還是加拿大學者泰勒，都長篇大論以很大的力氣來證明，程序自由主義或「政治正義」觀念恰恰是來源於西方文化傳統內的，所以自由主義的價值中立的假設，實際上是蘊涵了西方文化價值的，是虛妄的。

但是，上述對自由主義的指控是不得要領的。沒有人否認程序自由主義來源於西方文化傳統。但是，在各種傳統有了空間接觸和交流後，實際上它們處於相互競爭和同化的歷史過程中。雖然有關於文本的「譯不準原理」和信仰與文化之間的所謂「無公度性」的時髦理論，然而，訴諸幾百年來文化交流的結果，常識告訴我們，文化之間的相互理解不僅是可能的，而且已經是事實。當然，永遠不會有絕對準確的理解，而是一個無窮盡趨近的歷史過程。這種因交流而誕生的某種普遍性，以自然科學的成就最為典型，雖然它當初也是局限於一種文化中的現象。因此，某種思想傳統的「出產地」並不是根本重要之點，它並不構成排拒該思想傳統本身的理由。試想，當代西方人是否因造紙印刷術來源於中國就拒絕使用並放棄書籍出版呢？遍覽偶然事件層出不窮的人類史，在文明中生長出某種思想傳統，具有相當的偶然性。在古代互相隔離的人類多種文明中，僅僅在西方文明中生長出了程序自由主義的制度形態，而在其他文明中並未獨立自發出現這種形態，這就表明它是個特例。正像中國人發明了文官制度，愛因斯坦發現了相對論一樣，具有某種偶然性。馬克思式的「歷史必然性」是無稽的。然而，一旦各種文明有了空間上的交流和接觸，這就提供給了各文明中的人們以比較、選擇和

檢驗的可能性，各種思想傳統和形態在滿足人們的意願、保障人們生存質量及其延續的競爭能力方面就表現出了差異，其中的優勝者就可能獲得各種文化的青睞，從而取得普遍性。

某種形態的產生、發現是偶然和個別的，而對話、交流、檢驗、評價和選擇則是公共的，可普遍化的。事實上，科學就是循著這一程序發展的。它的普遍性和力量即來源於此（順便說一句，「後現代」論者常引庫恩的科學哲學來消解科學的普遍性，然而其中是有誤讀的）。

對自由主義另一個指控是所謂自由主義「價值中立的虛偽性」問題。實際上，眾所周知，自由主義所謂的「價值中立」，是指政治權力不能把某一種實質性的價值觀念強加於個人。它在這方面持中立的不干預的態度。但是，自由主義同時申張，每個人都有自己偏好的價值觀，這也是其不可剝奪的權利。至於作為穆斯林和中國人是否接受政教分離和公私分家這些基本上帶有程序性特點的原則，他們完全有權自己獨立判斷何者合理。只要不強行剝奪他們知的權利、交流的權利和選擇的權利就行。事實上看這些社會近代以來的流動方向就清楚了。

泰勒說，這些文化共同體都認同並要求保存自身的特點。問題是，誰代表這些文化共同體的所有成員發言？如果有些成員想放棄自己的傳統特點，而融入他所身處的主流文化，該文化體是否要對他進行強力壓制？是一個包含有眾多成員的「文化共同體」的作為意志和權利的單元不易引起歧義和內在衝突，還是以個人作為意志和權利的單元不易引起歧義和內在衝突？我想，其答案是自明的。

簡單地說，在邏輯上和事實上，以個人為權利基本單位能夠涵蓋以某一共同體為權利基本單位的結果；而以某一共同體為權利基

本單位卻不能夠包括以個人為權利基本單位的結果。二者的地位不是對稱的。顯然，個人單位更為基本，更無歧義，這是非常清楚而簡單的算術。

泰勒以「承認的政治」相標榜，以示自己站在比文化多元主義的「認同的政治」更為普遍和超越的立場。所謂「承認的政治」大體是指：我們的認同部分是由他人的承認構成的；如果得不到他人的承認，或者只得到他人扭曲的承認，不僅會影響到我們的認同，而且會造成嚴重的傷害。在這個意義上，「社會」建立在一種對話關係上，如果一個社會不能公正地提供對不同群體和個體的「承認」，它就構成了一種壓迫形式。❿

這裡的晦暗不清的地方是，它實際上是把某種義務強加到了他人的身上，這一強制性的義務就是：「你必須承認我」以及「你必須承認我們」，否則，你就嚴重地傷害了我和我們。泰勒是否想到過這種強加於他人的義務已經傷害到他人的自我認同了呢？如果他人信仰的價值體系或宗教與你的完全不同甚至相反，他如何「承認」你的信仰呢？當然我們可以說，由於（自由主義的）憲法保障了各自的信仰自由，因此沒有人有權干預他人的信仰，在這個意義上，可以說自由主義的法律體系是「承認」各自的價值認同和信仰的。但這只是在消極的意義上，是在被動的不干涉的意義上使用的。也就是說，法律「承認」的只是你的信仰權利（注意，自由主義的「權利」又來了），而不是信仰的實質內容。但泰勒說的顯然不是這個意思，否則，現行的憲政秩序早就是「承認的政治」了；否則，泰勒就與自由主義者相一致了。然而他批判的，正是自由主義秩序，

❿　參見汪暉，〈承認的政治、萬民法與自由主義的困境〉，《二十一世紀》，1997年8月號，香港。

他正是在指控自由憲政沒有能提供「承認的政治」秩序。泰勒要「社會」提供的那種「承認」，顯然是主動的。這就強行加諸給了「社會」以一種必須履行的義務，強行加諸給了他人必須承認自己的認同的義務。試想，一個自由主義者如何去「承認」新法西斯主義者的思想傳統。這顯然已是非分要求，強人所難了。我想，人們能做到的最大限度，就是不干預你認同新法西斯主義而已，要他人主動來承認你，你沒有這個權利。而且，如果你使用某種強制性的方法來要求別人承認，那麼，實際上，你已經干涉到我的思想和傳統的認同了。

況且，進一步說，「如果得不到他人的承認」，你的認同就一定會受到嚴重影響乃至傷害嗎？就是他人對你的壓迫？倘若認同真是如此脆弱，該認同是否有深厚的根基和土壤就值得畫上問號了。「未得到他人承認」這一信號恐怕正是一種警訊，它提醒你該就自己的認同更多地與他人平等地對話交流了，或者，是提醒你該認真反思自己的認同的時候了。無論你所由出生的文化和民族傳統對認同有多麼重大而深刻的影響，然而自我的認同，歸根結底仍是自己選擇的結果。在這一點上，筆者倒很欣賞和歡迎曾經長期持法蘭克福學派觀念的哈貝馬斯近年來對自己思想的修正，那是一種嚴肅的對學術真誠的態度。哈貝馬斯批評泰勒沒有完整地理解自主性概念，指出泰勒在批評權利自由主義忽略集體目標時，沒有充分注意到私人自主性與公共自主性之間的內在的、理論上是必要的聯繫。哈貝馬斯結論道：

　　一種得到正確領會的的權利理論所要求的「承認的政治」應當維護個體在建構其認同的生活語境中的完整性。這點無須

任何對立模式來從另一種規範角度對個體主義類型的法律體
系加以修正，只要堅定不移地把法律體系付諸實現。**⓫**

這是一位左翼哲學家經歷重大歷史事變後，經過痛苦的觀察與思索
對自由主義法治的重新承諾。

文化多元主義強調「差異的政治」，但問題是，如果以文化作
為權利的最基本的單位，如果以文化的集體權利來壓倒和凌駕個人
權利，那麼，它恰恰是抹殺了同一文化內部個體之間的差異。要知
道，任何文化內部仍然是由個性各異的個人所構成的。而且，集體
的至上性必定會產生以「集體的權利要求」的名義，漠視乃至壓制
「個體的權利要求」的案例。這一論點，雖然像陳年老調，聽來毫
不新鮮，但是，它正是天天都發生在前現代國家和非民主國家的事
情。無論換之以任何前衛的「後學」的觀察和解釋角度，恐怕仍難
以否認這一基本事實。

當代，有些第三世界的權力精英，常常以文化多元的名義拒絕
自由民主憲政體制，指控「西方式」的自由主義是以一元的體制去
籠罩原本多彩多姿多元的體制形態。然而如所周知，自由主義憲政
體制的基礎之一正是保障公民個體精神和物質的多元化，即自由。
倘若在這一根本方面欲與憲政體制相區別而標榜「多元」，就意味
著取消個體多元化，取締公民自由。因此，或者是現代各文明各民
族都享有保障個體自由多元的普遍性的體制；或者是各文明各民族

⓫ Jurgen Habermas, "Struggles for Recognition in the Democratic Con-
stitutional State", in *Multiculturalism: Exchange the Politics of
Recognition*, edited and introduced by Amy Gutmann, Princeton Uni-
versity Press, Princeton, N.J., 1994.

體制「多元化」：　有的體制保障個體的多元化，有的體制則強制個
體整齊劃一輿論一律——實行一元化管制。要言之，或是個體多元，
或是體制多元，二者只居其一，這是人們不得不做的選擇。

　　文化多元主義以文化作為權利的最基本單位的另一個問題是，
實際上，連貫一致的權利僅為個人所擁有。所謂的「文化的權利」、
「民族總體的權利」只具有比喻的涵義，不具有具體實在的內容和
意義。它必定會遇到「誰有資格代表某文化」的問題。文化之內的
個人權利的總和，並非一個有意義的統一完整連貫的權利實體。所
謂「所有個人權利之和」，雖然存在，但卻是零散、分立、局部的，
有時甚至是互相矛盾衝突的。任何人都不可能擁有此種系統的權利
代言人的完整資格。此即海耶克長期堅守的「方法論和認識論上的
個體主義」。

　　在文化多元主義對自由主義的所謂「同質性模式」的批判中，
對於海耶克型的自由主義而言，則是完全無效的。因為海耶克正是
以強調個體的差異、強調個體的特殊性著稱的。但是，承認這種差
異與確立法律的普遍性是並不矛盾的。毋寧說，正是由於個體差異
的存在，法律的普遍性才是必要的。

　　在有關西方和非西方這個敏感的問題上，海耶克坦率地指出，
無論從何種更高的觀點來評價西方文明是否較為優秀，但是西方的
物質成就，已經成為接觸過它的人們的追求目標。其他文化的人們
或許不願意採用西方的全部文明，僅願採取其適於自身的部分。海
耶克認為，各不同文化誠然存在於世界各地，並支配著多數人的生
活。但掌握西方文化的知識技能最深入者，已經逐漸掌握了各不同
文化的領導地位。放眼世界各國，這大概已是不爭的事實。

　　人們選擇文化相對主義作為自己觀察問題的價值基點，這本無

可厚非；但是，如果因為自己的價值取向而抹煞了一些最基本的事實，違心地順從某些嘩眾取寵的時髦潮流，而對簡單的事實視而不見，這就違反了最起碼的知識誠實，並最終還是要被歷史所淘汰的。

目前時髦流行的所謂「後現代主義」，儼然以當今時代精神的代言人和知識界的主流思潮自居。但倘若仔細解讀探究，實際上，不難發現，在擴張人類的創造性與想像力方面，它並沒有提供任何新的非凡的精神空間。它號稱挑戰並反對啟蒙思潮，而它自己，不過是把法國啟蒙運動開拓的方向無限制地強化、把它們推至極端而已；「後現代主義」者把「人權自由民主」視為西方主流支配其他民族的「霸權話語」。而這裡有一個簡單的事實，卻頗令人困惑，即：他們的「後現代」理論卻只有在「人權自由民主」這種「霸權話語」的社會中，才能生產並發表出來，而他們自己是想也沒想過要去那些缺乏上述「霸權話語」的社會中討生活的。即是說，「後現代主義」本身也不過是自由主義憲政的產物之一。比較一下在號稱以馬克思主義立國國家，毫無例外的精神的一元壟斷與思想的全面荒蕪，就不難知道，實際上，沒有以自由主義奠基的憲政框架，沒有市場經濟，這些所謂「後現代主義」根本就不可能破土而出，更遑論成為顯學了。因此，就事實層面看，它所挑戰的實際上是自己生存的根基，自己賴以存在的土壤。

形形色色的「後現代主義」的理論基地之一是所謂「話語理論」。按照「話語理論」的基本精髓：其實世界上根本就無所謂客觀性普遍性。人們所謂的普遍價值實際上都是在某種「話語」所控制所操縱下的產物。

既然如此，人們當然就有理由追問，這種「話語理論」本身有沒有普遍性呢？如果它不具有普遍性，不適用於所有情況，那就說

明有些價值並不是在某種「話語」所控制下的產物而具有普遍性，則該理論破產。如果它享有普遍性，則說明世界上確有普遍性存在，則其理論也破產。所以，是「進亦憂，退亦憂」，這種時髦的話語理論難逃其邏輯上的兩難困境。

當然，如果追問一下該「話語理論」本身是否在某種「話語」控制操縱之下時，他也會陷入同樣的尷尬。

後現代主義在批判現代性時雖然犀利，然而很多人指出它的一個致命之處是，除了否定性的批判，它自己沒有任何正面的主張和真正的目標。他們除了八面出擊、「不要」現存主流秩序外，人們不知道他們究竟「要」什麼。這裡當然有一個可以理解的顧慮：他們精明的算盤是：批判他人總是容易的。他們深知，自己只要亮出任何一種正面主張，對該主張的鋒利批判也同樣會風起雲湧、八方襲來。按照「趨利避害」法則，他們目前所採取的否定性的姿態，就自我保護和擴張短期影響的目標而言，無疑是最優抉擇，聰明而有效。至於說到它能在歷史上占有多大的位置和享有多長的壽命，則恐怕就難以樂觀了。

其實，筆者倒相當樂見後現代主義者保持目前這種否定性的批判鋒芒和單純的批判者地位，唯恐他們為求體系性和全面性，像當年馬克思一樣，去建構出一種正面的價值體系和理想的社會。在那種景況下，如果他們有足夠的智力去抵禦他人的批判，又有足夠的感情煽動力去實施社會動員並以武力追求「人間天堂」，屆時可能造成的災難和悲劇是不堪設想的。不過，雖然歷史並未終結，但是上述可能性確乎是微乎其微的。對於這點，其實後現代主義者本身也很清楚。他們頗有自知之明，因而基本上把自己定位在學術圈內部，自我認同為純粹的否定性批判者。

在這樣的態勢下，他們的存在無疑是一種健康的平衡力量，對於防止社會的僵化，對於維持社會具有某種內在的張力，從而推動其不斷更新，對於扶持弱勢群體，對於平衡社會目前的主流與非主流的力量，對於緩解社會內部過於巨大的差距，顯然都是正面的。而他們的存在，本身就是自由主義憲政體制的題中應有之義。試設想，倘若現代西方社會沒有了後現代主義、後殖民主義、女性主義乃至極端宗教教派對當下秩序與體制的鳴鼓而攻，缺少了馬克思、馬庫塞、喬姆斯基 (Noam Chomsky)、福柯、德希達、麥金太爾、薩依德、泰勒……這類激進思想家反抗的高亢的聲音，這個社會將是何等乏味單調沉悶！「籠子裡如果只有一種雞，雞籠就不熱鬧了。」在這個意義上，可以說，反對或挑戰自由主義的思想之存在，為自由主義憲政體系提供了更為寬廣堅實的合法性和合理性基地，並為他們所批判的秩序增添了更為絢麗的多元化色彩。因而，他們的存在本身，實際上是對自由主義體制的最為根本的道義支持。對照其他制度的嚴屬的單一思想控制，這一點尤為突出。激進思想家們的存在實際上構成對自己身處體制的這種道義支持，顯然是他們所不情願的；但同時也是他們始料不及、無可奈何的。這一悖論，得力於自由主義憲政的高度包容性、寬容度和溶解性。任何不訴諸暴力的「異端」，原則上只有在這種體制內才能合法誕生；而該體制在修正的過程中將逐步溶解該異端，使之化為彈性更大的體制自身的多元成分之一，創建它更為深厚寬廣的正當性基地。這也是它歷久而不衰的重大秘密之一。

（三）終曲：遠航的哲學

在以《致命的自負》精闢地以總結了自己一生的基本思想之後，

在目睹了千載難逢的歷史性巨變之後，海耶克於1992年3月23日在德國弗賴堡平靜地闔上了他的雙眼，享年九十三歲。

回顧他的一生，人們可能會注意到，當1974年海耶克（與孟德爾一起）榮獲諾貝爾經濟學獎時，公眾對此的第一反應是吃驚於海耶克居然還活著！隨後，大家回憶起了他與凱恩斯的那場著名的理論論爭。部分輿論開始對於海耶克會說些什麼感到了興趣。海耶克在頒獎宴會上說，他無意介紹使他獲獎的創造性工作。其原因之一在於他恐怕這樣會產生強化科學中流行時尚來回擺動的效果。本來這種搖擺已經由於頒獎給像他這樣不合時尚的人而緩和下來了。然而他後面的一句評論卻引起了很大的爭議，他說：「在經濟學中，諾貝爾獎所授予的權威是任何人也不應享有的。」實際上，熟悉海耶克一貫的語言風格的人，對此類句子是不會訝異，也不會過於認真的。對廣大聽眾，海耶克以自由市場是自由社會的必備基地的明確語言為市場做了強有力的辯護。他還對他們論證了貨幣的無國籍的國際化性格，指出，自由市場對於保持貨幣的價值應當是具有顯著功效的。由於政府證明自己無力提供工作機會，因而海耶克的建議也就被證明是無法忽視的。但由於銀行家們長期以來就是政府規章的產物，因此他們已經忘記市場是做什麼的了。

市場將戰勝一切。不過它早就在暗中運作支配了。海耶克有關市場是社會制度自發生長起來的秩序這一觀點，已經無須辯護或灌輸了，它已經成為生活方式本身。人們要做的只是等待。歷史的時刻一到，所有的「牆」和壁壘統統都會一朝傾頹，灰飛煙滅。

學術界的人可能注意到，海耶克很少或幾乎不提所謂「現代性」的問題。當代社會科學界熱衷的諸種「現代化理論」，也從未引起他的興趣。這裡實際上涉及海耶克一個基本想法，人類現在占居主

導地位的生存方式——延續的秩序，其實是從相當久遠的年代逐步演化發展出來的。其間雖然有演化速度快慢的區別，但是，基本過程並不是像現代化理論家所描繪的那樣是一幅截然劃分黑白分明的歷史圖景。在該圖景中：前現代是一片黑暗，現代則是光明降臨，其間有一個清楚的斷裂。然而，在海耶克那裡，歷史中並不存在這種斷層。演化是一個連續的過程，既非截然二分，也不是一直趨向進步，而是一個具有延續性的秩序不斷地在時間與空間中擴展自己的過程。

近代以來，大多數人把這種秩序命名為自由主義秩序。它已經擴展到了地球上大多數國家與地區。這一秩序猶如一艘逐步形成和完善的久經考驗探險遠航巨輪，它在駛進新的時空「水域」時，難免會發生一些新的問題，出現一些漏洞，面臨一些挑戰；因此，就導致了因應新局面的各種方案之間的激動辯論。其中雖然流派眾多，但大體不超出「棄船派」和「邊航邊修派」兩大範疇。

「棄船派」認為：航船所依據的力學機械原理已經過時，整個船已經千瘡百孔，無可救藥。智力創新和構建宏偉理論大廈的誘惑促使他們去摧毀或拋棄歷經風雨的巨輪。這些自命不凡者提出新的原理，去設計和製造另一條新船以開闢新世界。

「邊航邊修派」則主張：該船所依據的力學機械原理仍是行之有效的，過去的歷史已證明了它的普遍適應性。不過，它面臨的新局面新困難則需要在航行的過程中去修船、去更新零部件、去堵塞漏洞、去探測新的海域，以隨時校正航線。

二十世紀，在某種意義上，就是上述兩派激烈紛爭難分難解的世紀。只是到了世紀末，答案才終見分曉。

這個世紀的深重災難留給後人的基本圖景是：全盤拋棄老船而

建造的兩艘「新船」——「法西斯號」與「共產主義號」——已經
船毀人亡。它們的「新原理」其實是「偽科學」，經不起現實生活
的考驗，它根本無法運作以驅動航船。在經過船上的慘烈掙扎和導
致一段全海域的混亂以後，終於葬身海底。有些人僥倖存活了下來，
而數億人則成了「新實驗」的殉葬品。

海耶克，就是這場「大海難」的預言者。他的主要功績是論證
了自由主義航船賴以出現、生長、演化、壯大和發展的機制原理，
它的在航行中的自我修復功能和自動導航能力，以及毀船、棄船和
重造新船的災難性後果。

然而在一段時期內，他卻被視為維護舊秩序的保守派，受到歷
史冷落，鮮少同情和理解。

他的幸運在於，自七十年代以降，尤其在1989～1991年，當全
球社會主義陣營轟然崩解後，海耶克的先知洞見已昭然天下，他已
不辯而勝了。

不過，這並不意味著航路走到終點——「歷史已經終結」。自由
的航程是無止境的。

在前路不確定的汪洋大海中，水妖的迷人歌聲並非來自希臘女
神賽絲，而是來自確定的「彼岸」，來自「海市蜃樓」，來自終極目
標。當然，當海耶克自己有時以斷然的口氣發言時，如他的反智傾
向的斷言，他的類似元老院的立法會議設想，他的貴族化傾向，他
關於文化競爭的「成王敗寇」思想，……使他自己的知識「航行」
也偶爾有點危險地靠近了那些「確定目標」的礁石，並成為招致批
評的箭靶。然而，以自由主義為領航器的優越性在於，其開放性的
傾聽和討論使他能收到多種危險的警告，從而修正航線，避開冰山
和礁石。

　　無庸置疑,水妖的迷人歌聲也來自人類熱病的週期性發作。在長時間平靜年代裡的平庸無奇的休養生息之後,知識挑戰與智力創新的衝動必定又會勃勃洶湧於社會科學領域。事實上,左翼知識界在八十年代末之後沉寂了若干年,近來已不甘寂寞,遂有「涼風起於青萍之末」之待發潛勢了。而海耶克,作為一個符號象徵,再次逐漸離開了輿論關注的中心位置。這恐怕是預示某種新趨向的信號。

　　人類總是健忘的。也許,若干年後,新的亮麗旗幟和偉大構想又將重新破土而出:人們大聲疾呼,主義風起雲湧。他們可能明智許多,僅在校園吶喊,不再施行革命動員,然而,潮流將走向何方,狂漲為何等規模,仍難以一言以斷。也許,有一點是可以想像的:在熱病過後,遍地瘡夷之際,歷盡滄桑的人們才又重新回憶起二十世紀的那個海耶克,才看見那位睿智的先知般的天才,站在雲端俯瞰著他曾經悲憫和哀樂與共的那個地球上的芸芸眾生,沉思著那綿延不斷又起伏漲落的自由秩序的下一輪命運。

　　在自由的暖洋洋的陽光下,智力遊戲是人們最高的精神滿足;而海耶克的遺產,則永遠在被剝奪過自由和遭受過浩劫的地區與人群中引起深遠的回響。

海耶克年表

著作以首次發表時間為準

1899年

5月8日，海耶克(Friedrich August von Hayek 1899～1992)誕生於奧匈帝國首都維也納市。其父為植物學教授。海耶克家共三兄弟，以他居長。海耶克的曾曾祖父約瑟夫·海耶克 (Josef Hayek, 1750～1830)在三十九歲（1789年）時獲頒貴族頭銜。從此，他們家族的姓氏「海耶克」前面多了一個「馮」(von)字。海耶克的一位表兄是著名哲學家路德維希·維根斯坦。

1914年

第一次世界大戰爆發。海耶克時年十五。

1917年

3月，海耶克高中畢業前夕，他曾進入奧國野戰炮兵部隊服役，服役不滿一年，戰爭結束，奧匈帝國解體。

1918年

海耶克進入維也納大學。

1919–20年

冬季，海耶克到瑞士北部蘇黎克省，進入腦解剖學家馮·摩鈉科夫(von Monakow)的實驗室研究，打下心理學與生理學基礎。

1920年

夏季，海耶克到挪威，掌握了斯堪底那維亞語言並因而翻譯了古斯塔夫・喀塞爾(Gustav Cassel)論通貨膨脹的著作。同年回到維也納大學，從師於維舍 (Friedrich von Wieser) 和米塞斯 (Ludwig von Mises) 研習經濟學，特別受到奧地利學派核心人物卡爾・孟格 (Carl Menger) 著作的決定性影響。在維也納大學，海耶克同時也修了心理學和法律課程。

1921年

10月，獲維也納大學法學博士學位(J.U.D.)。經濟學家米塞斯為海耶克找到了一個被稱為「清償辦公室」的臨時機構裡的位置。此後五年，除開海耶克去美國的一年多一點的時間外，他都同米塞斯在一起。

1922年

米塞斯發表了論社會主義的巨著，海耶克成為米塞斯主持的研討班的活躍成員。

1923年

海耶克獲維也納大學政治學博士學位(Dr. rer. Pol.)。

1923年

海耶克持熊比特(Joseph Schumpeter)的介紹信赴紐約，他被應允獲得部分資助任研究助理。海耶克到美國後正式註冊於紐約大學，著手又一篇博士論文：「貨幣的職能與人為穩定購買力是協調一致的嗎?」 直至他返回維也納之前，研究貨幣理論與商業循環，是海耶克在紐約的主要工作重心。

1924年

春季，海耶克從美國返回維也納，並繼續應聘於「清償辦公室」。

1927年

1月，海耶克被任命為奧地利商業循環研究所首屆所長。他開始了對於貨幣理論史的通盤研究，特別是自1690年到1900年英國的貨幣理論與政策的歷史。

1928年

海耶克在倫敦第一次與凱恩斯見面。

1929年

全球經濟「大蕭條」。海耶克寫成論文「儲蓄的悖論」。這篇論文引起了羅賓斯(Lionel Robbins)的注意，他邀請海耶克到倫敦經濟學院作系列講座。該講座涉及英國貨幣理論史，內容豐富，獲得極大的成功。這次演講導致海耶克被聘任為倫敦經濟學院1931-32年的客座教授。

1931年

海耶克來到英國，任教於倫敦經濟學院。海耶克發表評論評凱恩斯在《經濟學》雜誌上發表的〈論文〉(Treatise)。該評論的第一部分發表於該刊1931年8月號。

1932-49年

海耶克正式受聘為該學院經濟學與統計學的圖克教授 (Tooke Professor)。海耶克直至赴美前，都一直在此位置上，它構成了其學術生涯的重要階段。而他與羅賓斯從1931年至1940年一直親密合作，直到四十年代羅賓斯受到凱恩斯思想的影響為止。海耶克在此期間完成著作《價格與生產》，這是他對凱恩斯的《貨幣通論》的重要批評。凱恩斯的答辯則是對《價格與生產》進行了批評。這就是著名的海耶克─凱恩斯大論戰。此外，海耶克同年還發表了兩篇帶學術視野的回憶錄〈從維也納看一九

二〇年代的經濟學〉及〈從倫敦看一九三〇年代的經濟學〉。

1933年

海耶克發表專著《貨幣理論與貿易循環》。

1934年

海耶克受邀參加孟格著作新版的編輯工作。

1935年

海耶克正式發表專著《價格與生產》。 同時，接手主編並出版了論述社會主義計劃的論文集《集體主義的經濟計劃》， 由此興趣開始轉向政治哲學和方法論分析。

1936年

海耶克對倫敦經濟學會(the London Economic Club) 發表了他的會長就任演說，這就是次年發表的著名論文〈經濟學與知識〉。 而他的理論對手約翰・美納德・凱恩斯(John Maynard Keynes)正是在1936年發表了其經典名著：《就業、利息與貨幣通論》。

1937年

發表著名論文〈經濟學與知識〉以及專著《貨幣的國家主義與國際穩定》。

1938年

海耶克歸化英國國籍。他在《當代評論》雜誌1938年4月號發表〈自由與經濟體系〉， 其中已經有了《通向奴役的道路》主要思想的萌芽。同年，海耶克第一次接觸卡爾・巴柏的《科學研究的邏輯》一書，並熱情贊賞。

1939年

發表《利潤、利息與投資》。

1941年

發表專著《純資本論》，從而完成了一套有關資本與產業波動的完備理論。

1942–44年

連續三年，海耶克在《經濟學》上發表〈科學主義和社會研究〉。

1943年

海耶克獲倫敦政治經濟學院科學博士學位(Dr. Sci.)（經濟學），同年，當選為英國學院院士(Fellow of the British Academy)。

1944年

海耶克的名著《通向奴役的道路》由芝加哥大學出版社正式出版。它被翻譯成十一國文字，暢銷於英美兩國，風行於全世界。

1945年

4月22日，海耶克應邀與芝加哥大學的兩位教授一起在NBC廣播公司的節目裡公開辯論了他的《通向奴役的道路》一書。

1946年

海耶克應邀前往美國作有關《通向奴役的道路》的演講旅行。

發表論著《個人主義：真的與假的》。

1947年

4月，培勒林山學會(Mont Pelerin Society)成立，海耶克任首屆會長。該學會會員有：原聯邦德國總理艾哈德、米塞斯、蕭特(Frank H. Knight)、巴柏(K. Popper)、斯悌格勒(G. Stigler)，以及米爾頓・弗里德曼等。

1948年

發表《個人主義與經濟秩序》。海耶克回奧地利探親，巧遇早

年初戀情人。後來與妻子離婚並與初戀情人結婚。

1950年

10月，海耶克應邀赴美，擔任芝加哥大學「社會思想委員會」的教授。

1951年

發表思想史專著《密爾與泰勒》(*John Stuart Mill and Harriet Taylor*)。

1952年

發表思想史專著《科學的反革命——論理性的濫用》。同年發表理論心理學專著《感覺秩序》。

1954年

海耶克及夫人循著密爾在整整一百年之前的路線開車考察遊覽，途經法國的西部及南部，義大利的那坡里、西西里、科弗、雅典以及埃及。在埃及，海耶克發表重要演講：「法治的政治理想」。

1955年

秋季，海耶克返回美國芝加哥大學繼續研究和任教。同年發表有關法理學的論文〈法治的政治理想〉。

1956年

在慶祝芝加哥大學社會科學研究大樓竣工二十五週年的機會上，海耶克發表了題為「專業化的兩難」的演講。

1960年

5月，海耶克系統的自由主義哲學《自由憲章》，由芝加哥大學出版社出版。

1962年

海耶克接受了德國弗賴堡大學 (University of Freiburg) 終身教授的聘任，結束了在芝加哥大學的工作，前往德國任教。

1967年

海耶克發表《哲學、政治學與經濟學研究》(*Studies in Philosophy, Politics and Economics*)。

1969–77年

海耶克去奧地利的薩爾茲堡大學任客座教授。

1973年

設立於布萊頓森林(Bretton Woods)的國際金融機構解體。

1973–79年

海耶克出版《法律、立法與自由》(*Law, Legislation and Liberty*, The University of Chicago Press,1973,1976,1979) 三卷本專著。

1974年

瑞典斯德哥爾摩的諾貝爾獎金委員會宣布，海耶克（因對於貨幣理論和循環理論的研究）與孟德爾一起榮獲該年度的諾貝爾經濟學獎。

1978年

海耶克提出在巴黎舉行一場大辯論的設想，預定的論題為：「社會主義是否錯誤?」 論辯雙方應由主張社會主義的理論家和主張市場秩序的理論家擔任。

1988年

海耶克發表《致命的自負——社會主義的謬誤》(*The Fatal Conceit——The Errors of Socialism*, Routledge, 1988, London)，作了一生的理論總結。

1989-91年

中國發生天安門事件，德國柏林牆倒塌，東歐與蘇聯解體，社會主義失敗。

1992年

3月23日，在目睹了社會主義失敗的歷史性巨變後，海耶克在德國弗賴堡逝世，享年93歲。

海耶克的論著

以下是按初版年代編列的海耶克先生的主要英文專著與論文

1. "Intertemporal Price Equilibrium and Movements in the Value of Money" (1928); cited from McCloughry (1984), pp. 71–117.

2. "Reflections on the Pure Theory of Mr. J. M. Keynes, Part I" (1931), *Economica*, vol. 11, pp. 270–295.

3. "Reflections on the Pure Theory of Mr. J. M. Keynes, Part II" (1932a), *Economica*, vol. 11, pp. 398–403.

4. "A Note on the Development of the Doctrine of 'Forced Saving'" (1932b), *The Quarterly Journal of Economics*, vol. XLVII, cited from Hayek 1939b, pp. 183–197.

5. "Money and Capital: A Reply to Mr. Sraffa"(1932c), *Economic Journal*, vol. 42, pp. 239–249.

6. *Monetary Theory and the Trade Cycle* (1933a), (London: Jonathan Cape).

7. "The Trend of Economic Thinking"(1933b), *Economica*, vol. 13, pp. 127–137, reprinted in Hayek 1991b, pp. 17–34.

8. "Capital and Industrial Fluctuations. A Reply to Criticisms"

(1934), *Econometrica*, vol. II, No. 2, cited from Hayek 1935, pp. 132–162.

9. *Price and Production* (1935), 2nd edition, revised and enlarged (London: Routledge and Kegan Paul).

10. "Economics and Knowledge" (1937), *Economica*, NS, 3, pp. 33–54, cited from Hayek 1949, pp. 33–56.

11. *Monetary Nationalism and International Stability* (1939a), Institut Universitaire de Hautes Etudes Internationales, Geneve, Suisse: No. 18, 2nd edition (London: Longmans, Green and Co.).

12. "Profits, Interest and Investment" (1939b), in *Profits, Interest and Investment of other Essays on the Theory of Industrial Fluctuations* (London: Routledge), pp. 3–72.

13. "A Commodity Reserve Currency" (1943a), *Economic Journal*, vol. 53, pp. 176–184, reprinted in Hayek 1949, pp. 77–91.

14. "The Pure Theory of Capital" (1941) (London and Henley: Routledge and Kegan Paul).

15. "The Ricardo Effect", *Economica*, vol. IX (new series), No. 34, pp. 127–152, cited from Hayek 1949, pp. 220–254.

16. *The Road to Serfdom* (1944) (London: George Routledge and Sons)

17. "The Use of Knowledge in Society" (1945), *American Economic Review*, Vol. XXXV, No. 4, pp. 519–530, cited from Hayek 1949, pp. 77–91.

18. "The Meaning of Competition" (1946), *Starfford Little Lecture*,

Princeton University, May, cited from Hayek 1949, pp. 92–106.

19. *Individualism: True and False* (1946), Dublin: Hodges, Figgis and Co..

20. "Free Enterprise and Competition Order" (1947), *Mont Pelerin Conference*, cited from Hayek 1949, pp. 107–118.

21. *Individualism and Economic Order* (1948) (London and Henley: Routledge).

22. "The Economics of Development Charges" (1949a), *The Financial Times*, April 26, 27, 28.

23. "Intellectuals and Socialism" (1949b), *The University of Chicago Law Review*, 16, No. 3, Spring.

24. "Economics" (1950a), *Chambers Encyclopedia*, vol. 4, New York: Oxford University Press.

25. "Full Employment, Planning and Inflation" (1950b), *Institute of Public Affairs Review*, 4, Melbourne.

26. "Comments on the Economics and Politics of the Modern Corporation" (1951a), *Conference on Corporation Law and Finance*, Conference Series No. 8, Chicago: The University of Chicago Law School, Dec.

27. *John Stuart Mill and Harriet Taylor* (1951b), Chicago: The University of Chicago Press.

28. "The Transmission of the Ideals of Economic Freedom" (1951c), *The Owl*, London.

29. *The Counter-Revolution of Science: Studies of the Abuse of Reason* (1952a) (Glencoe, Illinois, The Free Press).

30. *The Sensory Order* (1952b) (London: Routledge and Kegan Paul).

31. "History and Politics" (1954), cited from Hayek 1967, pp. 201−215, reprinted in Hayek 1992, pp. 56−72.

32. "Degrees of Explanation" (1955a), *British Journal for the Philosophy of Science*, 6.

33. "The Political Ideal of the Rule of Law" (1955b), Cairo: The National Bank of Egypt.

34. "Toward a Theory of Economic Growth" (1955c), *National Policy for Economic Welfare at Home and Abroad*, Garden City, N.Y., Doubleday.

35. "The Dilemma of Specialization" (1956a), in Leonard D. White, ed., *The State of Social Science*, Chicago: The University of Chicago Press.

36. "Reconsideration of Progressive Taxation" (1956b), in Mary Sennholz ed., *On Freedom and Free Enterprise*, Princeton: Van Nostrand.

37. "Creative Powers of a Civilization"(1958a), in Felix Morley, ed., *Essays on Individuality*, Philadelphia: University of Pennsylvania Press.

38. "Freedom, Reason and Tradition" (1958b), *Ethics*, 68, No. 4, July.

39. *The Constitution of Liberty* (1960) (London and Henley: Routledge and Kegan Paul).

40. "The Legal and Political Philosophy of David Hume (1711−

1776)" (1963), Il *Politico*, vol. 28, No. 4, cited from Hayek 1991b, pp. 79–100.

41. "Kinds of Order in Society" (1964a), *New Individualist Review*, 3, No. 2.

42. "The Theory of Complex Phenomena"(1964b), in M. Bunge, ed., *The Critical Approach to Science and Philosophy*, New York: The Free Press.

43. "Kinds of Rationalism" (1965), *The Economic Studies Quarterly* (Tokyo), 15, No. 3.

44. "Dr. Bernard Mandeville (1670–1733)" (1966a), Proceedings of the British Academy (London: Oxford University Press), vol. 52, pp. 125–141, reprinted in Hayek 1978b, pp. 249–266, cited from Hayek 1991b, pp. 79–100.

45. "The Misconception of Human Rights as Positive Claims" (1966b), Farmand, Anniversary Issue.

46. "Personal Recollections of Keynes and the 'Keynesian Revolution'" (1966c), *Oriental Economist* (Tokyo), 34, January.

47. "The Principles of a Liberal Social Order" (1966d), Il *Politico*, 31, Dec.

48. "The Constitution of a Liberal State" (1967a), Il *Politico*, 32.

49. *Studies in Philosophy, Politics and Economics* (1967b) (London and Henley: Routledge and Kegan Paul).

50. "The Confusion of Language in Political Thought" (1968a), London : The Institute of Economic Affairs.

51. "A Self—Generating Order for Society" (1968b), in John Nef,

ed., *Towards a World Community*, Hague: W. Junk.

52. *A Tighter by the Tail* (1972a) (London: Institute of Economic Affairs), reprinted in Hayek 1991a, pp. 1–123.

53. *Verdict on Rent Control* (1972b), London: The Institute of Economic Affairs.

54. *Economic Freedom and Representitive Government* (1973a), London: The Institute of Economic Affairs.

55. "The Place of Menger's Grundsatze in the History of Economic Thought" (1973b), in *Hicks and Weber*, pp. 1–14, reprinted in Hayek 1978b, pp. 270–282.

56. *Law, Legislation and Liberty: A New Statement of the Liberal Principles of Justice and Political Economy vol. 1: Rules and Order* (1973c) (London and Henley: Routledge and Kegan Paul).

57. *A Discussion with Friedrich von Hayek* (1975a) (Washington, DC: American Enterprise Institute for Public Policy Research).

58. "Two Types of Mind" (1975b), *Encounter*, 45, Sept.

59. *Full Employment at any Price?* (1975b) (London: Institute of Economic Affairs).

60. "Institutions May Fail; But Democracy Survives" (1976a), Interview, *U.S. News and World Report*, Mar. 8.

61. "Adam Smith's Message in Today's Language" (1976b), *Daily Telegraph* (London) , Mar. 9.

62. *Choices in Currency* (1976c), Occasional Paper 48 (London: Institute of Economic Affairs) reprinted in Hayek 1991a, pp.

125–235.

63. *Denationalization of Money* (1976d), 2nd ed., revised and enlarged, 1978, London: Institute of Economic Affairs.

64. *Law, Legislation and Liberty: A New Statement of the Liberal Principles of Justice and Political Economy vol. 2: The Mirage of Social Justice* (1976e) (London and Henley: Routledge and Kegan Paul).

65. "The Miscarriage of the Democratic Ideal" (1978a), *Encounter*, Mar.

66. *New Studies in Philosophy, Politics, Economic and the History of Ideas* (1978b) (London and Henley: Routledge and Kegan Paul).

67. *Law, Legislation and Liberty: A New Statement of the Liberal Principles of Justice and Political Economy vol. 3: The Political Order of a Free People* (1979) (London and Henley: Routledge and Kegan Paul).

68. *Unemployment and the Unions* (1980), London: Institute of Economic Affairs.

69. "The Austrian Critique" (1983), *The Economist*, 11 June, pp. 45–48.

70. "Market Standards for Money (1986)", *Economic Affairs*, vol. 6, No. 4, pp. 8–10, reprinted in Hayek 1991a, pp. 237–243.

71. *The Fatal Conceit: The Errors of Socialism. The Collected Works of Friedrich August Hayek* (1989), vol. 1, edited by W. W. Bartley III (London: Routledge).

72. *Economic Freedom* (1991a) (London: Basil Blackwell).

73. *The Trend of Economic Thinking. The Collected Works of Friedrich August Hayek* (1991b), vol. III, edited by W. W. Bartley III and S. Kresge (London: Routledge).

74. *The Fortunes of Liberalism: The Collected Works of Friedrich August Hayek* (1992), vol. IV, edited by P. G. Klein (London: Routledge).

75. *Hayek on Hayek: An Autobiographical Dialogue* (1994), Stephen Kresge and Leif Wenar ed. (London: Routledge).

參考文獻

關於海耶克思想、自由主義及當代政治經濟哲學的論著

1. R.T. Allen, *Beyond Liberalism: The Political Thought of F.A. Hayek & Michael Polanyi*, The Amazon Press, UK, 1998.

2. Stephen F. Frowen, (ed.) *Hayek: Economist and Social Philosopher: A Critical Retrospect*, The Amazon Press, UK, 1997.

3. Joao Carlos Espada, *Social Citizenship Rights: A Critique of F.A. Hayek and Raymond Plant*, The Amazon Press, UK, 1996.

4. N.P. Barry, *Hayek's Social and Economic Philosophy*, The Macmillan Press, London, UK, 1979.

5. N.P. Barry, "Hayek's Constitutionism", *Economics Affairs*, Vol. 12, no.4, 1992,pp.22–25.

6. G.R. Steele, "The Economics of Friedrich Hayek", The Macmillan Press, London,1996.

7. G.R. Steele, "Hayek's Contribution Business Cycle Theory: A Modern Assessment", *History of Political Economy*, 1992, Vol.24, no.2, pp.477–491.

8. Eammon Butler, *Hayek: His Contribution to the Social and Economic Thought of our Time*, Universe Press, London, 1983.

9. J. Tomlinson, *Hayek and the Market*, Pluto Press, London, 1990.

10. Donald W. Livingston, "Hayek as Humean", *Critical Review*, Vol.5, no.2, pp.159–177, 1992.

11. Dallas L. Clouatre, "Making Sense of Hayek", *Critical Review*, Vol. 1, no.1, pp.73–89, 1991.

12. Robert J. Antonio, "Reason and History in Hayek", *Critical Review*, Vol.1, no.2, pp.58–73, 1991.

13. L.H. White, "Mises, Hayek, Hahn and the Market Process: Comment on Littlechild", in Kirzner, 1982, pp.169–179.

14. Calvin M. Hoy, *A Philosophy of Individual Freedom: The Political Thought of F.A. Hayek*, The Amazon Press, UK, 1984.

15. J. Gray, *Hayek on Liberty*, Basil Blackwell Press, Oxford, 1984.

16. B.J. Caldwell, "Hayek's Transformation", *History of Political Economy*, Vol.20, no.4, pp.514–541.

17. G.A. Fletcher, *The Keynesian Revolution and its Critics*, Second edition, The Macmillan Press, London, 1989.

18. M. Hudson, "Keynes, Hayek and the Monetary Economy", in Hillard, 1988, pp.172–174.

19. J.M. Keynes, *The General Theory of Employment Money and Interest*, The Macmillan Press, London, UK, 1936.

20. C. Kukathas, *Hayek and Modern Liberalism*, Clarendon Press, Oxford, 1989.

21. G. Waiker, *The Ethics of F.A. Hayek*, The Amazon Press, UK, 1986.

22. F. Machlup, (ed.) *Essays on Hayek*, Routledge and Kegan Paul

Press, London and Henley, 1977.

23. F. Machlup, "Hayek's Contribution to Economics",in Machlup 1977a, pp.13–59.

24. B.J. McCormick, *Hayek and Keynesian Avalanche*, Harvester Wheatsheaf Press, Hemel Hempstead, 1992.

25. A. Nentjes, "Hayek and Keynes: A Comparative Analysis of their Monetary Views", *Journal of Economic Studies*, Vol.15, no.3/4, 1988, pp.136–151.

26. M. Polanyi, *Personal Knowledge: Towards a Post——Critical Philosophy*, London and Chicago, 1958.

27. K.R. Popper, *The Logic of Scientific Discovery*, London, 1959.

28. K.R. Popper, *Conjectures and Refutations——The Growth of Scientific Knowledge*, New York and Evanston, 1968.

29. K.R. Popper, *The Open Society and its Enemies*, Princeton University Press, 1971.

30. K.R. Popper and J.C. Eccles, *The Self and its Brain*, Springer International Press, London, 1977.

31. Giovanni Sartori, *The Theory of Democracy Revisited*, Chatham House Publishers, Inc., New Jersey, USA, 1987.

32. Giovanni Sartori, *Comparative Constitutional Engineering*, New York University Press, NY, USA, 1994.

33. Francis Fukuyama, *The End of History and the Last Man*, The Free Press, New York, 1992.

34. Francis Fukuyama, *Trust——The Social Virtues & the Creation Prosperity*, The Free Press, New York, 1995.

35. John Rawls, *The Theory of Justice*, The Belknap Press of Harvard University Press, Cambridge, MA, USA, 1971.

36. John Rawls, *Political Liberalism*, Columbia University Press, NY, USA, 1993.

37. Robert Nozick, *Anarchy, State and Utopia*, Basic Books Inc., New York, 1974.

38. Alastair MacIntyre, *Who's Justice? Which Rationality?* University of Notre Dame Press, Indiana, USA, 1988.

39. Alastair MacIntyre, *After Virtue: A Study in Moral Theory*, Gerald Duckworth, London, UK, 1985.

40. Charles Taylor, *The Ethics of Authenticity*, Harvard University Press, Cambridge, Mass. USA, 1991.

41. Charles Taylor, "What's Wrong with Negative Liberty", in *Philosophy and Human Sciences: Philosophical Papers 2*, Cambridge University Press, New York, USA, 1985.

42. Charles Taylor, *Multiculturalism and "The Politics of Recognition": An Essay*, Princeton University Press, Princeton, USA, 1992.

43. Robert N. Bellah et al., *The Good Society*, Vintage Books, New York, USA, 1991.

44. Michael J. Sandel, *Democracy's Discontent*, The Belknap Press of Harvard University Press, Cambridge, MA, USA, 1996.

45. E.K. Bramsted, & K.J. Melhuish,(eds.) *Western Liberalism——A History in Documents from Locke to Croce*, Longman Group, London, 1978.

46. Robert E. Goodin, & Philip Pettit,(eds.) *Contemporary Political Philosophy——An Anthology*, Blackwell Publishers Ltd., Cambridge, MA, USA, 1997.

47. Kristen Renwick Monroe, (ed.) *Contemporary Empirical Political Theory*, University of California Press, Berkeley & Los Angeles, CA, USA, 1997.

48. Michael Walzer, *On Tolerations*, Yale University Press, CT, USA, 1997.

49. Austin Sarat, & Dana R. Villa,(eds.) *Liberal Modernism and Democratic Individuality*, Princeton University Press, NJ, USA, 1996.

50. Michel Foucault (author), Colin Gordon, (ed.) *Power/Knowledge Selected Interviews & Other Writings*, Harvard University Press, Cambridge, MA, USA, 1980.

51. Thomas S. Popkewitz, & Marie Brennan, (eds.) *Foucault's Challange Discourse, Knowledge and Power in Education*, Columbia University Press, NY, USA, 1998.

52. Jurgen Habermas, *Between Facts and Norms Contributions to a Discovers Theory of Law and Democracy*, MIT University Press, MA, USA, 1996.

53. Jurgen Habermas, *Legitimation Crisis*, Bacon Press, Boston, USA, 1975.

54. Isaiah Berlin, *The Sense of Reality*, Princeton University Press, NJ, USA, 1996.

55. J.G.A. Pocock, *The Machiavellian Moment: Florentine Political*

Thought and the Atlantic Republican Tradition, Princeton University Press, Princeton, NJ, USA, 1975.

56. Arend Lijphart, *Democracies, Patterns of Majoritian and Consensus Government in Twenty——One Countries*, Yale University Press, New Haven, CT, USA, 1984.

57. Arend Lijphart, *The Politics of Accomodation: Pluralism and Democracy in the Netherlands*, University of California, Berkely, CA, USA, 1968.

索　引

五劃

七劃

十二劃

十三劃

十八劃

十九劃

二十劃

二十一劃

二十二劃

世界哲學家叢書 (一)

書　　　　名	作　　　者	出　版　狀　況
孔　　　　子	韋　政　通	已　　出　　版
孟　　　　子	黃　俊　傑	已　　出　　版
荀　　　　子	趙　士　林	已　　出　　版
老　　　　子	劉　笑　敢	已　　出　　版
莊　　　　子	吳　光　明	已　　出　　版
墨　　　　子	王　讚　源	已　　出　　版
公　孫　龍　子	馮　耀　明	排　　印　　中
韓　　　　非	李　甦　平	已　　出　　版
淮　　南　　子	李　　　增	已　　出　　版
董　　仲　　舒	韋　政　通	已　　出　　版
揚　　　　雄	陳　福　濱	已　　出　　版
王　　　　充	林　麗　雪	已　　出　　版
王　　　　弼	林　麗　真	已　　出　　版
郭　　　　象	湯　一　介	已　　出　　版
阮　　　　籍	辛　　　旗	已　　出　　版
劉　　　　勰	劉　綱　紀	已　　出　　版
周　　敦　　頤	陳　郁　夫	已　　出　　版
張　　　　載	黃　秀　璣	已　　出　　版
李　　　　覯	謝　善　元	已　　出　　版
楊　　　　簡	鄭　曉　江 李　承　貴	已　　出　　版
王　　安　　石	王　明　蓀	已　　出　　版
程　顥　、　程　頤	李　日　章	已　　出　　版
胡　　　　宏	王　立　新	已　　出　　版
朱　　　　熹	陳　榮　捷	已　　出　　版
陸　　象　　山	曾　春　海	已　　出　　版

世界哲學家叢書（二）

書　　　　名	作　者	出　版　狀　況
王　廷　相	葛　榮　晉	已　出　版
王　陽　明	秦　家　懿	已　出　版
李　卓　吾	劉　季　倫	已　出　版
方　以　智	劉　君　燦	已　出　版
朱　舜　水	李　甦　平	已　出　版
戴　　震	張　立　文	已　出　版
竺　道　生	陳　沛　然	已　出　版
慧　　遠	區　結　成	已　出　版
僧　　肇	李　潤　生	已　出　版
吉　　藏	楊　惠　南	已　出　版
法　　藏	方　立　天	已　出　版
惠　　能	楊　惠　南	已　出　版
宗　　密	冉　雲　華	已　出　版
永　明　延　壽	冉　雲　華	已　出　版
湛　　然	賴　永　海	已　出　版
知　　禮	釋　慧　岳	已　出　版
嚴　　復	王　中　江	已　出　版
康　有　為	汪　榮　祖	已　出　版
章　太　炎	姜　義　華	已　出　版
熊　十　力	景　海　峰	已　出　版
梁　漱　溟	王　宗　昱	已　出　版
殷　海　光	章　　清	已　出　版
金　岳　霖	胡　　軍	已　出　版
張　東　蓀	張　耀　南	已　出　版
馮　友　蘭	殷　　鼎	已　出　版

世界哲學家叢書 (三)

書　　　　名	作　者	出　版　狀　況
牟　宗　三	鄭　家　棟	排　印　中
湯　用　彤	孫　尚　揚	已　出　版
賀　　　麟	張　學　智	已　出　版
商　羯　羅	江　亦　麗	已　出　版
辨　　　喜	馬　小　鶴	已　出　版
泰　戈　爾	宮　　　靜	已　出　版
奧羅賓多・高士	朱　明　忠	已　出　版
甘　　　地	馬　小　鶴	已　出　版
尼　赫　魯	朱　明　忠	已　出　版
拉達克里希南	宮　　　靜	已　出　版
李　栗　谷	宋　錫　球	已　出　版
空　　　海	魏　常　海	排　印　中
道　　　元	傅　偉　勳	已　出　版
山　鹿　素　行	劉　梅　琴	已　出　版
山　崎　闇　齋	岡　田　武　彥	已　出　版
三　宅　尚　齋	海老田輝巳	已　出　版
貝　原　益　軒	岡　田　武　彥	已　出　版
荻　生　徂　徠	王　祥　齡 劉　梅　琴	排　印　中
石　田　梅　岩	李　甦　平	已　出　版
楠　本　端　山	岡　田　武　彥	已　出　版
吉　田　松　陰	山　口　宗　之	已　出　版
中　江　兆　民	畢　小　輝	已　出　版
蘇格拉底及其先期哲學家	范　明　生	排　印　中
柏　拉　圖	傅　佩　榮	已　出　版
亞　里　斯　多　德	曾　仰　如	已　出　版

世界哲學家叢書（四）

書　　　　　　　名	作　　　者	出　版　狀　況
伊　壁　鳩　魯	楊　　適	已　　出　　版
愛　比　克　泰　德	楊　　適	排　　印　　中
柏　　羅　　丁	趙　敦　華	已　　出　　版
伊　本　·　赫　勒　敦	馬　小　鶴	已　　出　　版
尼　古　拉　·　庫　薩	李　秋　零	已　　出　　版
笛　　卡　　兒	孫　振　青	已　　出　　版
斯　賓　諾　莎	洪　漢　鼎	已　　出　　版
萊　布　尼　茨	陳　修　齋	已　　出　　版
牛　　　　頓	吳　以　義	排　　印　　中
托　馬　斯　·　霍　布　斯	余　麗　嫦	已　　出　　版
洛　　　　克	謝　啓　武	已　　出　　版
休　　　　謨	李　瑞　全	已　　出　　版
巴　　克　　萊	蔡　信　安	已　　出　　版
托　馬　斯　·　銳　德	倪　培　民	已　　出　　版
梅　　里　　葉	李　鳳　鳴	已　　出　　版
狄　　德　　羅	李　鳳　鳴	排　　印　　中
伏　　爾　　泰	李　鳳　鳴	已　　出　　版
孟　德　斯　鳩	侯　鴻　勳	已　　出　　版
施　萊　爾　馬　赫	鄧　安　慶	已　　出　　版
費　　希　　特	洪　漢　鼎	已　　出　　版
謝　　　　林	鄧　安　慶	已　　出　　版
叔　　本　　華	鄧　安　慶	已　　出　　版
祁　　克　　果	陳　俊　輝	已　　出　　版
彭　　加　　勒	李　醒　民	已　　出　　版
馬　　　　赫	李　醒　民	已　　出　　版

世界哲學家叢書（五）

書　　　　　名	作　　者	出　版　狀　況
迪　　　　　昂	李　醒　民	已　　出　　版
恩　　格　　斯	李　步　樓	已　　出　　版
馬　　克　　思	洪　鎌　德	已　　出　　版
約　翰　彌　爾	張　明　貴	已　　出　　版
狄　　爾　　泰	張　旺　山	已　　出　　版
弗　洛　伊　德	陳　小　文	已　　出　　版
史　賓　格　勒	商　戈　令	已　　出　　版
韋　　　　　伯	韓　水　法	已　　出　　版
雅　　斯　　培	黃　　　藿	已　　出　　版
胡　　塞　　爾	蔡　美　麗	已　　出　　版
馬克斯・謝勒	江　日　新	已　　出　　版
海　　德　　格	項　退　結	已　　出　　版
高　　達　　美	嚴　　　平	已　　出　　版
盧　　卡　　奇	謝　勝　義	排　　印　　中
哈　伯　馬　斯	李　英　明	已　　出　　版
榮　　　　　格	劉　耀　中	已　　出　　版
皮　　亞　　傑	杜　麗　燕	已　　出　　版
索　洛　維　約　夫	徐　鳳　林	已　　出　　版
費　奧　多　洛　夫	徐　鳳　林	已　　出　　版
別　爾　嘉　耶　夫	雷　永　生	已　　出　　版
馬　　賽　　爾	陸　達　誠	已　　出　　版
阿　　圖　　色	徐　崇　溫	排　　印　　中
傅　　　　　科	于　奇　智	排　　印　　中
布　拉　德　雷	張　家　龍	已　　出　　版
懷　　特　　海	陳　奎　德	已　　出　　版

世界哲學家叢書（六）

書　　　　　　名	作　　　者	出　版　狀　況
愛　因　斯　坦	李　醒　民	已　　出　　版
皮　　爾　　遜	李　醒　民	已　　出　　版
玻　　　爾	戈　　革	已　　出　　版
弗　雷　格	王　　路	已　　出　　版
石　里　克	韓　林　合	已　　出　　版
維　根　斯　坦	范　光　棣	已　　出　　版
艾　耶　爾	張　家　龍	已　　出　　版
奧　斯　丁	劉　福　增	已　　出　　版
史　陶　生	謝　仲　明	已　　出　　版
馮　•　賴　特	陳　　波	已　　出　　版
赫　　爾	孫　偉　平	已　　出　　版
愛　默　生	陳　　波	已　　出　　版
魯　一　士	黃　秀　璣	已　　出　　版
普　爾　斯	朱　建　民	排　　印　　中
詹　姆　士	朱　建　民	已　　出　　版
蒯　　因	陳　　波	已　　出　　版
庫　　恩	吳　以　義	已　　出　　版
史　蒂　文　森	孫　偉　平	已　　出　　版
洛　爾　斯	石　元　康	已　　出　　版
海　耶　克	陳　奎　德	已　　出　　版
喬　姆　斯　基	韓　林　合	已　　出　　版
馬　克　弗　森	許　國　賢	已　　出　　版
尼　布　爾	卓　新　平	已　　出　　版